Peter Rechenberg

Die Simulation
kontinuierlicher Prozesse
mit Digitalrechnern

Schriften zur Informatik

herausgegeben von
Dr. Paul Schmitz und Dr. Christoph Heinrich

Band 5

Peter Rechenberg

Die Simulation kontinuierlicher Prozesse mit Digitalrechnern

Eine vergleichende Analyse der Techniken
bei der digitalen Simulation
kontinuierlicher Prozesse

Mit 43 Bildern

Springer Fachmedien Wiesbaden GmbH

Verlagsredaktion: Alfred Schubert, Willy Ebert

ISBN 978-3-663-00005-1   ISBN 978-3-663-00154-6 (eBook)
DOI 10.1007/978-3-663-00154-6

1972

Satz: Friedr. Vieweg + Sohn, Braunschweig

Buchbinder: W. Langelüddecke, Braunschweig
Umschlagentwurf: Peter Morys, Wolfenbüttel

Vorwort der Herausgeber

Aufgrund ihrer Funktionsweise sind die Digitalrechner für die Bearbeitung diskreter
Probleme, die Analogrechner für die Bearbeitung kontinuierlicher Probleme prä-
destiniert. Es ist inzwischen aber auch keine Frage mehr, daß unter bestimmten
Voraussetzungen kontinuierliche Probleme wirtschaftlich und sinnvoll auch mit
einem Digitalrechner behandelt werden können. Die mit einer solchen Anwendung
zusammenhängenden Fragen werden in dem vorliegenden Werk erstmalig mit wissen-
schaftlicher Gründlichkeit behandelt.

Auf der Grundlage einer präzisen Definition des mathematischen Modells, das zu
beschreiben und auf dem Digitalrechner zu simulieren ist, und des Simulationssystems — nämlich der Problem-Beschreibungssprache und der Behandlung eines
in dieser Sprache beschriebenen Modells — werden die wichtigsten bisher bekannten
Simulationssprachen kritisch einander gegenübergestellt.

Aus den Erfahrungen dieser Gegenüberstellung und aus Wirtschaftlichkeitsbetrach-
tungen im Hinblick auf den Übersetzungsprozeß und auf die Eignung verschiedener
Integrationsverfahren entwickelt der Verfasser ein eigenes Simulationssystem
SIESTA, das sich vor allem durch die folgenden Eigenschaften auszeichnet: flexible
und leicht erlernbare Beschreibungssprache, Möglichkeit der Problembeschreibung
durch graphische Darstellungen, Wahlmöglichkeit der Ausgabe (Ziffernfolgen, Kurven über Zeilendrucker oder über Bildschirm), Implementierung auch auf kleinen
Rechenanlagen, Simulationsablauf im Stapel und im Konversationsbetrieb, weit-
gehende Maschinenunabhängigkeit (FORTRAN II als Basissprache).

Anhand von Beispielen, die bezüglich ihrer Komplexität als auch ihres Umfangs den
Gegebenheiten in der Praxis entsprechen, demonstriert der Verfasser die Brauchbar-
keit von SIESTA und die Überlegenheit dieses Systems gegenüber anderen Systemen.

Die Herausgeber

Köln/Dortmund, Februar 1972

Vorwort

Bei der Überarbeitung einer Dissertation für eine Buchveröffentlichung steht man vor
zwei Problemen. Das erste ist die Verbesserung der Darstellung und die Einbeziehung von neu gewonnenen Kenntnissen. Das zweite ist die Versuchung, Fragen, die
in der Dissertation nur am Rande oder unvollständig behandelt wurden, in größerer
Breite darzustellen. Zur Verbesserung der Darstellung habe ich die automatische
Schrittweitensteuerung bei der Integration etwas ausführlicher behandelt und im
übrigen eine Reihe von kleinen, relativ unbedeutenden, Umstellungen und Korrek-
turen vorgenommen. An neuen Erkenntnissen habe ich die Runge-Kutta-Fehlberg-
Verfahren zur Integration und neue Literaturstellen aufgenommen. Der Versuchung,
das Thema auszuweiten, bin ich nicht gefolgt, weil dies so große Änderungen nach
sich gezogen hätte, daß der ursprüngliche Charakter der Dissertation ganz verloren
gegangen wäre, was aber weder meine Absicht noch die des Verlages war.

Eigentlich wollte ich in einem Anhang die wichtigsten Abschnitte aus der definieren-
den Beschreibung der Simulationssprache CSSL übersetzen, die augenblicklich von
besonderem Interesse ist, weil sie den Versuch eines Algol-ähnlichen Standards darstellt. Da ich aber den Eindruck gewonnen habe, daß ein solcher Auszug einen unbe-
friedigenden Torso darstellen würde, mit dem niemandem geholfen wäre, verzichte
ich lieber darauf und weise den Leser auf die originale Beschreibung [41] hin. Auch
auf zwei andere wichtige Veröffentlichungen, die etwa gleichzeitig mit der Dissertation erschienen sind, möchte ich hinweisen. Die eine ist der Aufsatz von *Dertouzos*
[7], in dem das mathematische Modell und die Datenstruktur in ähnlicher Weise wie
bei mir behandelt wird; die andere ist das Buch von *Jentsch* [19], in dem besonders
die gängigen Integrationsverfahren mit großer Ausführlichkeit in systemtheoretischer
Betrachtungsweise dargestellt werden.

Der Leser wird um Verständnis für die schlechte Qualität der Fotos gebeten. Sie ist
auf Mängel des verwendeten Sichtgerätes und der Aufnahmetechnik zurückzuführen.
Es war aus technischen Gründen leider nicht möglich, die Aufnahmen in besserer
Qualität zu wiederholen.

Mein Dank gilt in besonderer Weise Herrn Prof. W. Giloi, Berlin, der die vorliegende
Arbeit angeregt und ihre Entstehung jederzeit unterstützt hat; ferner gilt er der Förde-
rungsgemeinschaft des Heinrich-Hertz-Instituts, Berlin, die mir die Durchführung der
Arbeit ermöglicht hat, Herrn Prof. H. Herrmann, Braunschweig, der mir einige wert-
volle Verbesserungshinweise gab, und schließlich dem Verlag Vieweg, der sich bereit
erklärt hat, diese doch ursprünglich nicht für die große Öffentlichkeit bestimmte
Schrift zu publizieren.

Peter Rechenberg

Inhaltsverzeichnis

1. Einleitung und Zusammenfassung

Die mathematische Beschreibung dynamischer Prozesse führt auf Systeme gewöhnlicher Differentialgleichungen, die sich meist nicht in geschlossener Form integrieren lassen. Ihre Lösungen werden darum hauptsächlich mit dem Analogrechner durch Simulation berechnet.

Der Analogrechner hat jedoch einige Nachteile, die der Digitalrechner nicht besitzt (Notwendigkeit der Skalierung, geringe Genauigkeit, schlechte Reproduzierbarkeit der Ergebnisse), und man hat darum gelegentlich — zum Beispiel in der Astronomie — auch Differentialgleichungen auf dem Digitalrechner gelöst. Das ist ohne weiteres möglich, da es schon seit langer Zeit numerische Integrationsverfahren zur Lösung des Anfangswertproblems gibt.

Nur war die Art der Problemformulierung auf dem Analogrechner bis vor etwa 10 Jahren viel einfacher, praktischer und wirklichkeitsnäher, so daß die Ingenieure sich zum Analogrechner viel mehr als zum Digitalrechner hingezogen fühlten.

Selfridge [29] kam 1955 auf die Idee, die mit dem Digitalrechner zu lösenden Differentialgleichungssysteme in einer Sprache zu beschreiben, die sich stark an das bei der Programmierung des Analogrechners benutzte Blockdiagramm oder Strukturbild anschließt. Mit einer solchen Sprache sollte es möglich sein, ein dynamisches Problem für den Digitalrechner genau so einfach (oder sogar noch einfacher) wie für den Analogrechner zu beschreiben und auf diese Weise die Vorteile des Analogrechners mit denen des Digitalrechners zu vereinigen.

Selfridges Idee wurde erst 1959 wieder aufgenommen (*Stein, Rose, Parker* [30]), setzte sich dann aber immer schneller durch. Die Entwicklung des Compilerbaus brachte neue Einsichten in die Struktur vernünftiger Simulationssprachen und so entstanden bis heute über 40 verschiedene Programmsysteme zur Simulation von dynamischen Systemen auf dem Digitalrechner.

1967 wurde der erste Normungsversuch unternommen, indem eine neue Simulationssprache, CSSL (= Continuous System Simulation Language) von einem Komitee definiert wurde [41]. Die Definition ist im Gegensatz etwa zum Algol-Bericht allgemein gehalten und läßt viele Punkte offen. Ein CSSL-Übersetzer ist bisher nur in [43] beschrieben worden. Von der Firma XDS wird jedoch ein Simulationssystem SL/1 angeboten, dessen Sprache CSSL als Untermenge enthält.

Die Vorzüge der Digital-Simulation bekommen ein immer größeres Gewicht, weil ihre Nachteile immer mehr abgebaut werden. War es bis vor kurzem noch ein Nachteil des Digitalrechners, daß er nur Zahlenkolonnen als Ergebnis lieferte, statt anschauliche Kurven wie der Analogrechner, ist es heute mit dem Sichtgerät (Display) nicht nur ohne weiteres möglich Kurven auszugeben, sondern darüber hinaus auch diesen Kurven ein Koordinatennetz zu hinterlegen und sie zu beschriften. Der einzige unbestrittene Vorteil des Analogrechners ist heute noch seine hohe Arbeitsgeschwindigkeit. Echtzeitsimulationen größerer Systeme, in deren Lösungen Frequenzen von mehr als ca. 1 Hz vorkommen, sind der digitalen Simulation vorläufig noch verschlossen. In Bild 1.1 sind die Vor- und Nachteile des Analog- und Digitalrechners hinsichtlich der Simulation zusammengestellt.

	Vergleichspunkt	Analogrechner	Digitalrechner
Vorteile des Analogrechners	Arbeitsweise	Parallel	Seriell
	Arbeitsgeschwindigkeit	Hoch infolge der Parallelarbeit. Für Echtzeitsimulation geeignet.	Niedrig infolge der Serienarbeit. Noch nicht für Echtzeitsimulation geeignet.
	Integration	Stetig und exakt im Rahmen der Genauigkeit der Rechenelemente.	Unstetig und näherungsweise. Aber beliebig genau auf Kosten der Rechengeschwindigkeit.
	Form der Ergebnisse	Kurven	Zahlentabellen. Durch spezielle Ausgabegeräte (Plotter, Sichtgerät) auch Kurven.
	Mensch-Maschine-Beziehung	Direkte Bedienung der Maschine. Eingriffe in laufendes Programm leicht.	Indirekte Bedienung über Lochkarten. Eingriffe in laufendes Programm nur bei Time-Sharing möglich. Abläufe im Rechner kaum übersehbar.
Vorteile des Digitalrechners	Genauigkeit	Klein. Fehler $\approx 10^{-3}$	Groß. Fehler $\approx 10^{-8}$
	Wertebereich	Klein (0.001 … 1). Daher mühsame Normierung nötig.	Groß (z. B. 10^{-40} … 10^{+40})
	Vorrat an Rechenelementen	Durch Hardware begrenzt. Oft zu gering.	Durch Software begrenzt. So groß, daß praktisch unbegrenzt.
	Nichtlineare und Speicherelemente	Schwer und nur in geringem Umfang zu verwirklichen.	Leicht und in praktisch unbegrenztem Umfang zu verwirklichen.
	Programmträger	Steckbrett	Simulationssprache
	Programmänderungen	Mühsam und fehleranfällig.	Leicht und wenig fehleranfällig.
	Fehlererkennung	Keine Hilfsmittel.	Viele Hilfsmittel.

Bild 1.1. Vergleich von Analog- und Digitalrechner

Die meisten der existierenden Simulationssysteme sind ad hoc entwickelt worden, manchmal ohne Kenntnis ihrer Vorläufer, fast immer ohne gründliches Studium der Literatur und vorangehende systematische Überlegungen. 1964 [22] und 1965 [6] erschienen erstmalig zusammenfassende Aufsätze über die verschiedenen Simulationssysteme. In ihnen wird der Versuch unternommen, die damals bestehenden Simulationssysteme zu sichten und zu vergleichen. Das Hauptgewicht dieser Aufsätze liegt auf Betrachtungen der verschiedenen Simulations*sprachen* und der damit verbundenen Sortierung, weil hierin die Eigenart der Simulationssysteme besonders deutlich zu Tage tritt. Die Unterschiede im Aufbau der Übersetzer und der Programmteile, die die Simulation eigentlich durchführen, wurde knapper und allgemeiner behandelt. Die Integrationsverfahren wurden sogar nur ohne Kritik aufgezählt.

Es erschien daher angemessen, die Simulationssysteme einer genaueren vergleichenden Analyse zu unterziehen, als es bisher geschehen war. Dieser Versuch wird mit der vorliegenden Arbeit unternommen. Am Anfang steht dabei die Frage nach dem *mathema-*

tischen Modell. In keiner Beschreibung eines Simulationssystems wird gesagt, wie das mathematische Modell eines dynamischen Systems beschaffen sein muß, damit es überhaupt simuliert werden kann. Zur Definition dieser Struktur werden Mengen von Größen (Eingangs-, Ausgangs-, Verbindungsgrößen) und Mengen von Funktionen zur Verknüpfung der Größen eingeführt. Ein Simulationssystem wird durch die Menge der Funktionstypen, die es simulieren kann charakterisiert. Die Simulierbarkeit eines mathematischen Modells durch ein Simulationssystem hängt dann von zwei Bedingungen ab:

(1) Alle Funktionen des mathematischen Modells müssen in den Funktionstypen des Simulationssystems enthalten sein.

(2) Das mathematische Modell muß „sortierbar" sein, das heißt, seine einzelnen Funktionen müssen sich in einer bestimmten Reihenfolge anordnen lassen.

Wenn man die Integriererausgänge als „Zustandsvariablen" im Sinne der Automatentheorie ansieht, kann man das ganze mathematische Modell als einen Automaten auffassen, dessen Eingangsalfabet, Ausgangsalfabet und Zustandsraum mindestens von der Mächtigkeit des Kontinuums sind und der darum „stetiger Automat" genannt wird. Für die Simulation muß dieser stetige Automat in zwei Hinsichten diskretisiert werden. Einmal im Eingangsalfabet, Ausgangsalfabet und Zustandsraum, da zur Darstellung des Wertes einer jeden beteiligten Größe nur endlich viele Zahlen zur Verfügung stehen, außerdem aber auch in der Zeit, da bei allen numerischen Integrationsverfahren die beteiligten Größen nur zu gewissen, diskreten Zeitpunkten betrachtet werden. Das Ergebnis ist ein im Sinne der Automatentheorie endlicher Automat, den man aber wegen seiner großen Zustandsanzahl und seiner Modellhaftigkeit für einen stetigen Automaten weiterhin als „stetigen" Automaten oder doch wenigstens als „quasistetigen" Automaten bezeichnen kann.

Das mathematische Modell darf keine integriererlosen Schleifen enthalten. Es wird gezeigt, wie man solche in der Praxis gelegentlich auftretenden Fälle mit dem sogenannten „impliziten Element" vermeiden kann.

Aus der Struktur des mathematischen Modells als eines stetigen Automaten ergibt sich dann leicht die Struktur eines Digitalrechnerprogramms, mit dem das mathematische Modell simuliert werden kann. Dieses Programm wird „Simulator" genannt.

Der Simulator ist jedoch nur der letzte Teil eines Simulationssystems. Programmierungstechnisch „vor" ihm steht ein Compiler, der die Modellbeschreibung (das „Quellprogramm") liest und in eine rechnerinterne Form übersetzt, ein Sortierer, der die Funktionen des Modells in die richtige Reihenfolge bringt und ein Parameterleser, der denjenigen Teil des Quellprogramms liest und verarbeitet, der nicht zum mathematischen Modell gehört. Dieser Aufbau von Simulationssystemen wird im dritten Kapitel angegeben.

Danach wird im vierten Kapitel die Struktur der *Simulationssprachen* untersucht. Zuerst werden Forderungen an eine gute Simulationssprache formuliert und die einzelnen Aufgaben der Simulationssprachen dargestellt. Diese Aufgaben sind hauptsächlich:

(1) Die Beschreibung des mathematischen Modells, eventuell durch die Beschreibung von Algorithmen, Start- und Schlußrechnung erweitert.

(2) Die Beschreibung der Parameter, das heißt im weiteren Sinne aller Größen, die für eine Simulation benötigt werden, aber aus bestimmten Gründen nicht in die Modellbeschreibung gehören.

Anschließend werden die Strukturen von fünf charakteristischen Simulationssprachen (Pactolus, Midas, Cobloc, DSL/90, Anagol 67) miteinander verglichen. Es zeigt sich hierbei, daß es viele verschiedene Beschreibungsmöglichkeiten gibt, die sich nicht immer durch „gut" und „schlecht" klassifizieren lassen, sondern je nach der Größe des Simulationssystems, das durch die zur Verfügung stehende Rechnerklasse gegeben ist, als vorteilhaft oder unvorteilhaft anzusehen sind.

Hauptergebnis dieses Kapitels ist die Herausstellung eines grundsätzlichen Unterschieds in der Modellbeschreibung. Bei den „blockorientierten" Sprachen erscheinen die Funktionsblöcke als das Primäre und die Größen sind nur „Verbindungen" von Funktionsblöcken. Diese Auffassung liegt den früheren, eng am Vorbild des Analogrechners haftenden Sprachen zugrunde. Bei den „größenorientierten" Sprachen erscheinen die Größen als das Primäre und die Funktionsblöcke sind nur Verknüpfungen der Größen. Diese Auffassung liegt den moderneren mehr algebraischen Sprachen zugrunde. Die Untersuchung zeigt, daß die größenorientierten Sprachen den blockorientierten an formaler Einheitlichkeit klar überlegen sind, weil sie mit der Struktur des zu simulierenden Systems besser übereinstimmen.

In dem darauf folgenden Kapitel „Die *Übersetzung des Quellprogramms*" werden die verschiedenen Möglichkeiten für die Abbildung der Größen und die Struktur des mathematischen Modells im Speicher behandelt. Die Größen können entweder alle hintereinander, in einem einzigen großen Feld gespeichert werden (Gemeinschaftsspeicherung) oder gruppenweise getrennt in verschiedenen Bereichen (Literals, Variablen, Integrierergrößen bilden getrennte Gruppen). Die Gemeinschaftsspeicherung braucht weniger Speicherplatz als die Gruppenspeicherung, die Gruppenspeicherung aber gestattet eine schnellere Simulation. Auch die Speicherung der Struktur des mathematischen Modells kann auf mehrere Arten geschehen. Einflußgrößen sind vor allem die Sortierbarkeit und die nachträgliche Änderbarkeit des mathematischen Modells, die je nach Wahl der Speicherungsstruktur gut oder schlecht sein kann. Es gibt zwei Hauptmöglichkeiten.

(1)   Direktübersetzung des Quellprogramms in Maschinensprache. Kaum nachträglich zu sortieren. Daher meist erst nach der Sortierung.

(2)   Einschaltung einer Zwischensprache. Hier kann man wieder zwischen mehreren Möglichkeiten wählen:

   (a)   Übersetzung in eine andere Quellsprache (z.B. Fortran) für die bereits Compiler existieren. Sehr flexibel, aber schwer zu sortieren und zu übersetzen. Keine nachträgliche Änderung möglich. Nur für Maschinen mit großer Speicherkapazität.

   (b)   Übersetzung in eine maschineninterne Zwischensprache. Leicht zu sortieren und zu ändern. Auf eine endgültige Übersetzung in den Maschinencode kann sogar verzichtet werden, wenn man die Zwischensprache bei der Simulation interpretiert.

Es wird gezeigt, daß eine Speicherungsstruktur mit variabler Blocklänge und umgekehrt polnischer Schreibweise sehr ökonomisch im Speicherplatzverbrauch, leicht zu erzeugen und leicht zu interpretieren ist.

Die Probleme der Interpretation und der Parametereingabe werden nicht genauer behandelt, weil sie mit allgemein bekannten programmierungstechnischen Prinzipien leicht zu lösen sind und keine neuen Gesichtspunkte den Simulationssystemen hinzufügen.

Das Kapitel „*Der Simulator*" befaßt sich mit der Durchführung der Simulation selbst. Während die allgemeine Struktur des Simulators schon im dritten Kapitel angegeben wurde, werden hier die einzelnen Funktionstypen behandelt, die Probleme aufwerfen.

Als wichtigster Funktionstyp steht am Anfang die Integration. Die verschiedenen für die Simulation in Frage kommenden Integrationsverfahren werden zuerst kurz beschrieben und dann auf ihre Eignung hin untersucht. Die programmierungstechnische Eignung wird mit den Kriterien Speicherplatzbedarf, Zeitbedarf pro Integrationsschritt und organisatorische Komplexität beurteilt. Die numerische Eignung wird mit den Begriffen Genauigkeit, Geschwindigkeit und Stabilität beurteilt.

Das Ergebnis zeigt, daß die einschrittigen Verfahren von Runge-Kutta und Runge-Kutta-Fehlberg den mehrschrittigen Interpolationsverfahren im allgemeinen stark überlegen sind.

Der Hauptgrund hierfür ist ihre Unempfindlichkeit gegen unstetige Integranden. Hinzu kommt, daß sie bei gleicher Genauigkeitsordnung viel genauer als die mehrschrittigen Verfahren vom Adams-Typ sind, wodurch ihre größere Langsamkeit fast ausgeglichen wird. Für kleine Simulationssysteme wird darum das Runge-Kutta-Verfahren empfohlen, für größere das Runge-Kutta-Fehlberg-Verfahren, das mehr Speicherplatz für Zwischenergebnisse braucht, dafür aber eine automatische Schrittweitensteuerung ermöglicht.

Weitere Funktionen, deren Programmierung problematisch ist, sind (1) die lineare Interpolation zwischen Stützstellen gegebener Funktionen, (2) das implizite Element und (3) die unstetigen Funktionen. Die Interpolation soll möglichst schnell sein und sparsam im Speicherplatz. Das Watkins-Verfahren zeigt sich hierin den anderen klar überlegen. Das implizite Element wird am besten nach dem Wegstein-Verfahren programmiert. Bei den unstetigen Funktionen ist darauf zu achten, daß sie nur im ersten Integrationsteilschritt (bei Verfahren mit mehreren Funktionsauswertungen pro Schritt) ausgewertet werden.

Den Schluß bildet die Beschreibung des Simulationssystems SIESTA, das vom Verfasser entwickelt wurde. Es ist für eine mittelgroße Maschine geschrieben mit der besonderen Möglichkeit der grafischen Ein- und Ausgabe. Anhand von Beispielen wird gezeigt, wie einfach die Problemformulierung in der Siesta-Sprache ist, welche Bilder die grafische Ein- und Ausgabe ergibt und welche Form die vom Schnelldrucker ausgegebenen Problemlösungen haben. Siesta ist nahezu vollständig in Fortran II geschrieben und darum relativ maschinenunabhängig.

2. Das mathematische Modell

In diesem Kapitel werden die Begriffe eingeführt, die mit der Struktur des mathematischen Modells zusammenhängen, das einer Simulation zugrunde liegt.

2.1. Bestandteile

Das mathematische Modell setzt sich aus Größen und Funktionen zusammen.

Definition 2.1. Eine *Größe* w ist im allgemeinen durch einen (symbolischen) Namen und einen Zahlenwert gegeben. Der Zahlenwert der meisten an einer Simulation beteiligten Größen verändert sich während der Simulation. Größen, die einen symbolischen Namen tragen, heißen daher auch „*Variablen*". Größen, deren Zahlenwert sich während der Simulation nicht ändert, heißen „*Konstanten*". Konstanten, die nicht durch einen symbolischen Namen, sondern durch ihren Zahlenwert bezeichnet werden, heißen „*Literals*".

Die Begriffe „Variablen" und „Konstanten" sind nach dieser Definition keine sich ausschließenden Begriffe, sondern eine Variable, die ihren Wert nicht ändert ist zugleich eine Konstante.

Deutung: Bei den meisten Simulationen repräsentieren die Variablen des mathematischen Modells Funktionen der Zeit.

Definition 2.2. Ein „*Funktionstyp*" φ ist eine Abbildungsvorschrift, die die Werte einer nichtleeren Menge X von Größen x auf die Werte einer nichtleeren Menge Y von Variablen y eindeutig abbildet. Jeder Funktionstyp hat einen eindeutigen Typnamen. Das Tripel aus Funktionstyp φ, Menge X und Menge Y wird „*Funktion*" oder „*Block*" genannt, mit b bezeichnet

$$b = (\varphi, X, Y)$$

und in einer der Formen

$$Y = \varphi(X) \quad \text{oder} \quad y_1, y_2, \ldots y_m = \varphi(x_1, x_2, \ldots x_n)$$

geschrieben. Die $x \in X$ werden „*Argumente*" oder „*Steuergrößen*", die $y \in Y$ werden „*Funktionswerte*" oder „*gesteuerte Größen*" genannt.
Bildliche Darstellung einer Funktion:

$$X \Rightarrow \boxed{\varphi} \Rightarrow Y \quad \text{oder} \quad \begin{array}{c} x_1 \\ \vdots \\ x_n \end{array} \rightarrow \boxed{\varphi} \rightarrow \begin{array}{c} y_1 \\ \vdots \\ y_m \end{array}$$

Deutung: Die Funktionen verknüpfen die Ursachen x und erzeugen die Wirkungen y.

Die am weitaus häufigsten benutzten Funktionstypen sind

(1)   die arithmetischen Funktionstypen $+, -, *, /$;
(2)   die elementaren transzendenten Funktionstypen sin, cos, arctan, exp, ln;
(3)   die besonderen Elementarfunktionstypen „absoluter Betrag", „Signum",
       „Begrenzung", „tote Zone", „Hysterese", „Sprungfunktion", „Rampenfunktion";
(4)   die empirische, durch Stützstellen gegebene Funktion;
(5)   die Integration;
(6)   die Verzögerung oder Totzeit.

Definition 2.3. Ein mathematisches Modell M ist gegeben durch

(1)   eine Menge W von Größen
(2)   eine Größe $t \in W$
(3)   eine Menge B von Funktionen b mit folgenden Eigenschaften:

     (1)   für alle Funktionen b stammen die Argumente x und die Funktionswerte y
          aus $W: \forall b \in B: \ X, Y \subset W$

     (2)   Jeder Funktionswert y kommt nur in einer einzigen Funktion als Funktions-
          wert vor: Wenn $y \in Y_i$, so $y \notin Y_j$ für alle $j \neq i$.

Deutung: Die Größe t repräsentiert die Zeit und heißt darum auch „Zeitvariable". Sie
ist die einzige unabhängige Variable. Alle anderen Variablen sind Funktionen von t. Wegen
ihrer Bedeutung für die Struktur des mathematischen Modells und für die Simulation werden folgende (sich teilweise überdeckende) Teilmengen von W definiert.

Definition 2.4. Die Menge aller Steuergrößen in W wird mit $\underline{X}$ bezeichnet: $\underline{X} = \cup \underline{X}$
Die Menge aller gesteuerten Größen in W wird mit $\underline{Y}$ zeichnet: $\underline{Y} = \cup \underline{Y}$

Eine Größe e, die Steuergröße aber nicht gesteuerte Größe ist, wird *„Eingangsgröße"*
genannt. Die Menge aller Eingangsgrößen wird mit E bezeichnet:
$E = \{ e: e \in \underline{X} \wedge e \notin \underline{Y} \}$ oder $E = \underline{X} - \underline{Y}$.
Eine Größe a, die gesteuerte Größe aber nicht steuernde Größe ist, wird *„Ausgangsgröße"*
genannt. Die Menge aller Ausgangsgrößen wird mit A bezeichnet: $A = \{ a: a \in \underline{Y} \wedge a \notin \underline{X} \}$
oder $A = \underline{Y} - \underline{X}$.
Eine Größe v, die sowohl steuernde als auch gesteuerte Größe ist, wird *„Verbindungsgröße"*
genannt. Die Menge aller Verbindungsgrößen wird mit V bezeichnet:
$V = \{ v: v \in \underline{X} \wedge v \in \underline{Y} \}$ oder $V = \underline{X} \cap \underline{Y}$.
Die drei Mengen E, A und V bilden eine Zerlegung der Menge W:

$$W = E \cup A \cup V \qquad E \cap A = \Lambda$$
$$E \cap V = \Lambda$$
$$A \cap V = \Lambda \qquad (\Lambda \text{ ist die leere Menge})$$

Eingangsgrößen können Variablen oder Literals sein. Ausgangs- und Verbindungsgrößen sind immer Variablen. Sie werden daher als *„Eingangsvariablen"*, *„Ausgangsvariablen"* und *„Verbindungsvariablen"* bezeichnet.

2.2. Zustandsfunktionen

Unter den möglichen Funktionstypen des mathematischen Modells nehmen zwei eine besondere Stellung ein. Es sind

(1)   die Integration INT. Geschrieben $y = INT(x)$,

$$\text{definiert als } y(t_{n+1}) = y(t_n) + \int_{t_n}^{t_{n+1}} x(t)\,dt$$

(2)   die Verzögerung oder Totzeit DEAD. Geschrieben $y = DEAD(x, \tau)$, definiert als
       $y(t_n) = x(t_n - \tau)$ für $t_n \geqslant \tau$.

Für $t_n < \tau$ sind verschiedene Definitionen möglich, die hier nicht weiter interessieren.

Definition 2.5. Die Funktionen mit den Funktionstypen INT und DEAD des mathematischen Modells werden „Zustandsfunktionen" genannt und mit g (ihre Menge mit G) bezeichnet.

$$G = \{\, b \in B:\ b = INT \cup DEAD \,\}$$

Ihre Funktionswerte werden „Zustandsgrößen" oder „Zustandsvariablen" genannt und mit z bezeichnet. Das Argument einer Funktion vom Typ INT und das erste Argument einer Funktion vom Typ DEAD wird „Zustandssteuergröße" genannt und mit s (ihre Menge mit S) bezeichnet. Insbesondere wird das Argument einer Funktion INT „Ableitungsgröße" oder „Integrand" genannt und mit z' (ihre Menge mit Z') bezeichnet. Alle Funktionen des mathematischen Modells, die keine Zustandsfunktionen sind, werden „Nichtzustandsfunktionen" genannt und mit f (ihre Menge mit F) bezeichnet.

$$F = \{\, b \in B:\ b \neq INT \cup DEAD \,\} \qquad F = B - G$$
$$B = F \cup G$$

Alle Zustandsvariablen sind Verbindungs- oder Ausgangsvariablen $(Z \subset V \cup A)$ und alle Zustandssteuergrößen sind Eingangs- oder Verbindungsgrößen $(S \subset E \cup V)$. Insbesondere tritt häufig der Fall auf, daß eine Verbindungsvariable sowohl Zustands- als auch Ableitungsvariable ist.

2.3. Sortierbarkeit

Für die Simulation ist es unerläßlich, daß die Struktur des mathematischen Modells keine Schleifen von Verbindungen enthält, die nur über Nichtzustandsfunktionen laufen: Diese Bedingung läßt sich in folgender Weise präzisieren: Alle Nichtzustandsfunktionen f des mathematischen Modells müssen so linear hintereinander angeordnet (sortiert) werden können, daß zwei Bedingungen erfüllt sind:

(1)   Am Anfang stehen die Funktionen, deren sämtliche Argumente Eingangs- und/oder Zustandsgrößen sind.

(2)   Eine Funktion f_i, die auch Verbindungsvariablen unter ihren Argumenten enthält,
        ist dann richtig eingeordnet, wenn alle Funktionen, deren Funktionswerte diese
        Verbindungsvariablen sind, vor der Funktion f_i stehen.

Definition 2.6. Die Menge F der Nichtzustandsfunktionen f_i ($i = 1, \ldots$ n) eines mathematischen Modells wird „sortierbar" genannt, wenn sich alle f_i so linear hintereinander
anordnen lassen, daß für jedes f_i sämtliche seiner Argumente zu der Vereinigung folgender
Mengen gehören:

(1)   Menge der Eingangsgrößen E,
(2)   Menge der Zustandsvariablen Z,
(3)   Menge derjenigen Verbindungsvariablen, die Funktionswerte von Funktionen sind,
        die in der linearen Anordnung vor f_i stehen.

Ein mathematisches Modell, dessen Funktionen f_i so linear angeordnet sind, daß die Bedingungen (1) bis (3) erfüllt sind, wird „*sortiertes mathematisches Modell*" genannt. Die
geordnete Menge der Funktionen wird „*Funktionsliste*" oder „*Blockliste*" genannt.

Für die Sortierung oder ggf. für den Nachweis der Unmöglichkeit einer Sortierung lassen
sich mehrere Verfahren angeben. Ein einfacher Algorithmus, der sich auf die Definition 2.6
stützt, läßt sich in Pseudoalgol folgendermaßen schreiben. Die verwendeten Symbole bedeuten:

F $= \{ f_i: i = 1, \ldots$ n $\}$ Unsortierte Menge der Funktionen f_i.

$FS =$ $\{ f_i: i = 1, \ldots$ n $\}$ Sortierte Menge der Funktionen f_i.

E Menge der Eingangsgrößen.

Z Menge der Zustandsvariablen.

X_i Argumente der Funktion f_i.

Y_i Funktionswerte der Funktion f_i.

φ_i Funktionstyp der Funktion f_i.

L Menge von Variablen als Hilfsmittel zur Sortierung.

Λ Die leere Menge.

b Eine Boolesche Variable.

FS con f_i bedeutet Anfügen des Elements f_i an das lezte Element der geordneten
Menge FS.

```
    BEGIN
    FS: = L: = Λ;
    FOR i: = 1 STEP 1 UNTIL n DO
        IF φᵢ ≠ INT ∪ DEAD THEN L : = L ∪ Yᵢ;
A:  i: = 1;
    WHILE fᵢ ∈ F DO
        BEGIN b: = FALSE;
        IF Xᵢ ∩ L = Λ THEN
            BEGIN
            FS: = FS con fᵢ,
            F: = F − fᵢ, L: = L − Yᵢ; b: = TRUE
            END;
```

```
        i: = i + 1
        END;
    IF F = Λ THEN GOTO C;
    IF ¬ b THEN GOTO D;
        GOTO A
C:  COMMENT Sortierung fertig;
D:  COMMENT Sortierung unmöglich
        END
```

2.4. Das Modell als stetiger Automat

Die Simulation läßt sich bequem beschreiben, wenn man das mathematische Modell als stetigen Automaten im Sinne der Automatentheorie auffaßt. Es wird dann durch die beiden Grundgleichungen

$$A(t_n) = F\,[E(t_n), Z(t_n)] \qquad \text{Ausgangsgleichung}$$

$$Z(t_{n+1}) = G\,[E(t_n), Z(t_n)] \qquad \text{Zustandsgleichung}$$

beschrieben, die folgendermaßen gelesen werden müssen: Die Werte aller Ausgangsgrößen zum Zeitpunkt t_n (bezeichnet mit $A(t_n)$) werden durch die Menge der Nichtzustandsfunktionen F aus den Werten der Eingangs- und Zustandsgrößen zum Zeitpunkt t_n berechnet.

Die Werte aller Zustandsgrößen zum „nächsten" Zeitpunkt t_{n+1} werden durch die Menge der Zustandsfunktionen G aus den Werten der Eingangs- und Zustandsgrößen zum Zeitpunkt t_n berechnet.

Der durch die beiden Grundgleichungen dargestellte Zusammenhang ist in Bild 2.1 grafisch dargestellt.

Bei einem stetigen Automaten folgen die Zeitpunkte $t_n, t_{n+1}, \ldots$ unendlich dicht aufeinander, so daß $t_{n+1} - t_n = h$ gegen Null strebt.

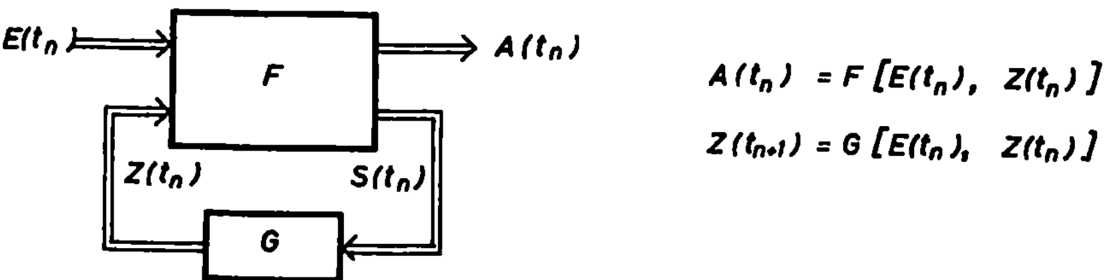

Bild 2.1. Grafische Darstellung der Automatengleichungen

2.5. Simulation

Für die Simulation mit dem Digitalrechner muß der stetige Automat diskretisiert werden. Das heißt, die Zeitpunkte $t_n, t_{n+1}, \ldots$, in denen das Modell betrachtet wird, bekommen einen endlichen Abstand h.

Definition 2.7. Unter „Simulation" versteht man die Berechnung der gesteuerten Variablen eines sortierbaren mathematischen Modells für verschiedene Werte der Zeitvariablen t. t wächst während der Simulation monoton von einem Startwert t_0 bis zu einem Endwert t_{max}. Bei der digitalen Simulation wird das mathematische Modell nur in diskreten Zeitpunkten t_n (n = 0 bis max), $t_n \in [t_0, t_{max}]$ betrachtet. Die Differenz $h = t_{n+1} - t_n$ heißt „Schrittweite" und ist immer größer als Null. Sie ist bei den meisten Simulationen konstant, muß es aber nicht sein. Bei konstanter Schrittweite ist $t_n = t_0 + nh$.

Die Simulation ist ein schrittweiser algorithmischer Prozeß folgender Art, angewandt auf ein mathematisches Modell M.

(1) *Startrechnung.* Jeder Eingangsvariablen $e \in E$ wird ein Zahlenwert zugewiesen. Jeder Zustandsgröße $z \in Z$ wird ein Zahlenwert zugewiesen, der „Anfangswert" genannt wird. Der Wert der Zeitvariablen wird auf t_0 gesetzt. Der Endzeit t_{max} wird ein Zahlenwert zugewiesen. Der Schrittweite h wird ein Zahlenwert zugewiesen.

(2) *Zyklischer Simulationsschritt.* Der n. Simulationsschritt besteht aus der Berechnung aller Funktionswerte $y \in \underline{Y} - Z$ im Zeitpunkt t_n (Ausgangsgleichungen) und der Vorhersage aller Funktionswerte $z \in Z$ für den nächsten Zeitpunkt t_{n+1} (Zustandsgleichung).

Im ersten Teilschritt wird die Funktionsliste des sortierten mathematischen Modells „abgearbeitet", d.h. für jede Funktion werden aus den Argumenten die Funktionswerte berechnet. Die Funktionen von der ersten bis zur letzten werden dabei in der Reihenfolge durchlaufen, wie sie in der Funktionsliste stehen.

Bemerkung: Sind in der Funktionsliste Funktionen vom Typ „Implizites Element" (näheres Abschnitt 2.6) enthalten, wird die Abarbeitung der Funktionsliste so oft wiederholt, bis eine von den impliziten Elementen abhängige Bedingung erfüllt ist.

Ist $t \geqslant t_{max}$, so ist die Simulation beendet.

Im zweiten Teilschritt werden die Zustandsvariablen integriert. D.h. aus ihren Werten $z_i(t_n)$ im Zeitpunkt t_n werden ihre Werte im nächsten Zeitpunkt t_{n+1} so vorausgesagt, daß die Beziehung

$$z_i(t_{n+1}) = z_i(t_n) + \int_{t_n}^{t_{n+1}} z_i'(t)\, dt$$

möglichst genau erfüllt ist. Da die Ableitungsgrößen z_i' nur an der Stelle t_n und zurückliegenden Stellen t_{n-r} (r = 1, ... n) bekannt sind, nicht aber in dem ganzen Intervall $[t_n, t_{n+1}]$, muß die Integration durch ein Näherungsverfahren ersetzt werden, das „Integrationsschritt" genannt wird. Der Integrationsschritt ist im allgemeinen ein komplizierter algorithmischer Prozeß, der Berechnungen der Funktionen z_i' an verschiedenen Stellen $t \in [t_n, t_{n+1}]$ enthalten kann. In einigen Integrationsverfahren wird die Schrittweite h automatisch verändert, um Genauigkeitsanforderungen zu erfüllen.

Nach Ausführung dieses Teilschrittes wird zum nächsten Simulationsschritt übergegangen, indem n = n + 1 und t = t + h gesetzt wird.

Asynchrone, synchrone und Echtzeitsimulation. Bei der Simulation muß zwischen der Problemzeit und der Realzeit unterschieden werden. Die Problemzeit ist der augenblickliche Wert der Variablen t, die Realzeit t* ist die wirkliche Zeit, die vom Beginn der Simulation bis zur Ausführung des Schrittes mit der Problemzeit t vergangen ist. Das Verhältnis t*/t kann man „Zeitfaktor" nennen.

Da sich an einen ausgeführten Simulationsschritt der nächste Simulationsschritt sofort anschließt, hängt der Wert des Zeitfaktors sowohl vom Umfang des mathematischen Modells als auch von der Geschwindigkeit der verwendeten Rechenmaschine ab. Der Zeitfaktor ist darüber hinaus während einer Simulation nicht konstant, sondern kann sich von Schritt zu Schritt ändern, weil nicht in jedem Schritt sämtliche Teile des mathematischen Modells berechnet zu werden brauchen und weil die Ausführungszeiten einiger Rechenoperationen von der Art der Operanden abhängen: die Simulation läuft also asynchron zur Realzeit ab.

Im Gegensatz hierzu kann eine Simulation, bei der t*/t während der ganzen Simulation konstant ist, „synchron" genannt werden. Synchrone Simulation ist immer dann nötig, wenn Teile der Simulation von der Realzeit beeinflußt werden. Das ist zum Beispiel bei der hybriden Simulation der Fall, wo die Schrittdauer von den Elementen des Analogrechners vorgegeben wird. Ein Sonderfall der synchronen Simulation ergibt sich, wenn der Zeitfaktor t*/t = 1, wenn also die Problemzeit gleich der Realzeit ist. Dieser Fall wird „Echtzeitsimulation" genannt. Die synchrone Simulation und erst recht ihr Sonderfall, die Echtzeitsimulation, kann mit den hier behandelten Simulationssystemen nicht ausgeführt werden.

2.6. Algebraische Schleifen

Wenn sich ein mathematisches Modell nicht sortieren läßt, dann enthält es eine Funktion, deren Funktionswert zugleich Argument ist:

$$y = f(y)$$

Dieser Zusammenhang kann auch in versteckterer Form über mehrere Funktionen hinweg auftreten. Beispiel:

$$y_1 = f_1(x_1)$$
$$x_1 = f_2(y_1)$$

Einsetzen der zweiten in die erste Gleichung ergibt $y_1 = f_1(f_2(y_1))$, was ebenfalls die Struktur von $y = f(y)$ hat.

Diese Struktur wird wegen ihrer grafischen Darstellung (Bild 2.2) „algebraische Schleife" genannt. Sie läßt sich oft durch algebraische Manipulation beseitigen, aber nicht immer. Mathematische Modelle mit algebraischen Schleifen lassen sich nicht als stetiger Automat auffassen, und werden von den meisten Simulationssystemen nicht verarbeitet. In einigen aber wird die Gleichung $y = f(y)$ durch Iteration gelöst.

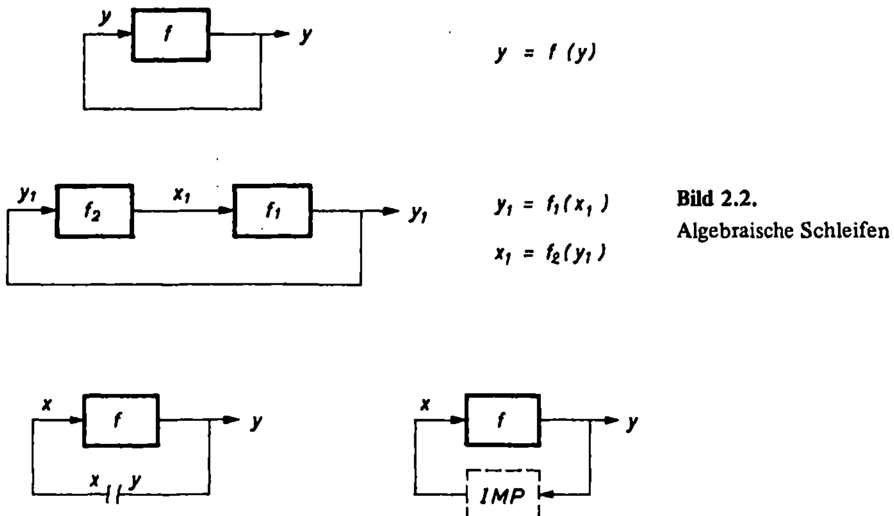

Bild 2.2. Algebraische Schleifen

(1) Aufschneiden und Umbenennen

(2) Einfügen der Funktion IMP

Bild 2.3. Die Anwendung des impliziten Elementes IMP

Dazu wird die Schleife aufgeschnitten (siehe Bild 2.3) und an der Schnittstelle eine besondere Funktion, z.B. mit dem Namen IMP (= implizites Element) eingefügt. Die eine Hälfte der Schleife bekommt einen neuen Namen, so daß aus der einen Funktion y = f(y) zwei neue Funktionen

$$y = f(x)$$
$$x = \mathrm{IMP}(y)$$

entstehen. Der erste Teilschritt jedes Simulationsschrittes muß jetzt nicht nur einmal, sondern mehrmals hintereinander durchgeführt werden. Beim erstenmal wird für x ein Startwert x_0 benutzt ($x_0(t_0)$ vom Benutzer vorgegeben, $x_0(t_n) = x(t_{n-1})$) und $y_0 = f(x_0)$ berechnet. Aus y_0 wird mit der Funktion IMP ein verbessertes x errechnet $x_1 = \mathrm{IMP}(y_0)$ und so weiter, bis schließlich $|x_n - y_n| < \epsilon$, eine vorgegebene Fehlerschranke ist. Die Funktion IMP ist näher in Kapitel 6.3 beschrieben.

Die iterative Berechnung algebraischer Schleifen ist zeitraubend und muß auch nicht immer konvergieren (die Konvergenz hängt ab vom angewendeten Iterationsverfahren, von dem Funktionstyp f und vom Startwert x_0). Sie sollte darum nur in Notfällen angewendet werden.

3. Das Simulationssystem

Definition 3.1. Ein Simulationssystem besteht aus einer Simulationssprache, einem Prozessor und einem Funktionsvorrat.

Die *Simulationssprache* ist ein Mittel zur Beschreibung von

(1)   mathematischen Modellen,
(2)   Parametern,
(3)   Steueranweisungen,

in einer für den Digitalrechner verständlichen Form.

Der *Prozessor* ist ein Digitalrechnerprogramm mit den Aufgaben

(1)   Lesen, Übersetzen und Speichern des mathematischen Modells,
(2)   Sortieren des mathematischen Modells,
(3)   Lesen, Übersetzen und Speichern der Parameter und Steueranweisungen,
(4)   Simulieren des mathematischen Modells.

Der *Funktionsvorrat* ψ ist eine Sammlung von Funktionstypen (meist in Form von Unterprogrammen), die mit dem Simulationssystem berechnet werden können.

Ein mathematisches Modell, das Funktionstypen φ enthält, die nicht im Funktionsvorrat ψ enthalten sind, kann nicht mit dem Simulationssystem simuliert werden.

Den Zusammenhang der einzelnen Teile eines Simulationssystem zeigt Bild 3.1.

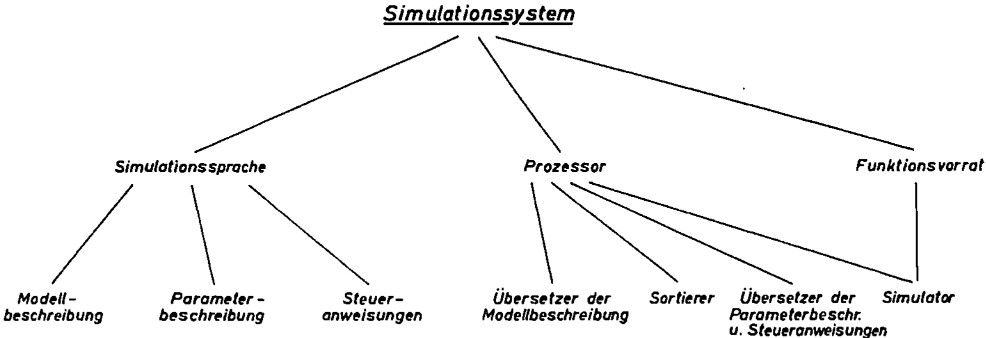

Bild 3.1. Bestandteile eines Simulationssystems

3.1. Die Sprache

Simulationssprachen sind ähnlich den algorithmischen Sprachen Fortran oder Algol gebaut, unterscheiden sich von diesen jedoch meist durch ihre größere Einfachheit (geringere Organisationshöhe) und durch Besonderheiten, die für die Simulation eigentümlich sind.

Eine gute Simulationssprache soll unter der Berücksichtigung folgender Forderungen entwickelt werden.

(1) *Format.* Das Format der Eingabe soll so einfach und flexibel wie möglich sein, um Fehler, die nur aufgrund von unnötig starren Vorschriften entstehen zu vermeiden. Diese Forderung wird verwirklicht durch ein *freies Format* ähnlich Fortran oder Algol.

(2) *Mathematische Funktionsschreibweise und Blockdarstellung.* Die Sprache soll eine blockorientierte Schreibweise erlauben und zugleich eine mathematisch orientierte Gleichungsschreibweise, damit der Benutzer nach seinem Geschmack oder seinem Problem die für ihn günstigste Form der Beschreibung auswählen kann.

(3) Die Funktionen der Blöcke sollen nicht die Beschränkungen aufweisen, wie sie beim Analogrechner aus elektrotechnischen Gründen vorliegen. Insbesondere:

-1 Integrierer und Summierer sollen nicht das Vorzeichen umkehren [1]),
-2 die Eingänge sollen nicht mit wählbaren Faktoren multipliziert werden müssen.

(4) Die Identifizierung der Blöcke und ihrer Verbindungen soll nicht durch Nummern, sondern durch frei wählbare *Namen* geschehen. Die Suggestivkraft mnemotechnischer Bezeichnungen hilft Fehler vermeiden und macht die Programme leichter verständlich.

(5) *Vielseitigkeit.* Die Sprache soll für den Nichtprogrammierer leicht erlernbar sein, was durch die Beschreibung des mathematischen Modells in einer nichtalgorithmischen Weise verwirklicht wird. Große Simulationssysteme gestatten es darüber hinaus dem versierten Programmierer, weitere Möglichkeiten zur Lösung einer Aufgabe zu benutzen. Hierzu gehören

-1 Beschreibung von Algorithmen mit möglichst allen Mitteln der algorithmischen Sprachen.
-2 Benutzbarkeit von Macros und geschlossenen Unterprogrammen.
-3 Hinzufügung von Blocktypen durch den Benutzer oder Änderung der Funktionen der bestehenden Blöcke durch den Benutzer.
-4 Es soll iterierendes Rechnen möglich sein, das heißt, am Ende einer Simulation soll eine weitere unmittelbar angeschlossen werden können. Ergebnisse aus der ersten Simulation sollen in der zweiten Simulation als Anfangswerte oder Parameter wieder benutzbar sein. Zu diesem Zweck müssen sich zwischen zwei Simulationen Rechnungen durchführen lassen
-5 Es soll möglich sein, vor Beginn der Simulation Rechnungen durchzuführen, damit diese nicht bei jedem Integrationsschritt aufs neue durchgeführt werden müssen.

(6) Es ist nahezu selbstverständlich, daß Simulationssprachen rein problemorientiert und nicht maschinenorientiert sein sollen. Ungewöhnliche Blocktypen, die sich gerade mit einer bestimmten Maschine besonders gut verwirklichen lassen oder Bezeichnungen, die an den Maschinencode einer bestimmten Maschine anknüpfen sind abzulehnen.

---

[1]) Man kann natürlich eine Sprache erfinden, die beide Möglichkeiten enthält: für den normalen Benutzer die Nichtumkehr des Vorzeichens, bei Eingabe einer bestimmten Steuerkarte (ANALOG MODE) die Umkehr des Vorzeichens. Diese Möglichkeit war in einer frühen Fassung von COBLOC vorgesehen, wurde aber nicht durchgeführt.

(7) *Formalisierbarkeit.* Für die Aufstellung eines Übersetzers und für eine klare Beschreibung der Sprache ist es ein gewisser Vorteil, wenn die Sprache eine Syntax besitzt, von der sich möglichst große Teile als Phrasenstruktur-Grammatik in Backus-Naur-Form oder einem ähnlichen Formalismus darstellen lassen.

3.1.1. Modellbeschreibung

3.1.1.1. Allgemeine Struktur

In allen Simulationssprachen wird das mathematische Modell dadurch beschrieben, daß der Benutzer für jeden Block den Blocktyp und die Namen seiner Eingänge und Ausgänge in geordneter Reihenfolge beschreibt. Die Syntax für die Beschreibung eines Blocks variiert von Sprache zu Sprache. Man kann hierbei fünf Typen verschiedener Kompliziertheit unterscheiden, die alle in Bild 3.2 aufgeführt sind.

Typ 1 stellt die primitivste Form der Strukturbeschreibung dar. Das Format ist fest (eventuell auch frei, aber dann sind die Sprachelemente nur durch Kommas getrennt). Es werden keine Blocknamen verwendet, sondern Nummern, die Anzahl der Eingänge pro Element ist fest, es stehen sehr wenig Blockarten zur Verfügung. Diese Sprachform ist extrem einfach, daher leicht zu erlernen und zu übersetzen, aber auch sehr inflexibel. Sie bietet sich nur für kleinste experimentelle Simulationssysteme an und ist in der Praxis nur einmal in dem System Pactolus verwirklicht worden [1, 2, 42].

	Charakterisierung	Syntax (vereinfacht)	Blockdiagramm	Sprache

Typ 1	Primitivste Form. Festes Format, keine Begrenzer. Blocknummern statt Blocknamen. Feste Anzahl von Eingängen.	`<Blocknummer><Blockart>`
		`<Eingang1><Eingang2><Eingang3>`
		
		1 K o o o
		2 I1 1 o o
		3 + 2 -5 o
		4 I 3 o o
		5 G 4 o o
			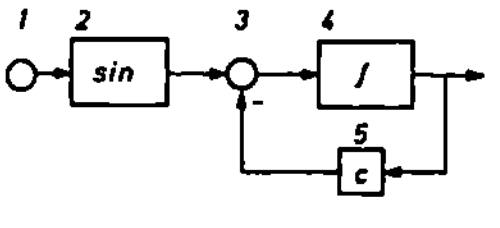	PACTOLUS

Typ 2	Einfache, rein blockorientierte Form. Halbfestes oder freies Format. Blockbezeichnung durch Namen oder Nummern.	`<Ausgang><Blockart>`
		`<Eingangsliste>`
		
		SINE SIN E
		YS SUM SINE,-CY
		Y INT YS
		CY POT Y
			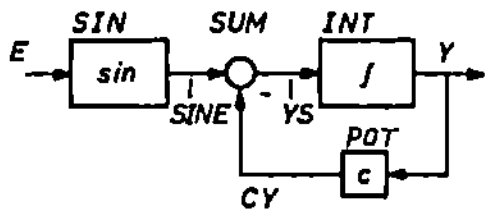	MIDAS
				ASIM

Typ 3	Gemischte Form. Arithmetische Operationen als Gleichungen, Funktionen als Blöcke, aber keine Funktionsaufrufe in Ausdrücken! Konstanten können als Literals geschrieben werden.	`<Ausgang>=<Ausdruck>` oder
		`<Ausgang>=<Blockart>`
		`<Eingangsliste>`
		
		SINE = SIN,E
		YS = SINE-C*Y
		Y = INT,YS
			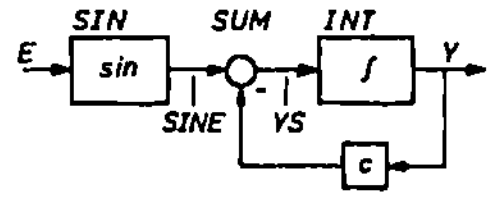	COBLOC
				DES-1

Typ 4	Algebraische Form. Ausdrücke mit Funktionsaufrufen in beliebiger Verschachtelung wie in Fortran.	`<Ausgang>=<Ausdruck>` Y = INT(SIN(E)-C*Y)	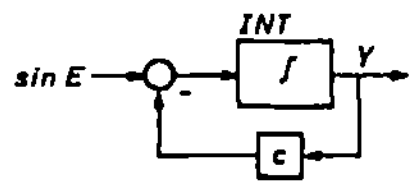	DSL/90 MIMIC CSSL
Typ 5	Algebraische Form mit Ableitungsvariablen. Wie Typ 4, aber unter Benutzung des Apostrophs als Ableitungssymbol.	`<Ausgang>=<Ausdruck>` Y' = SIN(E)-C*Y	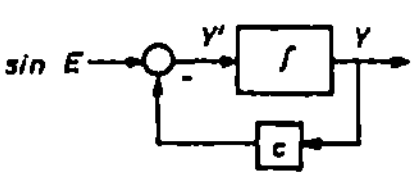	ANAGOL SIESTA

Bild 3.2. Typische Formen der Beschreibung des mathematischen Modells $\dot{y} = -cy + \sin(e)$

Typ 2 charakterisiert die Sprachform der einfachen, rein blockorientierten Sprachen.
Auch hier wird wie im Typ 1 jeder Block durch eine Aussage beschrieben, aber das Format
ist leichter lesbar. Es werden Blocknummern oder Blocknamen verwendet und die Anzahl
der Eingänge richtet sich nach der jeweiligen Blockart. Statt eines Eingangssymbols kann
man auch meist das negierte Eingangssymbol, gekennzeichnet durch ein Minuszeichen vor
dem Namen, benutzen. Die Sprachen dieses Typs haben großen praktischen Erfolg, weil
sie einfach genug und doch anschaulich und in bescheidenem Maße flexibel die Struktur
eines Blockdiagramms zu beschreiben gestatten. Da die Syntax noch einfach ist, bietet
die Übersetzung keine Schwierigkeiten. Beispiele sind die Sprachen MIDAS [14, 25] und
ASIM [18, 19, 20].

Typ 3 vermittelt einen Übergang von der blockorientierten zur algebraischen Problembeschreibung. Hier bestehen zwei Arten von Aussagen nebeneinander: die Beschreibung
eines Funktionsblocks in der gleichen Art, wie sie im Typ 1 auftritt, nur durch ein Gleichheitszeichen als Begrenzer zwischen Ausgang und Blockart besser lesbar gemacht; und
die Beschreibung von arithmetischen Operationen durch „Assignment statements", die
die Form von Gleichungen haben. Die Bequemlichkeit der Beschreibung ist größer als
bei Typ 2, weil in einer Gleichung mehrere arithmetische Operationen zusammengefaßt
werden können, ohne daß den Zwischenergebnissen Namen gegeben zu werden brauchen.
Dadurch wird die Beschreibung des Blockdiagramms verkürzt und leichter lesbar gemacht.
Die Übersetzung ist nicht mehr so einfach wie bei Typ 2. Beispiele sind die Sprachen
COBLOC [17] und DES-1 [39].

Typ 4 schließlich ist die konsequente Weiterentwicklung von Typ 3. Unter Verwendung
von Klammern werden die Blöcke als Funktionen in der üblichen mathematischen Schreibweise

⟨ Funktionswert ⟩ = ⟨ Funktionsname ⟩ (⟨ Eingang 1 ⟩, ⟨ Eingang 2 ⟩ . . .)

dargestellt. Der Funktionsaufruf tritt als Bestandteil eines arithmetischen Ausdrucks auf
und die Argumente eines Funktionsaufrufs dürfen selbst wieder arithmetische Ausdrücke
sein. Dadurch werden Ausdrücke beliebiger Schachtelung möglich, und die Beschreibung
kann sehr kompakt gemacht werden. Liegt eine Aufgabe in Form von Differentialgleichungen vor, so können die Gleichungen direkt in Aussagen übersetzt werden, der Umweg über
das Blockdiagramm ist überflüssig. Die Übersetzung derartig allgemeiner Ausdrücke ist
allerdings auch weit aufwendiger als die zur Übersetzung der Typen 1 bis 3. Die modernen
Sprachen sind vom Typ 4. Beispiele: DSL/90 [33, 38, 40], MIMIC [26], CSSL [41].

Typ 5 unterscheidet sich nur darin von Typ 4, daß der Zusammenhang zwischen einer
Größe Y und ihrer Ableitung mit Hilfe des Differentiationsstriches dargestellt wird.

In den Sprachen von Typ 1 bis Typ 4 hat die Ableitung einer Größe Y grundsätzlich
einen anderen Namen (zum Beispiel YS) und der Zusammenhang beider muß durch die
Funktion „Integration" beschrieben werden:

Y = INT (YS)

In den Sprachen vom Typ 5 wird diese Aussage überflüssig, weil Y und seine Ableitungen
denselben Namen haben, wobei die Ableitungen nur durch Striche (Y′, Y″ usw.) kenntlich

gemacht werden. Die „Integralform" der Sprachen vom Typ 4 kann natürlich auch wahlweise benutzt werden.

Durch diese sehr einfache syntaktische Erweiterung des Typ 4 verschwindet auch der letzte Unterschied zwischen der mathematischen Schreibweise einer gewöhnlichen Differentialgleichung und ihrer Strukturbeschreibung. Beispiele sind die Sprachen ANAGOL 67 [36] und SIESTA.

Es ist merkwürdig, daß von dieser einfachen Gelegenheit bei der Definition von CSSL kein Gebrauch gemacht wurde. Der Grund ist vermutlich der, daß man eindeutig zwischen Syntax und Semantik trennen wollte. Der Name eines Signals soll keinerlei Bedeutung enthalten, sondern völlig frei wählbar sein. Die Verschmelzung von Namen und Bedeutung in den Ableitungsvariablen des Typs 5 führt aber zu keinen Schwierigkeiten beim Übersetzen und ist für den Benutzer eine angenehme Erleichterung.

3.1.1.2. Besonderheiten

In allen Sprachtypen gibt es einige Punkte, die besondere Beachtung verdienen. Es handelt sich um die Handhabung von Blöcken, die nur bedingt ausgeführt werden sollen, um die Möglichkeit, mit Booleschen Variablen arbeiten zu können und um die Darstellung von zwei entarteten Blocktypen, nämlich von Blöcken ohne Eingänge (sogenannte Quellglieder oder Funktionsgeneratoren) und Blöcken mit mehr als einem Ausgang.

Bedingte Aussagen. Bedingte Aussagen werden zur Simulation von Systemen mit intervallweise verschiedener Struktur benötigt. In den blockorientierten Sprachen werden die bedingten Aussagen durch Schalter- oder Relais-Blöcke dargestellt. Üblich sind drei Typen:

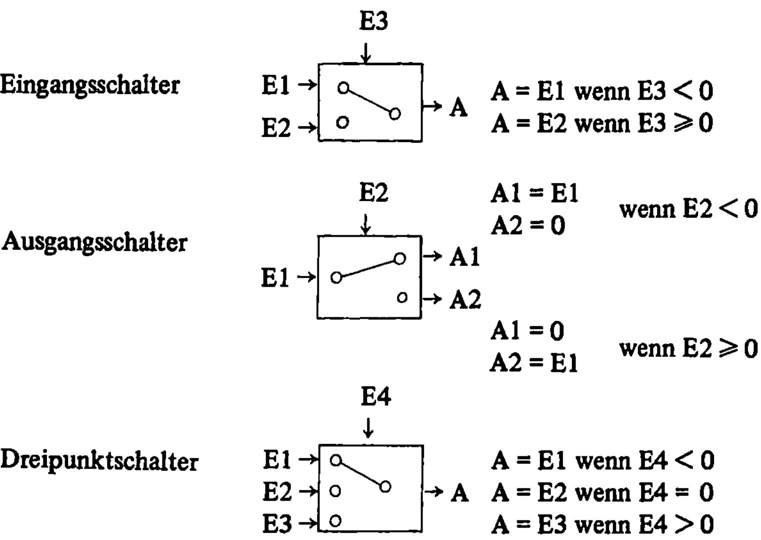

Der Dreipunktschalter ist in einigen Sprachen nicht vertreten. Eingangs- und Ausgangsschalter sind nicht beide zugleich notwendig, sondern mit zwei Eingangsschaltern kann man die Funktion des Ausgangsschalters nachbilden. Darum hat zum Beispiel PACTOLUS nur den Eingangsschalter. In einigen Sprachen wird der Bedingungseingang nicht mit $\circ$ sondern mit dem Wert einer anderen Variablen verglichen. Das erhöht die Bequemlichkeit der Beschreibung, bringt aber nichts grundsätzlich Neues.

In den algebraisch orientierten Sprachen ist es nur konsequent, wenn man sich von den Schalterblöcken freimacht und statt dessen bedingte Aussagen benutzt. So gibt es in ANAGOL die beiden bedingten Aussagen

$$v = \text{IF } (a_1 \circ a_2) \text{ THEN } b_1 \text{ ELSE } b_2$$

$$v = b_1 \text{ UNTIL } a_1 \circ a_2 \text{ THEN } b_2$$

wobei v, a_1, a_2, b_1, b_2 Ausdrücke sind und das Zeichen $\circ$ einen Relationsoperator bedeutet. Beide Aussagen entsprechen offenbar dem Eingangswahlschalter.

In MIMIC und CSSL kann jede Aussage der Strukturbeschreibung von einer Bedingung abhängig gemacht werden. Man schreibt

$$s \setminus \langle \text{Variable} \rangle = \langle \text{Ausdruck} \rangle$$

s ist dabei eine logische oder arithmetische Variable. Die Aussage $\langle$ Variable $\rangle = \langle$ Ausdruck $\rangle$ wird nur dann ausgeführt, wenn s als Boolesche Variable den Wert **TRUE** oder als arithmetische Variable einen Wert größer als Null hat.

Diese Art von bedingter Aussage ist nicht ganz so flexibel wie die in ANAGOL verwendete, aber dafür leichter zu übersetzen und zu merken.

Boolesche Variablen. Die meisten Simulationssprachen kennen nur arithmetische Größen. Einige gestatten aber die Benutzung Boolescher Variabler und stellen Blöcke für ihre Verknüpfung zur Verfügung (AND, OR, NOT usw.). Nützlich sind die Booleschen Variablen sowohl zur Erzeugung komplizierter Bedingungen für bedingte Aussagen als auch zur Simulation von logischen Schaltungen. Da logische Schaltungen in Simulationsproblemen mit stetigen Veränderlichen selten vorkommen, ist es fraglich, ob sich der Aufwand im Übersetzer für Boolesche Variablen lohnt. Prinzipiell werden Boolesche Variable nicht benötigt, weil man alle logischen Verknüpfungen auch mit reellen Zahlen durchführen kann. Die Flexibilität und Bequemlichkeit einer Simulationssprache wird aber immerhin dadurch erhöht.

Quellglieder. Jede Simulationssprache stellt nicht nur Übertragungsblöcke zur Verfügung, sondern gestattet es auch, gewisse oft gebrauchte Funktionen zu erzeugen. Die entsprechenden Blöcke werden wie Übertragungsblöcke behandelt, aber sie haben keinen Eingang. Syntaktisch werden sie meist so behandelt, daß die Angaben über die Eingänge einfach weggelassen werden. Die am häufigsten zur Verfügung gestellten Quellglieder sind Konstantengeber, Rampenfunktion und Rechteckgenerator.

Blöcke mit mehreren Ausgängen. Fast alle Blockarten haben nur einen Ausgang. Es gibt jedoch einige mit zwei oder mehr Ausgängen. Dazu gehören vor allem Ausgangsschalter und Elemente wie der Resolver, der an einem Ausgang den Sinus, am anderen den Cosinus des Eingangswertes liefert.

Diese Blöcke stellen insofern eine Besonderheit dar, weil sie nicht in der mathematischen Funktionsschreibweise $y = f(x)$ dargestellt werden können. Wenn die beiden Ausgänge y_1 und y_2 genannt werden, sind vor allem zwei Möglichkeiten der Syntax benutzt worden:

$y_1 = f(y_2, x)$ und $y_1, y_2 = f(x)$. In der ersten wird das übliche Gleichungsschema festgehalten und die zweite Ausgangsvariable erscheint rechts wie ein Argument oder Parameter. Diese Form ist übersetzungstechnisch die einfachere, aber logisch die unbefriedigendere. Als Operand eines Ausdruckes läßt sich ein solcher Funktionsaufruf noch verwenden, wenn man y_1 als seinen Wert ansieht. Bei der zweiten Form steht links vom Gleichheitszeichen nicht mehr eine einfache Variable, sondern eine geordnete Variablenliste. Diese Form ist übersetzungstechnisch komplizierter, aber logisch konsequenter und leichter zu behalten. Als Operand kann ein solcher Funktionsaufruf wegen seines mehrwertigen Ergebnisses allerdings nicht mehr verwendet werden.

3.1.1.3. Sortierung

Fast alle heutigen Simulationssprachen sind nichtalgorithmisch in dem Sinne, daß die Reihenfolge, in der die Blöcke beschrieben werden, nicht die Reihenfolge ist, in der die Blöcke zur Simulationszeit verarbeitet werden. Die Nichtbeachtung einer bestimmten Reihenfolge ist auch nur natürlich, denn dem mathematischen Modell ist der Begriff „Reihenfolge" fremd. In einem Integrationsschritt werden vielmehr die Werte aller Integrierereingänge gleichzeitig – also parallel – aus den Eingangsgrößen und den Integriererausgängen des vorhergehenden Schritts errechnet. Da der Digitalrechner die einzelnen Blöcke hintereinander abarbeitet, muß er zwar eine bestimmte Reihenfolge dabei einhalten, aber der Benutzer soll sich nicht um ihre Einhaltung kümmern müssen. Das Simulationsprogramm muß sich darum aus der eingegebenen (meist falschen) Reihenfolge die richtige Reihenfolge mit einem Sortieralgorithmus erzeugen. Der meist übliche Sortieralgorithmus ist von *Stein* und *Rose* [31] beschrieben worden und in Abschnitt 2.3 angegeben. Ein anderer Algorithmus ist bei *Jud* [20] beschrieben.

3.1.1.4. Algorithmische Sprachelemente

Obwohl gerade in der nichtalgorithmischen Beschreibungsweise des Modells die Vorteile der Simulationssprachen gegenüber den allgemeinen algorithmischen Programmsprachen zu suchen sind, kann es doch bei komplizierteren Problemen von Vorteil sein, auch algorithmische Abschnitte in der Strukturbeschreibung unterbringen zu können. Die Hauptgründe hierfür sind:

(1)   Durchführung von Rechnungen, die algorithmisch geschrieben ein effektiveres Objektprogramm ergeben.

(2)   Beschreibung komplizierterer Bedingungsketten.

(3)   Benutzung von Eigenschaften der algorithmischen Sprache, die die Simulationssprache nicht aufweist (zum Beispiel indizierte Variablen, DO-Schleifen).

(4)   Definition von Macros und Unterprogrammen, die als neue Blockarten verwendet werden sollen.

Der Einschluß von algorithmischen Abschnitten in eine Simulationssprache ist von großem Einfluß auf den Übersetzer. Die algorithmische Sprache bringt so viel neue syntaktische Strukturen, daß die Übersetzer hierzu sehr kompliziert werden. Die einzige Übersetzungs-

möglichkeit ohne den Übersetzer zu sehr aufzublähen ist der Translator. Hier wird die
Simulationssprache zuerst in eine Programmsprache übersetzt, für die schon ein Übersetzer existiert (z.B. Fortran). In diesem Fall kann man die algorithmischen Programmteile direkt von dem schon vorhandenen Fortran-Compiler übersetzen lassen und hat gar
keine zusätzliche Arbeit. Es ist bezeichnend, daß die einzige Simulationssprache, in der
algorithmischer Code erlaubt ist – DSL/90 – eine solche Sprache mit Translator ist.

3.1.1.5. Start- und Schlußrechnung

Die meisten Simulationssysteme sind so gebaut, daß alle Blöcke, aus denen die Blockliste
besteht, in jedem Schritt vollständig abgearbeitet werden. Beim Vorliegen bestimmter
Bedingungen kann zwar ein Block bei manchen Schritten umgangen werden, es muß
aber auch bei ihm wenigstens eine Abfrage stattfinden, ob die Bedingung zur Umgebung
erfüllt ist.

Es kommen jedoch häufig Rechnungen vor, die eigentlich nur einmal – vor Beginn oder
nach dem Ende des Simulationslaufes – ausgeführt zu werden brauchen. In CSSL sind
daher zwei besondere Abschnitte in der Strukturbeschreibung vorgesehen, in denen eine
Startrechnung vor Beginn der Simulation und eine Schlußrechnung nach Ende der Simulation abgewickelt werden kann. Typische Beispiele für Startrechnungen sind die Berechnung von Anfangswerten und Parameterkombinationen aus einzelnen Parametern. Typische Beispiele für Schlußrechnungen sind Entscheidungen darüber, ob sich ein weiterer
Simulationslauf anschließen soll und wie die Anfangswerte und Parameter für diesen sich
aus den Ergebnissen des beendeten Simulationslaufes berechnen.

Die Einführung der Start- und Schlußrechnung bietet programmierungstechnisch längst
nicht so große Schwierigkeiten wie die Einführung von algorithmischen Sprachelementen.
Sie wird daher bald Allgemeingut werden.

3.1.2. Parameterbeschreibung

Unter dem Namen „Parameter" werden hier alle Größen verstanden, die über die Modellbeschreibung hinaus für die Simulation benötigt werden. Die mit den Parametern zusammenhängenden Fragen kann man in drei Gruppen einteilen: Welche Parametertypen gibt
es? , welche Schreibweise wählt man für die Parameter?, zu welchem Zeitpunkt werden
die Parameter eingegeben?

3.1.2.1. Parametertypen

Man kann die Parameter ihrer Bedeutung nach in drei Klassen einteilen: Modellparameter,
Integrationsparameter und Ausgabeparameter. Modellparameter sind Größen, die in der
Modellbeschreibung als Variablen vorkommen, und die der Benutzer von Simulation zu
Simulation ändern möchte. Integrations- und Ausgabeparameter sind Größen, die den
Ablauf der Simulation und die Form der Ergebnisse bestimmen. Eine ausführlichere
Einteilung ergibt folgende Parameterarten.

Modellparameter. Die Modellparameter bilden zwei Gruppen:

(1)   Ein einzelner Zahlenwert wird einer Variablen des Modells zugewiesen. In den meisten Simula-
       tionssprachen wird diese Gruppe noch in drei Klassen eingeteilt:

   –1 *Konstanten,* deren Wert für alle Simulationsläufe gleich bleibt. Ihre Werte werden einmal
      vor dem ersten Lauf eingegeben und später nicht wieder.

-2 *Parameter* im engeren Sinn, die zwar während eines Simulationslaufes konstant sind, sich aber von Lauf zu Lauf ändern. Ihre Werte müssen vor jedem Simulationslauf aufs neue eingegeben werden.

-3 *Anfangswerte* von Integrierern.

Die Unterscheidung dieser Klassen ist künstlich und programmierungstechnisch durchaus nicht erforderlich. Da jede Variable durch ihren Namen eindeutig bezeichnet ist, genügt es, wenn man alle drei Parameterklassen einfach als „Daten" betrachtet, deren Werte mit Datenkarten eingegeben werden. Die einmal eingegebenen Werte bleiben so lange konstant, bis sie durch eine neue Eingabe überschrieben werden.

(2)   Eine Liste von Zahlenwerten wird dem Namen einer Funktion zugewiesen. Hier handelt es sich um die *Stützstellen* empirischer Funktionen, eine Doppelliste aus Paaren von x- und y-Werten.

Integrationsparameter. Die Parameter, die den Ablauf der Simulation steuern, beziehen sich alle auf den Mechanismus der Integration. Es sind:

(1)   *Integrationsverfahren.* Dieser Parameter muß natürlich nur dann angegeben werden, wenn mehrere Integrationsverfahren zur Auswahl stehen.

(2)   *Schrittweite.* Bei Verfahren mit fester Schrittweite muß die Schrittweite, bei Verfahren mit variabler Schrittweite die Anfangsschrittweite eingegeben werden.

(3)   *Anfangs- und Endzeit.* Die Simulation beginnt fast immer mit dem Zeitpunkt 0. Man könnte es aber prinzipiell auch dem Benutzer überlassen, den Anfangszeitpunkt zu bestimmen. Die Endzeit sollte flexibel festgelegt werden und von Bedingungen abhängig gemacht werden können.

(4)   *Angaben zur Integration mit variabler Schrittweite.* Bei der Integration mit variabler Schrittweite muß noch angegeben werden: der maximale Fehler der Zustandsgröße, der minimale Fehler der Zustandsgröße und die kleinste Schrittweite, die benutzt werden darf.

Ausgabeparameter. In dieser Klasse sind folgende Parameter zusammengefaßt:

(1)   *Ausgabegrößen.* Aus der Menge der an der Simulation beteiligten Größen müssen einige ausgewählt werden, deren zeitlicher Verlauf ausgegeben werden soll. Die Anzahl der Größen ist meist durch das Ausgabemedium beschränkt. Bei der weitaus häufigsten Ausgabeform — Zahlenkolonnen auf dem Schnelldrucker — sind je nach Genauigkeit und freigelassenen Stellen etwa 6 bis 12 Ausgabegrößen zulässig.

(2)   *Ausgabehäufigkeit.* Normalerweise werden die Ergebnisse nicht nach jedem, sondern nur nach jedem n. Simulationsschritt ausgegeben. n muß als Parameter eingegeben werden.

(3)   *Darstellungsform.* Auf dem Schnelldrucker können die Ergebnisse nicht nur in Form von Zahlen, sondern auch als Kurven ausgegeben werden. Für Probeläufe und zur Normierung eines Analogrechenprogramms kann es auch nützlich sein, nicht den gesamten zeitlichen Verlauf, sondern nur das Maximum und Minimum einer Größe auszugeben. Diese Varianten erfordern einen besonderen Parameter.

(4)   *Ausgabegerät.* Stehen mehrere Ausgabegeräte zur Verfügung, so muß angegeben werden, auf welchem Gerät die Ergebnisse erscheinen sollen. Außer dem Schnelldrucker sind noch Kurvenschreiber üblich. In Zukunft hat das Sichtgerät eine große Bedeutung.

(5)   *Hintergrundausgabe.* Außer den eigentlichen Ergebnissen sollen oft noch erläuternde Angaben ausgegeben werden. Beim Schnelldrucker sind das insbesondere ein Titelkopf über jeder Seite mit Problembezeichnung, Seitennummer, Datum usw. und Spaltenüberschriften zu jeder Variablen. Bei der Ausgabe über Kurvenschreiber oder Sichtgerät sind es Koordinatensysteme und ihre Beschriftung, Zeichenerklärungen und erläuternde Texte. Die Beschreibung größerer Hintergrundausgaben kann schwerfällig und programmierungstechnisch umständlich sein. Darum ist die Hintergrundaussage in den bestehenden Simulationssprachen auch kaum ausgebaut, ja in den meisten gar nicht vorhanden.

(6)   *Ausgabeformat.* Prinzipiell ist es möglich, den Benutzer auch das Format (die Druckanordnung)
       seiner Ergebnisse bestimmen zu lassen. Der Einfachheit halber wird aber meist ein festes Format
       benutzt: Gleitkommadarstellung im E-Format mit einer Stelle vor dem Dezimalpunkt und 4
       bis 6 Stellen hinter dem Dezimalpunkt.

3.1.2.2. Parameterschreibweisen

In allen Simulationssprachen werden die Parameter auf ähnliche Art beschrieben. Das
prinzipielle syntaktische Schema lautet

$$\langle \text{Parametertyp} \rangle\, (\langle \text{Parameterliste} \rangle)$$

Der Parametertyp gibt an, um welche Parameterklasse (zum Beispiel CONST für Konstanten) oder um welchen einzelnen Parameter (zum Beispiel STEPSIZE) es sich handelt; die
Parameterliste enthält die Parameter selbst.

Bei Modellparametern muß jeder Parametervariablen ein Parameterwert zugeordnet werden. Das kann auf zwei Arten geschehen.

(1)   Man gibt als Parameter nur Zahlenwerte ein. Dann muß eine Korrespondenz der Reihenfolge
       von Parameternamen in der Modellbeschreibung und Parameterwerten in der Parameterbeschrei-
       bung bestehen (so in MIDAS und MIMIC). Diese Möglichkeit ist programmierungstechnisch
       einfach, aber für den Benutzer nicht flexibel.

(2)   Man gibt in der Parameterbeschreibung für jeden Parameter Namen und Wert an, etwa in der
       Form

$$\langle \text{Name} \rangle = \langle \text{Wert} \rangle$$

       Diese Form ist sehr flexibel und leicht zu merken; die Reihenfolge der Parameternamen ist
       hier beliebig. Diese Möglichkeit erfordert ein größeres Leseprogramm.

3.1.2.3. Zeitpunkt der Parametereingabe

Die Parameter können entweder mit der Modellbeschreibung vermischt oder von ihr getrennt eingegeben werden. Die vermischte Eingabe ist programmierungstechnisch komplizierter; denn der Übersetzer muß bei jedem Statement entscheiden, ob es ein Modell-
oder ein Parameter-Statement ist, und er muß beide Arten abwechselnd behandeln können. Bei der getrennten Eingabe wird zuerst die Modellbeschreibung und anschließend
die Parameterbeschreibung eingelesen und übersetzt, was übersichtlicher und einfacher ist.
Da die Trennung von Modell- und Parameterbeschreibung auch logisch plausibel ist, macht
sie dem Benutzer keine Schwierigkeiten und kann daher allgemein empfohlen werden.

3.2. Der Prozessor

Der Prozessor eines Simulationssystems ist ein Digitalrechner-Programm, das aus vier bis
fünf Teilen besteht, die relativ wenig miteinander verflochten sind. Der erste Teil muß
die vom Benutzer in der Simulationssprache abgefaßte Modellbeschreibung lesen und in
eine interne Form übersetzen. Dieser Programmteil wird im folgenden „*Übersetzer*" genannt. Bei der Übersetzung wird entweder Maschinencode erzeugt oder eine andere Sprache,
die später von einem anderen Übersetzer in Maschinencode übersetzt wird oder eine rechnerinterne Tabelle, die während der Simulation interpretiert werden muß. Ein anderer

Programmteil führt nach Ende der Übersetzung die eigentliche Simulation aus: er macht
Anfangssetzungen, berechnet die Integrierereingänge, führt die Integration durch, zählt
die Schritte und steuert die Simulation bis zu ihrem Ende. Dieser Programmteil wird
„Simulator" genannt. Übersetzer und Simulator sind die wichtigsten und umfangreich-
sten Teile des Prozessors.

Als dritter Teil kommt ein *„Parameterleser"* hinzu, der die Parameter zur Übersetzungszeit oder zur Simulationszeit oder zu beiden Zeiten liest und verarbeitet. Prozessoren,
deren Übersetzer Tabellen erzeugen, benötigen noch einen Interpretierer als weiteren
Programmteil, der zur Simulationszeit die Tabelle interpretiert. Alle diese Teile werden
schließlich zusammengehalten von einem übergeordneten Programmteil, der *„Monitor"*
genannt wird. Der Monitor verwaltet nur; er liest Steuerkarten und ruft, je nach der
Aktion, die verlangt wird, eines der obengenannten Programme auf.

Parameterleser, Interpretierer und Monitor sind Programme, wie sie in vielen Aufgaben
der Programmierungstechnik auftreten. Sie enthalten keine bemerkenswerten Probleme.
Die Strukturen von Übersetzer und Simulator sollen jedoch genauer an Hand des Ablauf-
diagramms Bild 3.3 dargestellt werden.

3.2.1. Der Übersetzer

Der Übersetzer beginnt — nachdem Anfangssetzungen vorgenommen worden sind — mit
dem Lesen des Quellprogramms und seiner Analyse. Das Programm löst Klammern auf
(sofern die Sprache Klammerkonstruktionen zuläßt) und führt die Modellbeschreibung
des Quellprogramms auf eine einfachere Form zurück. Das Ergebnis wird gespeichert
und hier „unsortierte Blockliste" genannt.

Die unsortierte Blockliste enthält das Quellprogramm in zerlegter Form, jedoch in der
Reihenfolge, in der es eingegeben wurde. Darum muß die Blockliste anschließend sortiert
werden. Bei der Übersetzung und der Sortierung können sich formale Fehler im Quellprogramm zeigen, was entweder auf einen Fehlerstop führt (so in Bild 3.3) oder auf eine
Modelländerung.

An die Sortierung kann sich noch die Übersetzung der Blockliste in Maschinencode anschließen. Diese Übersetzung kann aber auch bis zur Simulation zurückgestellt und dann
durch einen Interpretierer ausgeführt werden. Da beide Fälle etwa gleich häufig auftreten,
sind in Bild 3.3 beide Zweige gestrichelt worden.

3.2.2. Der Simulator

Die allgemeine Struktur eines Simulators, wie er in den meisten Simulationssystemen benutzt wird, ist in Bild 3.3 durch ausgezogene Linien angegeben. Erweiterungen sind gestrichelt.

Parameterleser. Bevor die eigentliche Simulation beginnt, werden die Parameter mit dem
Parameterleser eingegeben.

Anfangssetzungen. In diesem Abschnitt werden weitere, vom Programm her notwendige,
Anfangssetzungen vorgenommen. Es ist zweckmäßig, die eingelesenen Anfangswerte der
Integrierer nicht gleich beim Einlesen den Integriererausgangsvariablen zuzuweisen, son-
dern sie getrennt abzuspeichern, damit sie über den Simulationslauf hinweg unverändert

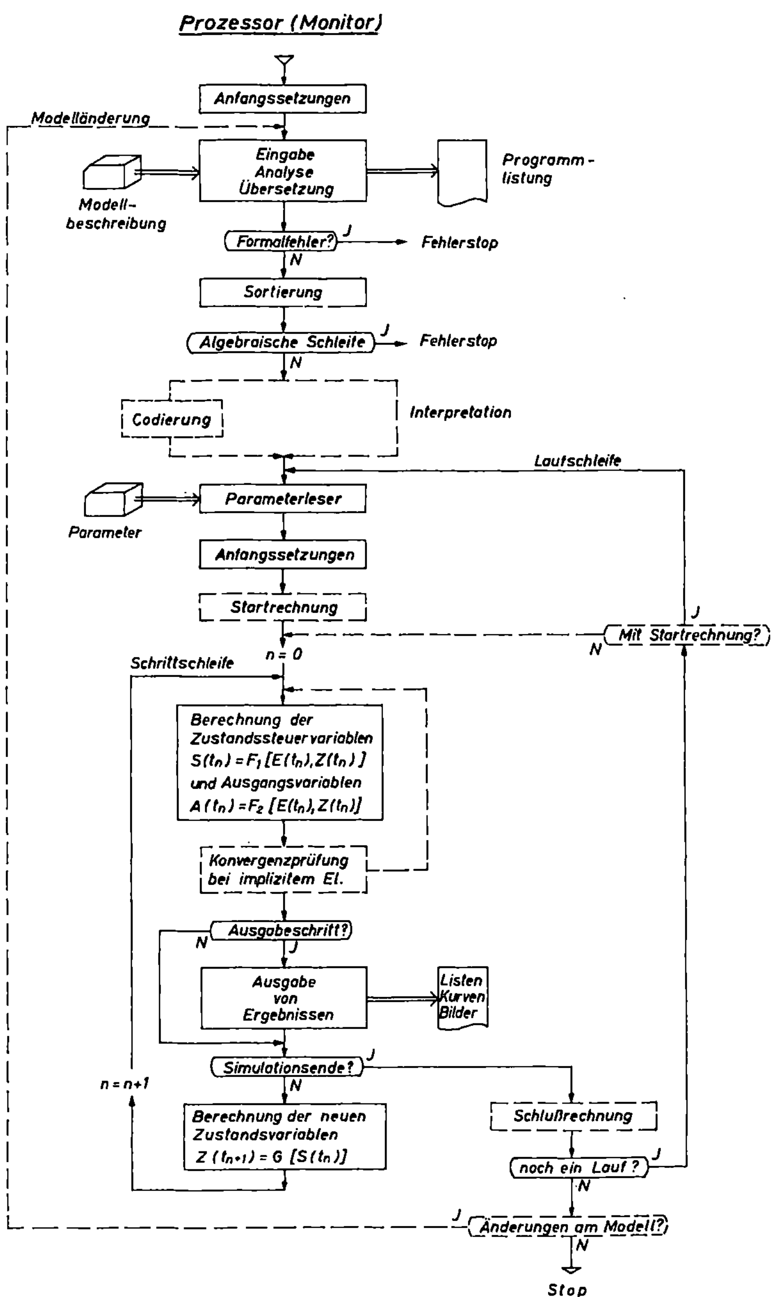

Bild 3.3. Ablaufdiagramm des Prozessors

erhalten bleiben und im nächsten Lauf wieder benutzt werden können. In diesem Abschnitt werden daher die Anfangswerte den Integriererausgängen zugewiesen. Außerdem ist es zweckmäßig, mit „defaults" zu arbeiten: jeder Größe, die eigentlich hätte eingegeben werden müssen, aber nicht eingegeben worden ist, wird ein Standardwert vom Programm automatisch zugewiesen. Auch diese Zuweisung fällt in den Abschnitt „Anfangssetzungen".

Startrechnung. Hinter den Anfangssetzungen kann eine Startrechnung durchgeführt werden (meist nicht vorhanden, darum in Bild 3.3 gestrichelt). Die Startrechnung ist vom Benutzer zusammen mit dem mathematischen Modell beschrieben worden; sie wird nicht sortiert.

Die Zeitvariable t_n wird auf die Anfangszeit t_0 gesetzt ($n = 0$ in Bild 3.3).

Die Programmteile „Parameterleser", „Anfangssetzungen" und „Startrechnung" bilden den Vorspann des Simulators, weil sie bei einem Simulationslauf nur einmal durchlaufen werden. Die anschließende Schleife dagegen wird bei jedem Simulationsschritt einmal durchlaufen. In ihr findet die eigentliche Simulation statt.

Berechnung der Nichtzustandsgrößen. Dieser Programmteil ist zusammen mit dem zur Berechnung der Zustandsgrößen der Kern der Simulation. Er ist entweder früher durch den Übersetzer aufgestellt worden (Codeerzeugung) und steht dann als Maschinensprache im Speicher, oder er besteht aus einem Interpretationsprogramm, das die Blockliste interpretiert. Die Struktur dieses Programmteils (oder der Blockliste) wechselt also von Aufgabe zu Aufgabe.

Die in Abschnitt 2.4 angegebene Form der Ausgangsgleichung

$$A(t_n) = F\,[E(t_n), Z(t_n)]$$

ist in Bild 3.3 in zwei Anteile aufgespalten worden. Mit

$$S(t_n) = F_1\,[E(t_n), Z(t_n)]$$

werden die Zustandssteuervariablen (Integrierer- und Totzeit-Eingänge) berechnet, und mit

$$A(t_n) = F_2\,[E(t_n), Z(t_n)]$$

werden alle anderen Nichtzustandsvariablen berechnet.

Implizites Element. Enthält das mathematische Modell ein implizites Element (in den meisten Simulationssystemen nicht vorhanden), muß nach der Berechnung der Nichtzustandsvariablen geprüft werden, ob die Iteration schon konvergiert hat. Wenn nicht, müsen die Nichtzustandsvariablen erneut berechnet werden. Die Anzahl der Iterationen wird zweckmäßigerweise gezählt, und wenn nach einer gewissen Anzahl von Durchläufen keine Konvergenz eingetreten ist, wird mit einem Fehlerausdruck abgebrochen (nicht in Bild 3.3 dargestellt).

Ausgabe. Meist sollen die Ergebnisse nicht bei jedem Schritt ausgegeben werden. Darum wird gefragt, ob der gerade ablaufende Schritt ein Ausgabeschritt ist, und nur dann wird das Ausgabeprogramm aufgerufen. Das Ausgabeprogramm führt keine Rechnungen durch, es gibt nur die gewünschten Variablen in dem gewünschten Format auf dem gewünschten Ausgabegerät aus. Die Aufbereitung der Ausgabedaten kann jedoch kompliziert sein, besonders bei der Kurven- und Sichtgerät-Ausgabe.

Simulationsende. In diesem Teil werden die Kriterien für die Beendigung der Simulation geprüft, und wenn eines von ihnen erfüllt ist, wird der Simulationslauf beendet. In den meisten Simulationssystemen ist das Erreichen der Endzeit das einzige Kriterium. Größere Flexibilität ergibt sich aber, wenn man den Abbruch der Simulation davon abhängig machen kann, ob eine bestimmte Variable einen bestimmten Wert über- oder unterschritten hat.

Berechnung der neuen Zustandsvariablen. Dieses zweite Kernstück des Simulators besteht aus der Integration und — wenn vorhanden — der Berechnung der Totzeitausgänge.

Integration. Aus den Werten der Integrierereingänge zur laufenden Zeit t_n werden die Integriererausgänge zum nächsten Zeitpunkt t_{n+1} berechnet. Das Programm wählt zuerst die Integrationsformel aus (sofern mehrere zur Verfügung stehen), die der Benutzer gewünscht hat und führt dann die Integration (unter Umständen in mehreren Unterschritten) aus. Dabei sind folgende, vom Integrationsverfahren abhängige, Teilaufgaben durchzuführen:

(1) Bei nichtselbststartenden Verfahren muß geprüft werden, ob sich das Programm noch in der Startphase befindet. Wenn ja, muß eine selbststartende Formel benutzt werden.

(2) Bei Verfahren, die Zwischenschritte benutzen (wie Runge-Kutta) und bei Prediktor-Korrektor-Verfahren muß das Unterprogramm zur Berechnung der Nichtzustandsgrößen mehrmals aufgerufen werden (für jeden Zwischenschritt einmal).

(3) Bei Verfahren mit automatischer Schrittweitensteuerung muß nach jedem Integrationsschritt geprüft werden, ob die Integrationsfehler innerhalb der zugelassenen Schranken liegen. Wenn nicht, muß die Schrittweite verändert und die Integration wiederholt werden (iterative Integration).

Totzeit. Ist die Verzögerungszeit τ, so müssen die Werte von $z_n, z_{n-1}, \ldots z_{n-\tau/h}$ in einem Schieberegister gespeichert sein. Sie brauchen nur um einen Schritt weitergeschoben zu werden.

Mit der Berechnung der neuen Zustandvariablen ist der Simulationsschritt beendet. Der Index n der Zeitvariablen wird um 1 erhöht und der nächste Schritt schließt sich an.

Schlußrechnung. Am Ende des Simulationslaufes kann der Benutzer in einigen Systemen eine Schlußrechnung durchführen. Aufgrund dieser Schlußrechnung können neue Anfangswerte oder neue Parameter berechnet werden und ein weiterer Simulationslauf kann sich eventuell automatisch anschließen. Der neue Lauf kann mit dem Eingeben neuer Parameter beginnen oder auch — unter Verzicht auf neue Parameter und Startrechnung — unmittelbar mit dem ersten Simulationsschritt.

Änderungen am Modell. Bei einem Simulationssystem, das im Konversationsbetrieb mit dem Benutzer arbeitet, muß der Monitor nun wieder zum Anfang des Programms zurückspringen, damit der Benutzer Änderungen am mathematischen Modell vornehmen kann, ohne das Programm völlig neu laden und das ganze Modell erneut einlesen zu müssen.

4. Vergleich bestehender Simulationssprachen

Im Verlauf der Arbeit wurde eine Reihe bestehender und veröffentlichter Simulationssprachen studiert und verglichen. Stellvertretend für alle sollen hier fünf Simulationssprachen (PACTOLUS, MIDAS, COBLOC, DSL/90, ANAGOL 67) näher behandelt werden, die besonders interessante, stark voneinander abweichende Eigenschaften haben.
Unter ihnen sind auch die Sprachen, die in der Vergangenheit den größten Erfolg hatten
(MIDAS und DSL/90). Das ebenfalls sehr erfolgreiche Simulationssystem MIMIC wird
nicht behandelt, weil es als Weiterentwicklung von MIDAS eine große Ähnlichkeit mit
diesem hat.

Zuerst werden die charakteristischen Eigenarten der fünf Simulationssprachen kurz dargestellt. Die sich anschließende, detaillierte formale Analyse stützt sich auf eine Darstellung aller Sprachen in erweiterter Backus-Naur-Form.

4.1. Charakterisierung der fünf Simulationssprachen

PACTOLUS wurde 1964 bei der Firma IBM für den Rechner IBM 1620 entwickelt [1].
Später wurde es erweitert, auf den Rechner IBM 7090 übernommen und schließlich
unter dem Namen 1130 CSMP auf den Rechner IBM 1130 zugeschnitten [42, 2].

Der Sprachbau von Pactolus ist extrem einfach. Jeder Block hat genau einen Ausgang
und bis zu 3 Eingänge, die in festem Format niedergeschrieben werden. Die Sprache ist
rein blockorientiert und identifiziert die Blocktypen durch einen einzigen Buchstaben,
die einzelnen Blöcke durch Nummern.

Pactolus arbeitet interpretativ. Trotz der einfachen Syntax besitzt Pactolus ein implizites
Element und es gibt 6 "Special elements", die als Unterprogramme vom Benutzer definiert
werden können. Zur Integration wird das Runge-Kutta-Verfahren 2. Ordnung benutzt.

Die besondere Eigenschaft von Pactolus besteht darin, daß es "on-line" arbeitet. Der Benutzer gibt seine Modellbeschreibung im Dialog mit Pactolus an der Konsolschreibmaschine
ein, definiert die Parameter und läßt die Simulation laufen. Anschließend kann er sofort
aufgrund der Ergebnisse die Eingabedaten modifizieren und das Programm erneut rechnen
lassen.

MIDAS wurde 1963 bei der Wright-Patterson Air Force Base, Ohio für den Rechner IBM
7090 entwickelt [14, 25].

Der Sprachbau von MIDAS ist sehr einfach. Er ist rein blockorientiert, aber das Format
ist nicht so starr wie bei Pactolus. Es gibt Elemente mit ein und zwei Ausgängen und bis
zu fünf Eingängen. Jede Verbindung wird nach dem Block bezeichnet, von dem sie kommt.
Ihr Name besteht aus dem Blocktyp und der Blocknummer, ist also eine Kombination aus
Namen und Nummer. Konstanten und algebraische Ausdrücke können nicht verwendet
werden.

Das ursprüngliche MIDAS arbeitet interpretativ, es ist aber später auch eine Compilerfassung entwickelt worden [4]. MIDAS besitzt ein implizites Element, gestattet dem Benutzer aber nicht die Einführung eigener Blockarten. Am Ende jedes Simulationslaufes werden die Minima und Maxima sämtlicher Größen ausgedruckt. Zur Interpretation wird ein 4-Punkt-Prediktor-Korrektor-Verfahren von Milne mit variabler Schrittweite benutzt. MIDAS hatte wegen seiner Einfachheit und Vielseitigkeit großen praktischen Erfolg.

COBLOC wurde 1964 an der Universität Wisconsin für den Rechner CDC 1604 entwickelt [17]. Der Sprachbau von Cobloc ist bedeutend flexibler als der von Midas. Das Format ist frei, die Strukturbeschreibung hat die Form von „Ergibt-Aussagen"

$$< Ausgang > = < Ausdruck >$$

oder von Funktionsaufrufen

$$< Ausgang > = < Blockart >, < Eingangsliste >$$

Der Name jeder Verbindung ist wie in MIDAS eine Kombination aus dem Namen des Blocktyps und einer laufenden Nummer. Konstanten können verwendet werden. Die zulässigen Ausdrücke haben die Form

$$a\,b + c\,d + ...$$

wobei a, b, c, d Variablen oder Konstanten sind. Die Aneinanderreihung a b bedeutet Multiplikation. Klammern und Funktionsaufrufe sind nicht in Ausdrücken zulässig.

COBLOC arbeitet compilierend. Es besitzt die Möglichkeit, eine Startrechnung auszuführen, und es besitzt eine grafische Ausgabe (Calcomp-Zeichengerät).

Es gibt logische Variablen, Blöcke für logische Verknüpfungen und einen Block zur Simulation der verschiedenen Typen von Flipflops.

Zur Integration stehen 3 Verfahren zur Auswahl: Runge-Kutta 4. Ordnung, Prediktor-Korrektor 4. Ordnung, Shanks 5. Ordnung.

DSL/90 wurde 1965 bei der Firma IBM für den Rechner IBM 7090 entwickelt [33, 38]. Später wurde es geringfügig erweitert und auf den Rechner IBM 360 zugeschnitten. Hier hat es den Namen 360 CSMP [40, 2].

DSL/90 ist neben MIMIC, dem Nachfolger von MIDAS, das wohl modernste und umfangreichste Simulationssystem. Sein Sprachbau bietet ein Maximum an Flexibilität. Das Format ist frei und die Strukturbeschreibung hat die Form von „Ergibt-Aussagen"

$$< Ausgang > = < Ausdruck >$$

Im Gegensatz zu Cobloc dürfen Ausdrücke Klammern und Funktionsaufrufe in beliebiger Schachtelung enthalten (die Syntax für < Ausdruck > ist die gleiche wie in Fortran), so daß sich eine Differentialgleichung in nahezu mathematischer Schreibweise notieren läßt (Beispiel Bild 3.2).

Der Übersetzer von DSL/90 arbeitet als Translator. Das heißt, aus einem DSL/90 -Quellprogramm wird ein Fortran IV-Programm erzeugt. Dieses wird dann mit dem Fortran IV-Compiler weiter in Maschinensprache übersetzt. Ein solches Übersetzungsverfahren

ist relativ langsam, hat aber den Vorteil, daß der Benutzer seinem DSL/90-Quellprogramm
mit Leichtigkeit eigene Fortran-Programme hinzufügen kann; entweder solche, die neue
Blockarten definieren, oder solche, die einen Teil des mathematischen Modells algorithmisch direkt in Fortran beschreiben.

DSL/90 besitzt einen ungewöhnlich reichhaltigen Blockvorrat, darunter Blöcke für das
Vzl-Glied, das VD-Glied, das allgemeine Glied 1. Ordnung und mehrere Zufallsgeneratoren.
In der Fassung für den Rechner IBM 360 (360 CSMP) gibt es auch logische Variablen und
Blöcke für ihre Verknüpfungen.

Zur Integration stehen 6 Verfahren zur Auswahl. Darüber hinaus kann der Benutzer ein
beliebiges Verfahren seiner Wahl in Form eines Fortran-Programms definieren.

Infolge seiner großen Flexibilität ist DSL/90 ein umfangreiches Simulationssystem, das
nur auf Großrechenanlagen eingesetzt werden kann.

ANAGOL 67 wurde 1967 bei der Firma Siemens entwickelt [36]. Es wird auf den Rechnern
S 2002 und CDC 3400 benutzt, ist aber nahezu maschinenunabhängig, da der Simulator
vollständig in Algol geschrieben ist und der Compiler mit einem in Algol geschriebenen
Meta-Compiler erzeugt werden kann.

Der Sprachbau von ANAGOL 67 lehnt sich eng an Algol an. Das Format ist frei und die
Strukturbeschreibung hat die Form von Ergibt-Aussagen:

< Ausgang > = < Ausdruck >

wobei < Ausdruck > wie in Algol definiert ist. Auch bedingte Ausdrücke haben eine
Algol-ähnliche Form.

Der Übersetzer erzeugt eine Tabelle („Blockliste" genannt) die gewissermaßen das blockorientierte Abbild der algebraisch beschriebenen Problemstruktur ist. Der Simulator verarbeitet diese Tabelle interpretativ.

Der Aufbau von ANAGOL 67 ist interessant, weil Übersetzer und Simulator nicht miteinander gekoppelt sind. Der Übersetzer stanzt die von ihm erzeugte Blockliste auf Lochkarten aus. Sie ist noch unsortiert. Der Benutzer kann diese Blockliste lesen (weil sie unver-
schlüsselt ist) und bei Bedarf Änderungen darin vornehmen. Wenn er „blockorientiert"
arbeiten will, kann er seine Problembeschreibung auch direkt als Blockliste formulieren
und dann auf den Compiler ganz verzichten.

In einem neuen Job wird die Blockliste vom Simulator gelesen, sortiert und dann (hier
beginnt die eigentliche Simulation) interpretativ abgearbeitet.

Es gibt daher zwei Formen der Anagol 67-Sprache: eine blockorientierte (abgekürzt
ANAGOL-BF) und eine algebraisch-orientierte (ANAGOL-AF), die beide getrennt beschrieben werden.

4.2. Syntaktischer und semantischer Vergleich der ausgewählten Simulationssprachen

Die Ausdrucksmöglichkeiten einer Simulationssprache sollen sich auf drei Gebiete erstrecken:
(1) Modellbeschreibung, (2) Parameterbeschreibung und (3) Monitorbeschreibung. Nicht in
allen untersuchten Sprachen sind die Ausdrucksmöglichkeiten für diese drei Gebiete explizit

vorhanden. So ist in Midas und Anagol-BF die Monitorbeschreibung in der Datenbeschreibung verborgen und in Pactolus ist die Monitorbeschreibung gar nicht vorhanden, weil die einzelnen Simulationsläufe im On-line-Betrieb vom Benutzer direkt gesteuert werden. Die 3 Beschreibungsgebiete sind auch syntaktisch nicht in allen Simulationssprachen deutlich getrennt. In DSL/90 können die Aussagen der Modellbeschreibung und der Datenbeschreibung in beliebiger Folge gemischt auftreten, so daß zwischen Modell- und Datenbeschreibung hier nur semantisch unterschieden werden kann.

Trotz dieser in Wirklichkeit auftretenden Vermischungen ist es für einen Vergleich der Sprachen nützlich, die drei Gebiete einzeln zu betrachten. Ein Sprachvergleich muß sich auf Syntax und Semantik beziehen. Die Syntax ist zum großen Teil formalisierbar; ganz nicht, zumindest dann nicht, wenn die Sprache keine Phrasenstruktur-Grammatik besitzt. Die Syntaxen aller hier untersuchten Simulationssprachen sind in den Quellen nicht formal definiert und es ist dem Verfasser auch keine andere Simulationssprache, außer CSSL bekannt, die irgendwo formal definiert worden wäre.

Die Syntax aller Sprachen mußte darum erst formalisiert werden. Hierzu wurde eine erweiterte Backus-Naur-Form (abgekürzt BNF) benutzt, die für die Darstellung einer analysierenden Grammatik besser geeignet ist als die originalen Darstellungsformen von Chomsky [5] und Backus [24], die beide mehr für generative Grammatiken geeignet sind. Die hier verwendete Erweiterung der BNF knüpft an Vorschläge von Lee [21] an.

An Stelle des Definitionszeichens :: = bei Backus wird hier der aus der mathematischen Linguistik her bekannte Pfeil ← benutzt, gelesen als „ . . . ist definiert als . . . “.

Für die Wiederholung von syntaktischen Konstruktionen werden geschweifte Klammern { } verwendet. $\{x\}_n^m$ bedeutet: x wird mindestens n-mal und höchstens m-mal wiederholt. Fehlendes n bedeutet 1, fehlendes m bedeutet ∞. Durch diese bequeme Schreibweise werden (1) die unübersichtlichen rekursiven Definitionen vermieden und (2) bestimmte Anzahlen von Wiederholungen beschreibbar.

Die Modellbeschreibungen aller fünf Sprachen sind in Bild 4.1 (bestehend aus den Teilbildern 4.1–1 bis 4.1–6) zusammengestellt. Jede Zeile trägt eine laufende Nummer, die Eintragungen in verschiedenen Sprachen unter der gleichen Nummer haben ungefähr die gleiche Bedeutung. In Teilbild 4.1–1 sind diese Bedeutungen teilweise erläutert. Durch Nebeneinanderlegen aller Teilbilder erhält man eine vergleichende Übersicht über alle Modellbeschreibungen.

Die Parameter- und Monitorbeschreibungen aller fünf Sprachen sind in Bild 4.2 (6 Teilbilder) zusammengestellt. Wegen der großen Unterschiede bei den einzelnen Sprachen ist hier auf eine Nebeneinanderstellung der Konstruktionen gleicher Bedeutung verzichtet worden.

4.2.1. Formate

Die Wahl des Formates beeinflußt das Schreiben, die Lesbarkeit und die Übersetzung des Quellprogramms. Die Formate variieren vom völlig festen Format bei dem jede Größe in eine bestimmte, dafür vorgesehene Spalte gelocht werden muß (immer Lochkarten-Eingabe vorausgesetzt) bis zum völlig freien Format, bei dem die Größen in beliebigen Spalten stehen können, wenn nur ihre Reihenfolge gewahrt bleibt.

P A C T O L U S

Format	Feste Spalteneinteilung ohne Trennzeichen Jede Zeile beschreibt ein Element

Terminals	0|1|2|...|9 A|B|C|...|Z +|-|/|⊔

Elementare Konstruktionen	1 <digit> ← 0|1|2|...|9
	2
	3
	4 <type symbol> ←A|B|.;|Z|+|-|1|2|3|4|5
	5 <block number> ← <digit><digit>|⊔<digit>
	6
	7
	8
	9
	1o
	11
	12
	13
	14
	15
	16 <input> ← <block number>
	17
	18

Ausdrücke und ModellBeschreibung	19
	2o
	21
	22
	23
	24
	25
	26 <block description> ← <block number><type symbol><input><input><input>
	27
	28
	29
	3o
	31
	32
	33
	34
	35 <model description> ← {<block description>}

Bild 4.1-1

MIDAS

Assemblerhaft - halbfest.
    Elementname beginnt in Spalte 7.
    Eingänge beginnen in Spalte 15 und sind durch Kommas getrennt.

0|1|2|...|9
A|B|C|...|Z
,|-

---

1   $\langle digit\rangle \rightarrow 0|1|2|...|9$

2   $\langle letter\rangle \rightarrow A|B|C|...|Z$

3

4   $\langle type\ name\rangle \rightarrow \{\langle letter\rangle\}^3$

5   $\langle block\ number\rangle \rightarrow \{\langle digit\rangle\}$

6

7   $\langle block\ name\rangle \rightarrow \langle type\ name\rangle\langle block\ number\rangle$

8   $\langle line\ name\rangle \rightarrow \langle block\ name\rangle\{\langle letter\rangle\}_0^1$

9

10   $\langle constant\rangle \rightarrow \{\langle letter\rangle|\langle digit\rangle\}_1^6$

11   $\langle special\ name\rangle \rightarrow IT|TR|MININT$

12   $\langle variable \rightarrow \langle line\ name\rangle|\langle special\ name\rangle$

13

14

15

16   $\langle input\rangle \rightarrow \{-\}_0^1\,\{\langle variable\rangle|\langle constant\rangle\}_0^1$

17

18

19

20

21

22

23

24

25

26   $\langle block\ description\rangle \rightarrow \langle block\ name\rangle\langle input\rangle\{,\langle input\rangle\}_0^5$

27   $\langle constant\ declaration\rangle \rightarrow CON\{-\}_0^1\langle constant\rangle\{,\{-\}_0^1\langle constant\rangle\}^6$

28   $\langle parameter\ declaration\rangle \rightarrow PAR\ \{-\}_0^1\,\langle constant\rangle\{,\{-\}_0^1\langle constant\rangle\}_0^5$

29   $\langle initial\ condition\ declaration\rangle \rightarrow IC\langle block\ name\rangle\{,\langle block\ name\rangle\}_0^5$

30   $\langle termination\ statement\rangle \rightarrow FIN\langle input\rangle,\langle input\rangle$

31   $\langle print\ statement\rangle \rightarrow RO\{\langle variable\rangle\}_0^1\{,\{\langle variable\rangle\}_0^1\}_0^5$ **Bild 4.1-2**

32   $\langle header\ statement\rangle \rightarrow HDR\{\langle variable\rangle\}_0^1\{,\{\langle variable\rangle\}_0^1\}_0^5$

33

34

35   $\langle model\ description\rangle \rightarrow \{\ \langle block\ description\rangle|\langle constant\ declaration\rangle|\langle parameter\ declaration\rangle|$
       $\langle initial\ condition\ declaration\rangle|\langle termination\ statement\rangle|\langle print\ statement\rangle|\langle header\ statement\rangle\}$

3 Rechenberg

C O B L O C

Format	Frei von Spalte 1 bis 72

Terminals	0|1|2|...|9
	A|B|C|...|Z
	+|-|*|=|.|,|(|)

Elementare Konstruktionen	1	$\langle$digit$\rangle \leftarrow$ 0|1|2|...|9
	2	$\langle$letter$\rangle \leftarrow$ A|B|C|...|Z
	3	
	4	$\langle$type name$\rangle \leftarrow \{\langle$letter$\rangle\}^3$
	5	$\langle$block number$\rangle \leftarrow \{\langle$digit$\rangle\}$
	6	
	7	$\langle$block name$\rangle \leftarrow \langle$type name$\rangle\langle$block number$\rangle$|OUT
	8	$\langle$line name$\rangle \leftarrow \langle$type name$\rangle\{*\}_0^1\langle$block number$\rangle$
	9	$\langle$number$\rangle \leftarrow \{-\}_0^1\{\langle$digit$\rangle\}_1\{.\}_0^1\{\langle$digit$\rangle\}_0$ |$\{-\}_0^1.\{\langle$digit$\rangle\}_1$
	10	$\langle$constant$\rangle \leftarrow \{\langle$number$\rangle\}$
	11	$\langle$special name$\rangle \leftarrow$ POT1|POT2|POT3|POT4|LV1|LV2|SKP1|SKP2|HLD1
	12	$\langle$variable$\rangle \leftarrow \langle$line name$\rangle$|$\langle$special name$\rangle$
	13	
	14	
	15	
	16	$\langle$primary$\rangle \leftarrow \langle$variable$\rangle$|$\langle$constant$\rangle$
	17	
	18	

Ausdrücke und Modell-Beschreibung	19	
	20	
	21	
	22	$\langle$term$\rangle \leftarrow \{\langle$primary$\rangle\}$
	23	$\langle$expression$\rangle \leftarrow \{-\}_0^1\langle$term$\rangle\{\{+\|-\}^1\langle$term$\rangle\}_0$
	24	$\langle$argument list$\rangle \leftarrow \|\langle$primary$\rangle\{\{,\}_0^1\langle$primary$\rangle\}_0$
	25	$\langle$assignment statement$\rangle \leftarrow \langle$variable$\rangle=\langle$expression$\rangle$
	26	$\langle$block description$\rangle \leftarrow \langle$block name$\rangle=\langle$argument list$\rangle$
	27	
	28	
	29	
	30	
	31	
	32	
	33	
	34	
	35	$\langle$model description$\rangle \leftarrow \{\langle$block description$\rangle$|$\langle$assignment statement$\rangle\}$

Bild 4.1-3

D S L / 9 0

Format	Frei von Spalte 7 bis 72
	Steuerworte in Spalte 1 bis 6

Terminals	0|1|2|...|9
	A|B|C|...|Z
	+|-|*|/|=|.|,|(|)

Elementare Konstruktionen	1	<digit> ← 0|1|2|...|9
	2	<letter> ← A|B|C|...|Z
	3	<identifier> ← <letter>{<letter>|<digit>}$_o^5$
	4	<function name> ← <identifier>
	5	
	6	
	7	
	8	<line name> ← <identifier>
	9	<unsigned constant> ← {<digit>}^{11}|Fortran-Gleitkommazahl
	1o	<constant> ← {+|-}$_o^1$<unsigned constant>
	11	<special name> ← T
	12	<simple variable> ← <line name>|<special name>
	13	<index> ← {<digit>}^{5}
	14	<subscripted variable> ← <simple variable><index>
	15	<variable> ← <simple variable>|<subscripted variable>
	16	<primary> ← <variable>|<unsigned constant>|<function reference>|(<expression>)
	17	
	18	

Ausdrücke und Modell-Beschreibung	19	
	2o	<factor> ← <primary>{**<primary>}$_o^1$
	21	
	22	<term> ← <factor>{(*|/)^1<factor>}$_o$
	23	<expression> ← {+|-}^{1}<term>{{+|-}^{1}<term>}$_o$
	24	<function reference> ← <function name>(<expression>{,<expression>}$_o$)
	25	<assignment statement> ← <simple variable>{,<simple variable>}$_o$=<expression>
	26	
	27	
	28	
	29	
	3o	
	31	
	32	
	33	<procedure block> ← PROCED Prozedurbeschreibung in Fortran ENDPRO
	34	<macro definition> ← MACRO Makrobeschreibung in Fortran ENDMAC
	35	<model description> ← {<assignment statement>|<procedure block>|<macro definition>}

Bild 4.1-4

A N A G O L - B F

Format	Frei Kartenende ohne Bedeutung Schlußzeichen ist Semikolon

Terminals	0|1|2|...|9 A|B|C|...|Z +|-|.|,|;|'TRUE'|'FALSE'

Elementare Konstruk- tionen	1 <digit> ← 0|1|2|...|9
	2
	3
	4 <type number> ← (<digit>)^2
	5 <block number> ← <digit><digit>
	6 <key number> ← <type number><block number>
	7 <block name> ← <key number>
	8 <line name> ← <key number>
	9
	1o
	11
	12
	13
	14
	15
	16 <input> ← <key number>
	17
	18

Ausdrücke und Modell- Beschrei- bung	19
	2o
	21
	22
	23
	24
	25
	26 <block description> ← 0,<block name>,(<input>,)$_0^4$
	27
	28
	29
	3o
	31
	32
	33
	34
	35 <model description> ← (<block description>)1,

Bild 4.1-5

ANAGOL - AF

Frei.
Kartenende ohne Bedeutung.
Schlußzeichen ist Semikolon.

```
0|1|2|...|9
A|B|C|...|Z
+|-|*|/|=|.|,|'|(|)
```

1 <digit> ← 0|1|2|...|9

2 <letter> ← A|B|C|...|Z

3 <identifier> ← <letter>$\{$<letter>|<digit>$\}_0^5$

4 <function name> ← <identifier>

5

6

7

8 <line name> ← <identifier>

9 <unsigned constant> ← $\{$<digit>$\}$|Algol-Gleitkommazahl

10 <constant> ←$\{+|-\}_0^1$ <unsigned constant>

11

12 <simple variable> ← <line name>

13 <derivative> ← <simple variable>$\{'\}$

14

15 <variable> ← <simple variable>|<derivative>

16 <primary> ← <variable>|<unsigned constant>|<function reference>|(<expression>)

17

18

---

19 <relop> ← 'LESS'|'NOTLESS'|'GREATER'|'NOTGREATER'|'EQUAL'|'NOTEQUAL'

20 <factor> ← <primary>|('IF'<expression><relop><expression>'THEN'<expression>'ELSE'<expression>)|

21   (<expression>'UNTIL'<expression><relop><expression>'THEN'<expression>)

22 <term> ← <factor>$\{\{*|/\}^1$<factor>$\}_0$

23 <expression> ← $\{+|-\}_0^1$ <term> $\{\{+|-\}^1$<term>$\}_0$

24 <function reference> ← <function name>(<expression>$\{,$<expression>$\}_0$)

25 <assignment statement> ← <variable>=<expression>

26

27

28

29

30   **Bild 4.1-6**

31

32

33

34

35 <model description> ← <assignment statement>$\{,$<assignment statement>$\}_0$;

PACTOLUS

```
Parameter- 1 <value> ← Fortran-Gleitkommazahl im F-Format
und        2 <block parameters> ← <block number><value><value><value>
Monitor-   3 <integ interval> ← <value>
Beschrei-  4 <total time> ← <value>
bung       5 <print interval> ← <value>
           6 <parameter description> ← {<block parameters>}_o<integ interval><total time>
                                       <print interval>
           7 <pactolus program> ← <model description><parameter description>
```

Bild 4.2-1

MIDAS

```
Parameter- 1 <value> ← Fortran-Gleitkommazahl im Format F1o.o
und
Monitor-   2 <parameter card> ← {<value>}^6
Beschrei-  3 <parameter description> ← {<parameter card>}
bung
           Bemerkung: Es gibt praktisch keine Syntax der Parameterbeschreibung. Alle Parameterwerte
           sind Fortran-Gleitkommazahlen, die mit Lochkarten eingegeben werden. Ihre Bedeutung wird
           durch die Reihenfolge der CON-, PAR- und IC-Karten in der Modellbeschreibung bestimmt.

           4 <midas program> ← <model description>{<parameter description>}_o
```

Bild 4.2-2

COBLOC

```
Parameter- 1 <value> ← {({(<digit>})})}_o^1<number>
und
Monitor-   2 <numeric data> ← <value>{,<value>}_o
Beschrei-  3 <coordinate pair> ← <number>,<number>
bung       4 <function table> ← <coordinate pair>{,<coordinate pair>}_o
           5 <simulation> ← PATCHING<model description>
                            {CLEAR INITIAL VALUES|INITIAL VALUES<numeric data>}^1
                            POT SETTINGS<numeric data>
                            {FUNCTION TABLE<function table>}_o
                            {HEADINGS Eine beliebige Zeichenfolge}_o
                            {MACHINE LANGUAGE SUBROUTINE Maschinenprogramm}_o
                            {INTEGRATION BY{RUNGE-KUTTA|PREDICTOR-CORRECTOR|SHANKS5-5}^1}_o^1
                            END
           6 <post computation> ← {AUTOPLOT Mehrere Parameterangaben}_o^1{RESET}_,^1
           7 <cobloc program> ← COBLOC Mehrere Parameter.
                            {PRECOMPUTATION<model description>}_o^1
                            {<simulation>{<post conutation>}_o^1}
                              END OF PROGRAM
```

Bild 4.2-3

DSL / 90

```
Parameter-  1  <parameter> ← <variable>=<constant>
und
Monitor-    2  <parameter table> ← {PARAM|CONST|INCON}¹<parameter>{,<parameter>}₀
Beschrei-   3  <function table> ← {AFGEN|NLFGEN}¹<line name>=<constant>{,<constant>}₀
bung
            4  <array parameter> ← <subscripted variable>=<constant>|
                                   <identifier>(<index>-<index>)=<constant>{,<constant>}₀

            5  <array table> ← TABLE<array parameter>{,<array parameter>}₀

            6  <print parameter> ← PRINT<constant>{,<variable>}

            7  <title parameter> ← TITLE Eine beliebige Zeichenfolge

            8  <finish table> ← FINISH<parameter>{,<parameter>}₀

            9  <error table> ← {RELERR|ABSERR}¹<parameter>{,<parameter>}₀

           1o  <integration> ← {RKS|RKSFX|SIMP|MILNE|TRAPZ|RECT|CENTRL}¹ₒ
```

Außerdem gibt es weitere Parameterarten zu Sonderzwecken, alle bestehend aus einem
Kennwort und meist gefolgt von Parametern. Die Kennworte lauten: PREPAR, GRAPH, LABEL,
RANGE, CONTRL, RENAME, INTGER, MEMORY, STORAG, DECK, SORT, NOSORT, END, STOP.

Monitorbeschreibung: Der Gesamtaufbau des DSL/9o-Programms ist formal nicht darstellbar,
weil die einzelnen Aussagen der Modell- und Parameterbeschreibung in beliebiger Reihenfolge
miteinander vermischt werden können. Die END-Karte bewirkt den Beginn des Simulationslaufes. Es können mehrere Läufe automatisch hintereinander ausgeführt werden. Der Para-
mer STOP beendet sofort das ganze Programm.

Bild 4.2-4

ANAGOL67 - BF

```
Parameter-  1  <value> ← Algol-Gleitkommazahl
und
Monitor-    2  <integration mode> ← 1|2|3|4|5
Beschrei-   3  <step description> ← <integration mode>{,<value>}₃³
bung
            4  <parameter set> ← 'FALSE',<type number>,<block number>,{<value>,}

            5  <parameter description> ← {<parameter set>}'TRUE',

            6  <anagol-bf-program> ← <model description><step description> <parameter description>
```

Bild 4.2-5

ANAGOL67 - AF

```
Parameter-  1  <parameter> ← <variable>=<constant>
und         2  <parameter 1> ← {<variable>|<derivative>}=<constant>
Monitor-    3  <independent declaration> ← 'INDEPENDENT'<variable>;
Beschrei-   4  <coefficient declaration> ← 'COEFFICIENTS'<parameter>{,<parameter>}₀;
bung        5  <initial> ← 'INITIAL CONDITIONS'<parameter 1>{,<parameter 1>}₀;
            6  <parameter case> ← <variable>=<constant>{,<constant>}₀
            7  <parameter declaration> ← 'PARAMETERS'<parameter case>{,<parameter case>}₀;
            8  <coordinate pair> ← (<constant>,<constant>)
            9  <function definition> ← <identifier>=<coordinate pair>{,<coordinate pair>}₀
           1o  <function declaration> ← 'FUNCTIONS'<function definition>{,<function definition>}₀;
           11  <integration mode> ← 'INTEGRATION MODE'{EULER|HEUN|RUNGEKUTTA|BULIRSCHSTOER}¹
                                     'FROM'<constant>'TO'<constant>'BY'<constant>'OR ERROR LESS'<constant>;
           12  <declaration part> ← Alle vorstehenden Deklarationen in beliebiger Reihenfolge,
                                     aber jede nur einmal.
           13  <output list> ← (<variable>{,<variable>}₀)
           14  <print statement> ← 'STEP'<unsigned constant>PRINT|RECVER|RECHOR}¹<output list>
           15  <double list> ← (<variable>,<variable>){,(<variable>,<variable>)}₀
           16  <plot statement> ← 'STEP'<unsigned constant>XYPLOT<double list>
           17  <output part> ← {<print statement>|<plot statement>}₁¹{,<print statement>|<plot statement>}₀;
           18  <anagol-af-program> ← <declaration part>'EQUATIONS'<model description><output part>
```

Bild 4.2-6

Pactolus besitzt ein völlig festes Format:

1	20	30	40	50	60	Spalte
	17	W	48	9	0	
	↑	↑	↑	↑	↑	
	Block- nummer	Block- art	Argument 1	Argument 2	Argument 3	

Vorteil: — Keine Trennzeichen nötig
            — Sehr einfaches Leseprogramm
Nachteil: — Starrer Aufbau der sprachlichen Konstruktionen
            — Nur bei geringer Organisationshöhe möglich.

Midas besitzt für die Modellbeschreibung ein halbfestes Format. Die Beschreibung eines
Blocks enthält ab Spalte 7 die Namen des Blockes und ab Spalte 15 die Namen der Argumente. Diese werden durch ein Komma getrennt.

1	7	15
	IR 1	ZERO, S4, S4

Vorteil: — Leseprogramm noch einfach
Nachteile: — Nur bei geringer Organisationshöhe möglich
            — Unübersichtlich (wie eine Assemblersprache)

Für die Parameterbeschreibung besitzt Midas ein völlig festes Format: Jeder Parameter
ist eine Gleitkommazahl, die 10 Lochkartenspalten einnimmt. 6 Parameter stehen in einer
Lochkarte.
Vorteil: — Kein Leseprogramm erforderlich, da Fortran-Format.
Nachteil: — Sehr starr. Anzahl der Parameterkarten muß bereits in der Modellbeschrei-
              bung festgelegt sein.

DSL/90 besitzt für Modell- und Parameterbeschreibung ein fast freies Format in enger
Anlehnung an das Fortran-Format. Alle Statements der Modellbeschreibung beginnen
in Spalte 7 und können frei in Spalte 7—72 verteilt werden. Blanks sind bedeutungslos.
Alle übrigen Statements tragen in Spalte 1 ein Kennwort und sind von Spalte 7—72 eben-
falls frei. Fortsetzungskarten sind erlaubt. Auch Cobloc und Anagol-AF haben ein freies
Format. Alle Sprachen außer Anagol sind lochkartenorientiert (d.h. Kartenende = Aus-
sagenende).
Vorteil: — Für beliebig hohe Organisation geeignet.
Nachteil.   — Keiner.

Gegenüberstellung und Erfahrung zeigen die Überlegenheit der freien Formate über die
festen. Freie Formate sind natürlicher; der Benutzer kann sich auf die Sache konzentrieren
und ist an keine feste Form gebunden. Er kann auch durch Einrückungen Programmteile
hervorheben und dadurch die Übersichtlichkeit erhöhen.

Das freie Format ist allerdings erst dann gerechtfertigt, wenn die Struktur der Simulationssprache nicht zu einfach ist. Ein freies Format für eine sehr einfache Sprache würde ein
unnötig kompliziertes Leseprogramm erfordern, dessen Umfang zu seiner Leistung nicht
im richtigen Verhältnis steht. Für ganz einfache Simulationssysteme, wie PACTOLUS,
ist ein festes Format darum durchaus die angemessene Lösung.

4.2.2. Terminals (Zeichenvorrat)

Keine der untersuchten Simulationssprachen geht über den Vorrat des BCD-Alfabets von
64 Zeichen hinaus. Erst in CSSL wird der erweiterte Zeichenvorrat der sog. „dritten
Rechnergeneration" verwertet.

Der in den einzelnen Sprachen benutzte Zeichenvorrat gibt bereits Aufschluß über ihre
Organisationshöhe (siehe Bild 4.1): In Pactolus werden nur Ziffern, Buchstaben, +, -, /
und der Punkt verwendet. +, -, / sind hier keine Operatoren, sondern Blocktypen. In
Midas kommt das Komma als Trennzeichen hinzu. Die übrigen 3 Sprachen benutzen zusätzlich das Gleichheitszeichen und die runden Klammern, Anagol außerdem noch das
von Algol übernommene Semikolon als Aussagenende und den Apostroph als Klammer
und Zehnerexponent.

4.2.3. Modellbeschreibung

Die Beschreibung des mathematischen Modells besteht in allen Simulationssprachen aus
einer Reihe von sog. „Aussagen" (Statements) oder „Blöcken". Jede Aussage beschreibt
dabei eine Funktion, die einer oder mehreren Argumenten einen oder mehrere Funktionswerte zuordnet. Bei den einfacheren Sprachen ist die Funktion ein Element aus einer fest
vorgegebenen Menge von Funktionstypen, bei den höher organisierten Sprachen kann sich
die Funktion aus anderen Funktionen zusammensetzen.

Funktion, Argumente und Funktionswerte müssen identifiziert werden können. Dazu werden Namen, Zahlen oder eine Kombination von beiden benutzt. Namen und Zahlen bestehen wieder aus Buchstaben und Ziffern, so daß sich folgende Hierachie der Sprachkonstruktionen ergibt.

1. Grundsymbole: Ziffern, Buchstaben
2. Elementare Konstruktionen: Namen, Zahlen Funktionstypen, Eingänge, Ausgänge u. a.
3. Ausdrücke, Blöcke, Aussagen.

4.2.3.1. *Blockorientierte und größenorientierte Sprachen*

Die topologische Beschreibung eines mathematischen Modells wird in den Simulationssprachen auf zwei verschiedene Arten vorgenommen, die sich äußerlich ähneln, innerlich jedoch
deutlich unterschieden sind. Sie entstehen aus verschiedenen psychologischen Standpunk-
ten.

Der erste Standpunkt lautet so: Ein mathematisches Modell besteht aus einer Anzahl von
Funktionsblöcken, die durch Wirkungslinien miteinander verbunden sind. Das Primäre sind
die Blöcke, das Sekundäre die Verbindungen. Jeder Block wird durch einen eindeutigen Namen und den Namen des Typs, den er repräsentiert, bezeichnet. Zur Vereinfachung kann
man den Blocknamen aus dem Typnamen und einer laufenden Nummer zusammensetzen,

so daß er die Form hat

> block name > ← < type name > < block number >
< block number > ← { < digit > }

Beispiel: Der Integrierer Nr. 4 hat den Namen I4.

Die Namen der Verbindungen sind einfachheitshalber aus den Blocknamen abgeleitet, z.B. nach der Vorschrift: „Jede Verbindung trägt den Namen des Blockes von dem sie kommt".

Zur Beschreibung der Topologie braucht man dann nur jedem Blocknamen die Namen seiner Eingänge zuzuordnen. Es wird im Grunde nur eine Namenart zur Bezeichnung von allem benutzt: der Blockname. Darum sollen die Sprachen dieses Typs „*blockorientiert*" genannt werden.

Die älteren und die einfacheren unter den neueren Simulationssprachen (PACTOLUS, MIDAS, COBLOC) sind meist blockorientiert. Sie haben die Vorteile einer leichten Lehr- und Erlernbarkeit, aber auch einige Nachteile, die Ausnahmen von den Aufschreibungsregeln erforderlich machen. Diese Nachteile sind:

-1 Fast jedes Blockdiagramm besitzt Eingangsgrößen, die nicht von einem Block, sondern von außen kommen und folglich auch keine Namen haben können. Sie bleiben bei einem Simulationslauf konstant und können als Parameter angesehen werden. Man behilft sich entweder damit, daß man diesen Größen Quellelemente (z.B. Konstantenquellen) zuordnet (so in PACTOLUS und COBLOC), oder damit, daß man diesen Verbindungen frei wählbare Namen gibt und diese Namen im Programm an besonderer Stelle aufführt (so in MIDAS). In beiden Fällen handelt es sich um eine Künstlichkeit, die besser vermieden werden sollte.

-2 In fast allen Simulationssystemen gibt es Blöcke mit mehreren Ausgängen (z.B. Resolver, Flipflops, Schalter). Hier genügt es nicht, die von einem solchen Block ausgehenden Verbindungen mit dem Namen des Blocks zu kennzeichnen, sondern es muß ein Merkmal hinzukommen, das die einzelnen Ausgänge unterscheidet. Beispiele:

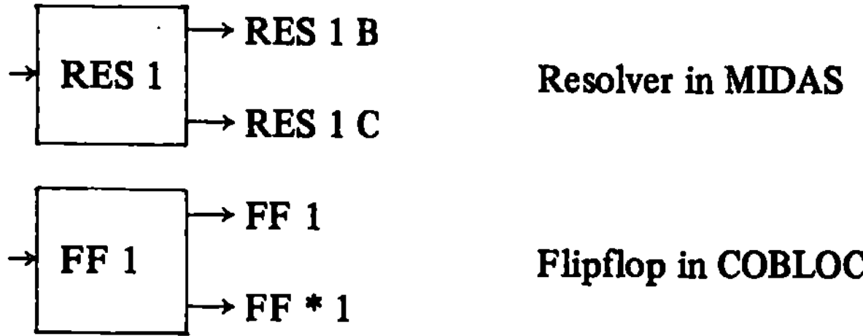

Resolver in MIDAS

Flipflop in COBLOC

Es gibt also Verbindungen, die einen (geringfügig) anderen Namen als irgendein Block tragen.

-3 Es ist für den Benutzer unbequem, die Verbindungen mit vorgeschriebenen Namen belegen zu müssen, denn sie repräsentieren ja die physikalischen oder mathematischen Größen, die ihn interessieren und er möchte sie so bezeichnen, wie sie in seinem mathematischen Modell auftreten, also z.B. eine Auslenkung mit Y oder eine Geschwindigkeit mit V.

Der zweite Standpunkt lautet so: Ein Blockdiagramm enthält eine Anzahl mathematischer oder physikalischer Größen, die durch Blöcke miteinander verknüpft werden, wodurch neue Größen entstehen. Die Größen sind durch Wirkungslinien (Verbindungen) dargestellt. Das Primäre sind hier die Verbindungen (Größen), das Sekundäre die Blöcke (Verknüpfungen). Jede Verbindung wird durch einen eindeutigen, vom Benutzer frei wählbaren Namen bezeichnet, jeder Block wird durch seinen Typ bezeichnet. Blocknummern oder Blocknamen, die die einzelnen Blöcke desselben Typs voneinander unterscheiden, sind überflüssig. Zur Beschreibung der Topologie wird jeder Block durch seinen Typ und die Namen seiner Aus- und Eingänge beschrieben.

Hier werden also zur Beschreibung des mathematischen Modells zwei Namenarten benutzt: Verbindungsnamen und Typnamen. Sprachen dieses Typs sollen „*größen-orientiert*" genannt werden, weil bei ihnen der primäre Begriff die Größe ist. Die höheren und moderneren Simulationssprachen, wie DSL/90 und ANAGOL-AF sind meist größenorientiert.

Diese Auffassung erfordert geringfügig mehr Schreibarbeit zur Beschreibung eines Blockes als die blockorientierte, weil hier Blocktyp, Eingänge und Ausgänge bezeichnet werden müssen, während es bei der Blockbezeichnungsweise nur Blockname und Eingänge sind. Diesem Nachteil stehen als Vorteile gegenüber die logische Konsistenz des Verfahrens auch für Eingangsgrößen und Größen mit mehreren Ausgängen und die freie Wählbarkeit der Verbindungsnamen, die für den Benutzer von großer Bedeutung ist.

In Bild 4.3 sind blockorientierte und größenorientierte Bezeichnungsweise anhand eines einfachen Beispiels einander gegenübergestellt.

4.2.3.2. Elementare Konstruktionen

In allen Simulationssprachen werden die gleichen Grundsymbole verwendet: Buchstaben und Ziffern; auf Buchstaben kann sogar verzichtet werden (blockorientierte Form von Anagol).

Typname. Jede der zur Verfügung stehenden Funktionen muß durch einen Typnamen bezeichnet werden. Die Typnamen sind im einfachsten Fall einzelne Zeichen (Pactolus) und können dann als Typsymbole bezeichnet werden:

< type symbol > ← A I B . . . Z I + I − I / I 1 I 2 I 3 I 4 I 5   Pactolus

Hierbei sind nur höchstens 64 verschiedene Typen unterscheidbar und die Symbole sind bis auf die Operatoren +, −, / nicht mnemotechnisch geeignet. Allgemein üblich sind daher Kombinationen aus mehreren Zeichen, wie

< type name > ← { < letter > }³   Midas
          Cobloc

Mathematisches Modell

$$\ddot{y} + a_1\,\dot{y} = e(t) \qquad \text{für} \quad x(t) \geq 0$$

$$\ddot{y} + a_2\,\dot{y} = e(t) \qquad \text{für} \quad x(t) < 0$$

Blockorientierte Darstellung

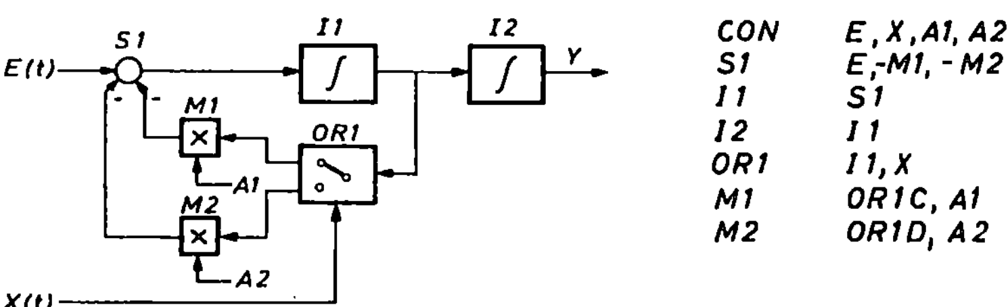

Jeder Block trägt einen Namen, bestehend aus Typname und Blocknummer.

Verbindungen haben die Namen der Blöcke, von denen sie kommen und brauchen darum nicht explizit bezeichnet zu werden. Ausnahmen von dieser Regel sind

(1) die Eingänge des Modells E, X, A1, A2,
(2) Verbindungen, die von Blöcken mit mehreren Ausgängen kommen: OR1C und OR1D.

In der Modellbeschreibung werden die Namen der Eingänge als Konstanten (CON) besonders aufgeführt. Jeder Block wird beschrieben durch seinen Namen und die Liste seiner Eingänge.

Größenorientierte Darstellung

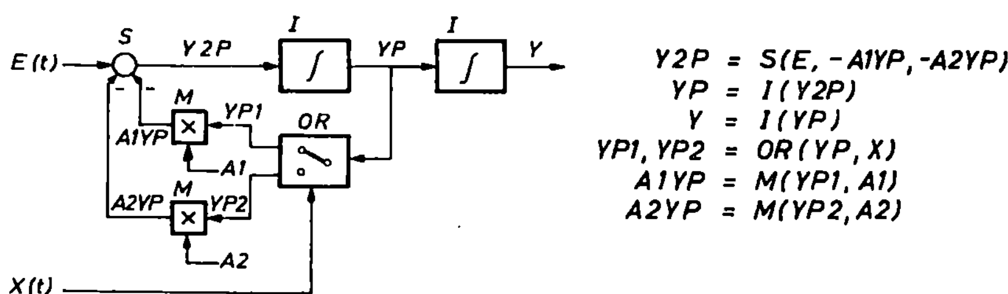

Jede Verbindung repräsentiert eine Größe und trägt einen frei wählbaren Namen.

Blöcke werden nur nach den verschiedenen Typen unterschieden.

In der Modellbeschreibung wird jeder Block durch eine "Aussage" in Form einer Funktionsgleichung beschrieben nach dem Schema

　　ausgänge = Funktionstyp (eingänge)

Bild 4.3. Blockorientierte und größenorientierte Darstellung

oder, noch besser

$$\langle \text{type name} \rangle \leftarrow \langle \text{letter} \rangle \; \{ \langle \text{letter} \rangle | \langle \text{digit} \rangle \}_{0}^{5} \qquad \begin{array}{l} \text{DSL/90} \\ \text{Anagol-AF} \end{array}$$

In den größenorientierten Sprachen wird der Funktionscharakter des Typs besonders deutlich. Darum steht in ANAGOL und DSL/90 $\langle$ function name $\rangle$ statt $\langle$ type name $\rangle$. Abzulehnen sind reine Zifferenfolgen, weil sie keinen mnemotechnischen Wert haben:

$$\langle \text{type name} \rangle \leftarrow \{ \langle \text{digit} \rangle \}^{2} \qquad \text{Anagol-BF}$$

Blocknummer, Blockname, Verbindungsname. Wie im Abschnitt 4.2.3.1 gezeigt, müssen blockorientierte Sprachen jeden Block desselben Typs identifizieren. Das geschieht immer durch eine laufende Nummer, die je nach Größe des Systems zwei- oder mehrstellig sein kann.

$$\langle \text{block number} \rangle \leftarrow \{ \langle \text{digit} \rangle \} \qquad \begin{array}{l} \text{Pactolus} \\ \text{Midas} \\ \text{Cobloc} \\ \text{Anagol BF} \end{array}$$

Die größenorientierten Sprachen besitzen diese Konstruktion nicht.

Auch der Blockname, als Aneinanderreihung von Typname und Blocknummer tritt nur in den blockorientierten Sprachen auf:

$$\langle \text{block name} \rangle \leftarrow \langle \text{type name} \rangle \langle \text{block number} \rangle \qquad \begin{array}{l} \text{Midas} \\ \text{Cobloc} \end{array}$$

Die größenorientierten Sprachen besitzen statt des Blocknamens den Verbindungsnamen:

$$\langle \text{line name} \rangle \leftarrow \langle \text{identifier} \rangle \qquad \begin{array}{l} \text{DSL/90} \\ \text{Anagol-AF} \end{array}$$

wobei $\langle$ identifier $\rangle$ ein vom Benutzer frei wählbarer Name ist.

Auch in den blockorientierten Sprachen kann auf Verbindungsnamen nicht verzichtet werden wegen der Blöcke mit mehreren Ausgängen. Die Konstruktionen sind:

$$\langle \text{line name} \rangle \leftarrow \langle \text{block name} \rangle \; \{ \langle \text{letter} \rangle \}_{0}^{1} \qquad \text{Midas}$$

$$\langle \text{line name} \rangle \leftarrow \langle \text{type name} \rangle \; \{ * \}_{0}^{1} \langle \text{block number} \rangle \qquad \text{Cobloc}$$

In Pactolus gibt es keine Blöcke mit mehreren Ausgängen, so daß der Verbindungsname überflüssig ist. In Anagol-BF ist die Bezeichnungsweise denkbar unkonsistent und unglücklich: Ein Blockname wird normalerweise durch eine Schlüsselzahl

$$\langle \text{key number} \rangle \leftarrow \langle \text{type name} \rangle \langle \text{block number} \rangle$$

dargestellt. Z.B. 1200 bedeutet Typ 12, lfde. Blocknummmber 00. Besitzt ein Blocktyp aber
mehrere Ausgänge, so kennzeichnet die letzte Dezimale die lfde. Nr. des Ausgangs: 508 bedeutet Typ 5, lfde. Blocknummer 0, Ausgang 8. Hier sind also Verbindungsname und Blockname formal nicht unterscheidbar. Ob eine Schlüsselzahl eine Blocknummer oder eine Verbindung darstellt, ist aus ihrer Form nicht zu ersehen.

Konstanten, Spezialnamen, Eingänge, Variablen. Die Verbindungsnamen reichen
nicht zur Bezeichnung aller Größen im mathematischen Modell aus. Es gibt darum
noch in den meisten Simulationssprachen Konstanten und Spezialnamen.

Konstanten haben die Form von Literals

$$\langle \text{constant} \rangle \leftarrow \text{Fortran-Gleitkommazahl} \qquad\qquad \text{DSL/90}$$
$$\text{Anagol-AF}$$

oder von Namen

$$\langle \text{constant} \rangle \leftarrow \{ \langle \text{letter} \rangle \mid \langle \text{digit} \rangle \}_1^6 \qquad\qquad \text{Midas}$$

In Cobloc werden auch Literals benutzt, diese aber überflüssigerweise eingeklammert:

$$\langle \text{constant} \rangle \leftarrow (\langle \text{number} \rangle) \qquad\qquad \text{Cobloc}$$

Während bei Literal-Schreibweise der Wert der Konstanten durch ihren Namen gegeben ist,
muß der Wert der Konstanten in Midas außerhalb der Modellbeschreibung in Datenkarten
numerisch angegeben werden. Das ist unpraktisch. In Midas besteht die Möglichkeit, den
Namen der Konstanten als Zahl zu schreiben. Daß der Name dennoch kein Literal ist, sondern
seinen Wert erst durch eine Datenkarte zugewiesen bekommt, ist für den Nichtprogrammierer
kaum verständlich und darum eine gefährliche syntaktische Konstruktion, angetan, Verwirrung
zu stiften.

Spezialnamen sind Namen, die nicht vom Benutzer definiert werden, sondern feste
Bedeutung haben. Man kann sie in zwei Gruppen einteilen:
(1) Spezialnamen, die in der Modellbeschreibung benutzt werden, ohne daß ihnen
ein Wert zugewiesen wird, (2) alle übrigen Spezialnamen.
In der ersten Gruppe kommt man mit der Problemzeit allein aus. In modernen
Simulationssprachen wie DSL/90 und Anagol gibt es darum nur diesen einen
Spezialnamen (T in DSL/90 und vom Benutzer definierbar in ANAGOL-AF durch
'INDEPENDENT' $\langle$ variable $\rangle$).
Die zweite Gruppe enthält vor allem Größen, die den Simulationsablauf betreffen
und vom Benutzer eingegeben, aber nicht in der Modellbeschreibung benutzt wer-
den. Beispiele: Schrittweite, Druckabstand, Endzeit der Simulation. Man kann diese
Größen alle unter Spezialnamen laufen lassen und ihre Werte wie die gewöhnlichen
Konstanten mit Datenkarten eingeben. So geschieht es in den älteren Systemen
Midas und Cobloc. In den moderneren und formal klareren Systemen, wie DSL/90
und Anagol sind dagegen die Größen der zweiten Gruppe von der Modellbeschreibung vollständig getrennt. Sie werden (logisch richtig) als Parameter aufgefaßt und
bei der Parametereingabe definiert.

In den rein blockorientierten Sprachen wird ein Eingang in einen Block durch seinen Verbindungsnamen, seinen Spezialnamen oder die Konstante, die er repräsentiert, beschrieben. Daraus ergibt sich die Konstruktion

$$< \text{input} > \leftarrow < \text{element number} > \qquad \text{Pactolus}$$

weil es hier keine Konstanten und Spezialnamen gibt,

$$< \text{input} > \leftarrow < \text{key number} > \qquad \text{Anagol-BF}$$

weil hier auch Konstanten und Spezialnamen durch Schlüsselzahlen repräsentiert werden,

$$< \text{input} > \leftarrow \{ - \}_0^1 \{ < \text{line name} > | < \text{constant} > | < \text{special name} > \}^1 \quad \text{Midas}$$

Das Minuszeichen zeigt an, daß man die Vorzeichenumkehr einer Größe ohne dazwischengeschalteten Negierer sprachlich direkt formulieren kann: Der erste Ansatz zur algebraischen Schreibweise.

Bei den größenorientierten Sprachen ist es nicht angemessen, von „Eingang" zu sprechen, sondern algebraische Begriffe, wie „Variable" und „Faktor" einzuführen:

$$< \text{variable} > \leftarrow < \text{line name} > | < \text{special name} >$$
$$< \text{factor} > \leftarrow < \text{variable} > | < \text{constant} > \qquad \text{Cobloc}$$

In DSL/90 wird die Konstruktion weitläufiger, weil auch indizierte Variablen erlaubt sind:

$$< \text{simple variable} > \leftarrow < \text{line name} > | < \text{special name} >$$
$$< \text{index} > \leftarrow \{ < \text{digit} > \}^5$$
$$< \text{subscripted variable} > \leftarrow < \text{identifier} > (\{ < \text{simple variable} > | < \text{index} > \}_0^1)$$
$$< \text{variable} > \leftarrow < \text{simple variable} > | < \text{subscripted variable} >$$

In Anagol-AF gibt es die besondere und interessante Form der „Ableitungsvariablen" (Typ 5 in Abschnitt 3.1.1.1). Eine Ableitungsvariable wird aus einer einfachen Variablen durch das Anfügen eines Striches oder mehrerer Striche gebildet.

$$< \text{simple variable} > \leftarrow < \text{identifier} >$$
$$< \text{derivative} > \leftarrow < \text{simple variable} > \{ ' \}$$

Die Ableitungsvariable mit n Strichen bedeutet die n. Ableitung der Variablen ohne Striche nach der Zeit. Einfache und Ableitungsvariablen zusammen bilden die Variablen:

$$< \text{variable} > \leftarrow < \text{simple variable} > | < \text{derivative} >$$

4.2.3.3. Ausdrücke, Blöcke, Modellbeschreibung

Die syntaktische Konstruktion „Ausdruck" gibt es nur bei den größenorientierten Simulationssprachen. Die Charakteristika von Ausdrücken sind

-1 die Verwendung von Operatorzeichen, die *zwischen* den Operanden stehen (Infix-Schreibweise)

-2 die Folge von *mehreren* Operanden und Operatoren mit oder ohne Klammern in einem Ausdruck.

In Cobloc gibt es nur Ausdrücke folgender einfacher Art:

$$< \text{primary} > \leftarrow < \text{variable} > \mid < \text{constant} >$$

$$< \text{term} > \leftarrow \{ < \text{primary} > \}$$

$$< \text{expression} > \leftarrow \{-\}_0^1 < \text{term} > \{ \{ + \mid - \}^1 < \text{term} > \}_0$$

Ein Term ist das Produkt mehrerer Primärelemente. Dabei wird der Multiplikationspunkt weggelassen. Diese Praxis läßt sich nur dann anwenden, wenn der Anfang eines Faktors eindeutig erkennbar ist. Das ist in Cobloc der Fall, weil alle Faktoren mit einer Ziffer oder „)" enden und mit einem Buchstaben oder „(" beginnen.

Ein arithmetischer Ausdruck ist die Summe oder Differenz von Termen. Die Ausdrücke von Cobloc sind also auf Produktsummen beschränkt. Es gibt keine Division, keine Funktionsaufrufe und keine Klammern.

DSL/90 kennt arithmetische Ausdrücke im gleichen Umfang wie Fortran, rekursiv beschrieben durch die Konstruktionen

$$< \text{factor} > \leftarrow < \text{primary} > \{** < \text{primary} > \}_0^1$$

$$< \text{term} > \leftarrow < \text{factor} > \{ \{ * \mid / \}^1 < \text{factor} > \}_0$$

$$< \text{expression} > \leftarrow \{ + \mid - \}_0^1 < \text{term} > \{ \{ + \mid - \}_1^1 < \text{term} > \}_0$$

$$< \text{function reference} > \leftarrow < \text{function name} > (< \text{expression} > \{, < \text{expression} > \}_0)$$

In Anagol-AF sind darüber hinaus noch bedingte Ausdrücke in zwei Formen erlaubt:

$$< \text{factor} > \leftarrow (\text{'IF'} < \text{expression} > < \text{relop} > < \text{expression} >$$
$$\text{'THEN'} < \text{expression} > \text{'ELSE'} < \text{expression} >)$$

und

$$< \text{factor} > \leftarrow (< \text{expression} > \text{'UNTIL'} < \text{expression} > < \text{relop} >$$
$$< \text{expression} > \text{'THEN'} < \text{expression} >)$$

wobei $< \text{relop} >$ einer der Relationsoperatoren ist:

$$< \text{relop} > \leftarrow \text{'LESS'} \mid \text{'NOTLESS'} \mid \text{'GREATER'} \mid \text{'NOTGREATER'} \mid$$
$$\text{'EQUAL'} \mid \text{'NOTEQUAL'}$$

Dafür gibt es in Anagol-AF nicht die Exponentiation.

Die Beschreibung des mathematischen Modells setzt sich aus einer Reihe von Sprachkonstruktionen zusammen, die wir je nach dem Sprachtyp „Blockbeschreibung" oder „Aussage" nennen. Die elementaren Konstruktionen und Ausdrücke sind Bestandteile dieser Aussagen oder Blockbeschreibungen.

Blockbeschreibung und Aussage haben die gleiche Aufgabe: die Beschreibung des mathematischen Modells. Die Blockbeschreibung wird in den blockorientierten Sprachen, die Aussage in den größenorientierten Sprachen benutzt.

Die *Blockbeschreibung* besteht aus der Angabe eines Blocknamens und der geordneten Angabe seiner Eingänge:

$$\langle \text{block description} \rangle \leftarrow \langle \text{block number} \rangle \atop \langle \text{block type} \rangle \{ \langle \text{input} \rangle \}_3^3 \qquad \text{Pactolus}$$

$$\langle \text{block description} \rangle \leftarrow 0, \langle \text{block name} \rangle, \{ \langle \text{input} \rangle, \}_0^4 \quad \text{Anagol-BF}$$

$$\langle \text{block description} \rangle \leftarrow \langle \text{block name} \rangle \atop \langle \text{input} \rangle \{ , \langle \text{input} \rangle \}_0^3 \qquad \text{Midas}$$

In allen drei Sprachen stehen Blockname und Eingänge hintereinander, nur durch ihre Reihenfolge unterschieden. Ihr unterschiedlicher Charakter wird jedoch optisch durch ein besonderes Trennzeichen (das Gleichheitszeichen ist hierfür das „natürliche" Zeichen) besser hervorgehoben:

$$\langle \text{block description} \rangle \leftarrow \langle \text{block name} \rangle = \langle \text{argumentlist} \rangle \quad \text{Cobloc}$$

mit

$$\langle \text{argumentlist} \rangle \leftarrow \langle \text{primary} \rangle \{ \{ , \}_0^1 \langle \text{primary} \rangle \}_0$$

wobei hier $\langle \text{primary} \rangle$ das gleiche wie $\langle \text{input} \rangle$ bei den anderen Sprachen bedeutet.

Die *Aussage* besteht aus der Angabe einer oder mehrerer Ergebnisvariablen, einer oder mehrerer Argumentvariablen und einer Verknüpfungsvorschrift. Die Korrespondenz zwischen Aussage und Blockbeschreibung besteht in der Korrespondenz der Begriffe

Ergebnisvariable ○——● Blockname
Argumentvariable ○——● Eingang
Verknüpfungsvorschrift ○——● Blocktyp

In Cobloc und Anagol-AF hat die Aussage die Form

$$\langle \text{assignment statement} \rangle \leftarrow \langle \text{variable} \rangle = \langle \text{expression} \rangle \quad {\text{Cobloc} \atop \text{Anagol-AF}}$$

In DSL/90 sind für mehrwertige Funktionen (das entspricht Blöcken mit mehreren Ausgängen) mehrere Variablen auf der „linken Seite" erlaubt:

$$\langle \text{assignment statement} \rangle \leftarrow \langle \text{simple variable} \rangle \atop \{ , \langle \text{simple variable} \rangle \}_0 = \langle \text{expression} \rangle \qquad \text{DSL/90}$$

Die vollständige Beschreibung des mathematischen Modells besteht aus einer Aneinanderreihung von Blockbeschreibungen oder Aussagen:

$$< \text{model description} > \leftarrow \{ < \text{block description} > \} \qquad \qquad \text{Pactolus} \\ \text{Anagol-BF}$$

$$< \text{model description} > \leftarrow < \text{assignment statement} > \\ \{ , < \text{assignment statement} > \}_0 \, ; \qquad \qquad \text{Anagol-AF}$$

In einigen Simulationssprachen jedoch enthält die Modellbeschreibung noch weitere sprachliche Konstruktionen, die eigentlich in die Parameterbeschreibung hineingehören. Das bedeutet eine vermischte Beschreibung ganz verschiedener Dinge und ist vom Standpunkt der Logik und Durchsichtigkeit abzulehnen. In der Praxis hat es sich aber gut bewährt wie die Beispiele MIDAS und DSL/90 zeigen.

In DSL/90 sind die Konstruktionen, die nicht zur eigentlichen Modellbeschreibung gehören, leicht daran zu erkennen, daß sie in Spalte 1 mit einem Kennwort beginnen, wogegen die Aussagen kein Kennwort besitzen und erst in Lochkartenspalte 7 anfangen.

In MIDAS dagegen beginnt alles in der gleichen Lochkartenspalte und es ist auf den ersten Blick nicht zu unterscheiden, welche Zeilen einen Block und welche etwas anderes beschreiben.

Da es sich bei diesen Konstruktionen, die formal nicht von der Modellbeschreibung zu trennen sind, semantisch um Parameter handelt, werden sie erst bei der Parameterbeschreibung näher betrachtet.

4.2.4. Parameterbeschreibung

Die Konstruktionen der Parameterbeschreibung sind von einfacherer Struktur als die der Modellbeschreibung, weil nur einzelne Zahlenwerte, höchstens aber einfach gebaute Listen (als Stützstellen empirischer Funktionen) einzugeben sind. Die verschiedenen Klassen von Parametern (Modellparameter, Ausgabeparameter und Integrationsparameter) werden in allen Simulationssprachen in ähnlicher Weise benutzt und beeinflussen die Sprachstruktur nicht. Ihre Bedeutung ist in Abschnitt 3.1.2.1 bereits beschrieben, so daß hier nur ihre Darstellung in den einzelnen Sprachen behandelt zu werden braucht.

4.2.4.1. Zuordnung von Name und Wert

Dieser Abschnitt bezieht sich besonders auf die Modellparameter. Er gilt aber im weiteren Sinne auch für die Beschreibung der übrigen Parameter. Parameter sind Größen, deren Zahlenwert vom Benutzer in der Parameterbeschreibung eingegeben wird. Die Form dieser Zahlenwerte ist in allen Simulationssprachen die gleiche: es sind Gleitkommazahlen, die ein negatives Vorzeichen haben dürfen:

$$< \text{value} > \leftarrow \text{Gleitkommazahl}$$

Außer dem Zahlenwert haben die Parameter auch Namen. Das können sowohl explizite Namen sein, die in der Modellbeschreibung vorkommen (z.B. Namen von Potentiometern) als auch implizite Namen, wie Schrittweite H und Druckabstand D. Es besteht das Problem, auf welche Weise die eingegebenen Parameter-Zahlenwerte den Parameternamen zugeordnet werden. Dieses Problem ist in den verschiedenen Simulationssprachen verschieden gelöst und bestimmt die Struktur der Parameterbeschreibung wesentlich. Es sind folgende Arten der Zuordnung verwendet worden:

(1) *Zuordnung durch Reihenfolge (Midas).* Jeder Parameter hat einen expliziten Namen, der in der Modellbeschreibung vorkommt. Bei Midas sind spezielle Aussagen vorhanden, in denen diese Namen gelistet werden:

< constant declaration >

< parameter declaration >

< initial condition declaration >

In den Parameterkarten werden die Zahlenwerte in genau der gleichen Reihenfolge geschrieben, in der sie in der Modellbeschreibung stehen, wodurch die Zuordnung von Namen und Wert gewährleistet ist.

Vorteil: Extrem einfach zu programmieren, weil die Parameterkarten festes Format besitzen und von Fortran direkt konvertiert werden. Einfach zu erlernen.

Nachteil: Starrer Aufbau, Bedeutung der Parameterwerte nur aus der Modellbeschreibung ersichtlich. Spezielle Aussagen in der Modellbeschreibung erforderlich, die dort unmotiviert wirken.

(2) *Zuordnung durch Blockname und Reihenfolge (Pactolus, Anagol-BF).* Dieses Verfahren kann nur bei blockorientierten, nicht bei größenorientierten Sprachen verwendet werden. Es geht davon aus, daß zu jedem Blocktyp eine feste Anzahl von Parametern mit fester Bedeutung gehört (z.B. zum Potentiometer der Faktor, zur Hysterese ihre beiden Nulldurchgänge). Man gibt hier den Namen des Blockes (oder seine Nummer) an und listet dahinter die Werte der Parameter dieses Blocks in geordneter Folge auf:

< block parameter > ← < block number >

< value > < value > < value > Pactolus

Vorteile: Bei festem Format der Parameterwerte leicht zu programmieren. Die Parameter treten in der Modellbeschreibung gar nicht auf und haben deshalb auch keine Namen.

Nachteile: Bedeutung der Parameterwerte nur aus Modellbeschreibung ersichtlich. Parameter, die nicht im Zusammenhang mit einem Block stehen (wie Schrittweite, Druckabstand) können nicht auf diese Weise, sondern müssen mit Kennworten (siehe Verfahren 3) eingegeben werden.

(3) *Zuordnung durch Kennwort und Reihenfolge (Cobloc).* Dieses Verfahren
     geht davon aus, daß alle Integrierer durchnumeriert sind und alle im Programm
     auftretenden Konstanten ebenfalls. Es kann also nur in Sprachen verwendet
     werden, die diese Art der Namengebung besitzen. Das ist in Cobloc der Fall,
     wo der i. Integrierer den Blocknamen INT i trägt und jede Konstante als
     Potentiometer mit dem Typnamen POT aufgefaßt wird, so daß die i. Kon-
     stante den Blocknamen POT i trägt.

     Die Parametereingabe geschieht durch ein Kennwort, gefolgt von den Zahlen-
     werten aller Parameter, die zu der durch das Kennwort bestimmten Klasse
     gehören, z. B.

     INITIAL VALUES 1, 3.5, 4.6E4

     bedeutet: Anfangswert von INT 1 = 1.
                 Anfangswert von INT 2 = 3.5
                 Anfangswert von INT 3 = 46000

     POT SETTINGS 0, 0.1, 50, 1

     bedeutet: Konstante POT 1 = 0
                 Konstante POT 2 = 0.1
                 Konstante POT 3 = 50
                 Konstante POT 4 = 1

     Vorteil: Für den Benutzer ein einfaches Schema.

     Nachteil: Starre Namengebung der Konstanten. Bedeutung der Parameter-
     werte nur aus der Modellbeschreibung ersichtlich. Durch freies Format der
     Parameterwerte (so in Cobloc) erschwerte Übersetzung.

(4) *Zuordnung durch Kennwort und Name (DSL/90, Anagol-AF).* Bei diesem
     Verfahren werden die Parameter zu Klassen zusammengefaßt (Anfangswerte,
     Konstanten) und hinter einem Kennwort mit Namen und Wert aufgeführt.
     Z.B.

     PARAM A = 0.5, X3 = − 17, SINA = 4E6

     Hier werden also im Gegensatz zu den drei vorhergehenden Verfahren nicht
     nur die Werte der Parameter, sondern auch ihre Namen aufgeführt. Es ist
     daher nicht mehr nötig, die Parameter in bestimmter Reihenfolge aufzuführen.

     Vorteile: Die Bedeutung der Parameterwerte ist unmittelbar durch die An-
     wesenheit ihrer Namen ersichtlich. Die Namen sind frei wählbar. Für den Be-
     nutzer einfach und durchsichtig.

     Nachteile: Kompliziertes Leseprogramm erforderlich. Die Angabe der Namen
     bedeutet mehr Schreibarbeit gegenüber den Eingabeweisen (1) bis (3).

Es wäre auch möglich, bei der Parametereingabe auf die Kennwörter ganz zu verzichten, wenn jeder Parameter nur einen Namen besitzt. Das ist aber nirgendwo
gemacht worden.

4.2.4.2. Die verschiedenen Parameterarten

Modellparameter. Die verschiedenen Schreibweisen von Konstanten und Anfangswerten wurden schon im vorigen Abschnitt dargelegt. Die Angabe von Stützstellen empirischer Funktionen ist in allen Simulationssprachen ähnlich. Die x- und y-Werte werden paarweise so gelistet, daß die x-Werte aufsteigend geordnet sind.

Ausgabeparameter. Es muß in jeder Simulationssprache eine Anweisung geben, mit der man die Namen der Größen, die laufend ausgedruckt werden sollen und ihre Anordnung beschreiben kann. Diese Anweisung besteht meist aus einem Kennwort

RO („Readout")	bei Midas
PRINT	bei DSL/90
'OUTPUT'	bei Anagol-AF

gefolgt von den Namen der Variablen, deren Werte ausgegeben werden sollen. In Cobloc muß unbequemerweise das Kennwort OUT vor jede der Variablen geschrieben werden. Die OUTs stellen gewissermaßen eine eigene Klasse von Variablen dar. Der Druckabstand wird nur in Pactolus als eigene Parametereingabe behandelt:

(0.1) PRINT INTERVAL

In Midas und Cobloc gibt es je eine Konstante mit speziellem Namen, deren Wert der Druckabstand ist. In DSL/90 und Anagol-AF ist der Druckabstand mit in der Anweisung für die Namen der Ausgabegrößen enthalten.

Das Ausgabegerät ist normalerweise der Schnelldrucker. Ein besonderer Parameter zur Auswahl des Gerätes ist deshalb überflüssig. Nur wo Zeichengeräte angeschlossen werden können, gibt es spezielle Parameter für die Normierung und Beschriftung der Achsen.

Integrationsparameter. Das Integrationsverfahren braucht gar nicht angegeben zu werden, wenn es nur ein einziges gibt (Pactolus, Midas). Sonst wird einfach sein Name in Verbindung mit einem Kennwort eingegeben (Cobloc, DSL/90, Anagol-AF). Für die Schrittweite und den Endwert gilt das gleiche wie für den Druckabstand: Sie können als eigener Parameter eingegeben werden (Pactolus), als Konstante mit speziellem Namen behandelt werden (Midas, Cobloc, DSL/90) oder Bestandteil einer längeren Parametereingabe sein (Anagol-AF).

Besonders hervorzuheben ist die kompakte Beschreibung aller Integrationsparameter durch eine Anweisung in Anagol-AF. Anagol ist auch die einzige Simulationssprache, die den Anfangspunkt der Rechnung vorzugeben gestattet. Alle anderen fangen automatisch mit der Zeit 0 an.

4.2.5. Monitorbeschreibung

In allen Simulationssystemen können mit dem einmal beschriebenen Modell mehrere Simulationsläufe mit unterschiedlichen Parametern ausgeführt werden. Die Gesamtheit der Simulationsläufe mit demselben mathematischen Modell nennen wir „Simulationsstudie" oder kurz „Studie" (so in CSSL bezeichnet) und das Programm zur

Steuerung aller Abläufe während einer Studie „Monitor". Die Möglichkeiten einer
Simulationssprache, den Ablauf einer Studie und damit den Monitor zu beeinflussen,
werden unter dem Namen „Monitorbeschreibung" zusammengefaßt.

Bei den meisten Simulationssprachen ist der Monitor und die Monitorbeschreibung
nur sehr schwach ausgebildet. Der Grund dafür liegt darin, daß ja die Simulationssprachen gerade für Nichtprogrammierer gedacht sind; Entscheidungen über verschiedene Fortsetzungen nach dem Ende eines Simulationslaufes, die Benutzung
von Macros oder algorithmischem Code u. dgl. sind absichtlich ausgespart. Der Benutzer legt (z.B. in DSL/90) einfach mehrere Stöße von Parameterkarten (für jeden
Simulationslauf einen) hintereinander und schließt jeden mit dem Wort END ab.
Hinter den letzten Stoß legt er eine Karte mit dem Wort STOP.

In Pactolus hält der Rechner nach jedem Lauf an, und der Benutzer kann mit den
Wahlschaltern die Fortsetzung bestimmen. In Midas wird ein neuer Lauf einfach
dann begonnen, wenn noch mehr Datenkarten vorhanden sind. In all diesen Fällen
kann man kaum von einem Monitor und einer Monitorbeschreibung sprechen.

Erst in den Simulationssprachen, die die Möglichkeit geben, programmierungstechnische Feinheiten anzuwenden, tritt der Monitor und die Notwendigkeit, verschiedene Programm-Abläufe in der Simulationssprache auszudrücken, in Erschei-
nung. Es handelt sich dabei hauptsächlich um folgende Möglichkeiten, deren Bedeutung bereits in Abschnitt 3.1.1.4 und 3.1.1.5 beschrieben wurde:

(1)   Start- und Schlußrechnung. Von den 5 Sprachen, die hier verglichen werden,
      besitzt nur Cobloc die explizite Möglichkeit einer Start- und Schlußrechnung.
      Die Startrechnung wird eingeleitet durch das Steuerwort PRECOMPUTATION.
      Darauf können beliebig viele Operationen folgen, die genau so wie das übrige
      mathematische Modell beschrieben werden. Die Schlußrechnung ist durch
      die Parameter AUTOPLOT und RESET repräsentiert, bei deren Anwesenheit
      der Monitor nach Beendigung eines Simulationslaufes die Ergebnisse für die
      graphische Ausgabe vorbereitet und die Anfangswerte der Integrierer auf die
      Werte des alten Simulationslaufes zurücksetzt.

      Implizite Möglichkeiten für Start- und Schlußrechnungen bestehen bei den
      Simulationssystemen in denen algorithmischer Code verwendet werden darf.

(2)   Algorithmischer Code. Nur in DSL/90 kann die Modellbeschreibung teilweise
      in Fortran-Statements ausgeführt und können Macros benutzt werden. Der
      algorithmische Code wird durch das Steuerwort PROCED eingeleitet und
      durch das Steuerwort ENDPRO abgeschlossen. Er stellt ein Funktions-Unter-
      programm dar, das einen Namen hat und im nichtalgorithmischen Teil wie
      ein Funktionsblock benutzt werden kann. Die Beschreibung eines Macros
      durch algorithmischen Code wird durch die Steuerworte MACRO und
      ENDMAC eingeschlossen.

      In Cobloc gibt es eine sehr beschränkte Möglichkeit, kleine Unterprogramme
      in Maschinensprache zu schreiben und unter Voranstellung des Kennwortes
      MACHINE LANGUAGE SUBROUTINE dem Simulationssystem einzugeben.

Der Befehlscode muß als Zahl geschrieben werden, der Adreßteil muß ein
in der Modellbeschreibung vorkommender Variablenname sein. Alle so defi-
nierten Unterprogramme werden am Ende eines Simulationsschrittes ausgeführt.

Iterative Simulationsläufe lassen sich bisher nur mit Hilfe des algorithmischen
Codes in DSL/90 durchführen. Es wäre aber sehr erwünscht, sprachliche Möglichkeiten zur Beschreibung von iterativen Simulationsläufen zu besitzen, die
ebenso einfach wie die Modellbeschreibung zu handhaben sind. Mit ihnen
müßte der Monitor den Ablauf so steuern, daß nach jedem Simulationslauf
automatisch Parameter und Anfangswerte systematisch verändert werden und
ein neuer Simulationslauf ausgeführt wird, solange bis in einem Lauf ein bestimmtes Abbrechkriterium erreicht ist.

5. Die Übersetzung des Quellprogramms

Die Übersetzung des Quellprogramms ist derjenige Teil eines Simulationsjobs, in dem die
Beschreibung des mathematischen Modells, gegeben in der Quellsprache, gelesen und auf-
bereitet wird. Die Aufbereitung besteht in einer Abbildung des mathematischen Modells
im Speicher der Maschine, sei es in Maschinencode oder in einer anderen, verschlüsselten
Form (Zwischensprache), die dann zur Simulationszeit interpretiert werden muß. Ein
Teil der Aufbereitung, der von der übrigen Übersetzung deutlich getrennt ist, ist die Sortierung des mathematischen Modells.

Die Übersetzung des Quellprogramms läßt sich nach verschiedenen Methoden durchführen,
deren Unterschiede im folgenden klar herausgestellt werden sollen. Es können drei Haupt-
aufgaben unterschieden und zum größten Teil für sich getrennt betrachtet werden. Es sind

(1) Speicherungsstruktur der Größen (alle Größen des mathematischen Modells müssen
     gespeichert werden).

(2) Speicherungsstruktur des mathematischen Modells (entweder gleich in der Maschinen-
     sprache, oder zunächst in einer Zwischensprache und anschließend in Maschinen-
     sprache oder nur in einer Zwischensprache oder in einer anderen Quellsprache, z.B.
     Fortran).

(3) Sortierung.

5.1. Speicherungsstruktur der Größen

Jede an der Simulation beteiligte Größe wird durch mindestens drei Attribute beschrieben:
Name, Wert, Größenart. Einige Größen besitzen nicht nur einen einzigen, sondern eine
Liste von Werten. Beispiele dafür sind der Verlauf einer durch Stützstellen gegebenen
empirischen Funktion und Größen mit Gedächtnis. Solche Größen werden durch vier
Attribute beschrieben: Name, Werteliste, Länge der Werteliste, Größenart. Die Größenart unterscheidet die einfachen Größen von den listenförmigen, die Literals von den Variablen, die Zustandsvariablen, die Zustandssteuervariablen und die übrigen Größen.

Die Attribute lassen sich in zwei wesentlich verschiedenen Weisen speichern, der expliziten
und der impliziten Weise. Bei expliziter Speicherung werden tatsächlich alle vier Attribute
jeder Größe gespeichert. Bei impliziter Speicherung werden die Größen abhängig von
einem oder mehreren Attributen in verschiedenen Speicherbereichen zusammengefaßt.
Die Zugehörigkeit einer Größe zu einem bestimmten Speicherbereich ist dann gleichbe-
deutend damit, daß ihr ein bestimmtes Attribut zukommt, so daß die explizite Speicherung dieses Attributes entfallen kann. Die explizite Speicherung soll im folgenden „Gemeinschaftsspeicherung" genannt werden, weil alle Größen in einem einzigen Speicherbereich untergebracht sind. Die implizite Speicherung soll im folgenden „Gruppenspeicherung" genannt werden, weil jeder Größenart nur ein bestimmter, vom Prozessor ein für
allemal festgelegter Raum zur Verfügung steht.

<u>Gemeinschaftsspeicherung</u>

Attribute, die gespeichert werden müssen: Name
                                          Art
                                          Länge der Werteliste
                                          Werteliste

<u>1.Möglichkeit: Lineare Anordnung</u>

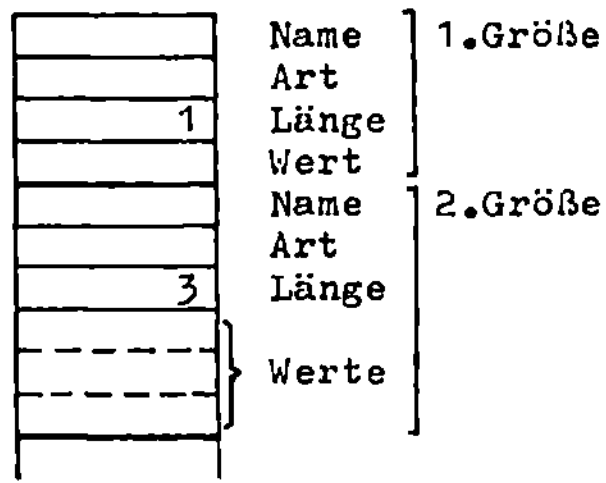

<u>2.Möglichkeit: Getrennte, korrespondierende Listen</u>

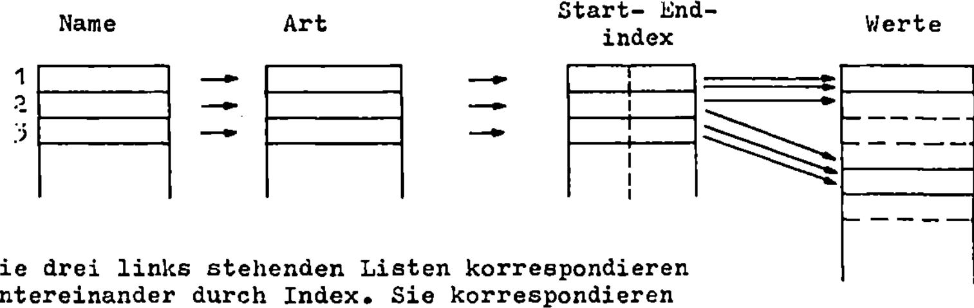

Die drei links stehenden Listen korrespondieren
untereinander durch Index. Sie korrespondieren
mit der Werteliste durch Zeiger.

<u>Vorteile</u>	<u>Nachteile</u>
- Größen die nicht vorkommen, nehmen anderen keinen Speicherplatz weg.	- Einiger Speicherplatz wird unnütz verbraucht: - Konstanten brauchten keinen Namen, - bei Aufteilung der Größen nach Arten brauchte die Art nicht besonders vermerkt zu werden, - bei einfachen Größen ist die Endadresse überflüssig.
- Logisch einfache und durchsichtige Organisation, weil keine Unterschiede zwischen den Größenarten gemacht werden.	
- Hinzufügung neuer Arten relativ leicht.	- Die Wertefelder für Zustandsgrößen sind mit den übrigen vermischt. Sie müssen bei der Integration erst aufgesucht werden.

Bild 5.1. Gemeinschaftsspeicherung

Gemeinschaftsspeicherung. Die eine Möglichkeit ist die lineare Anordnung aller Attribute
einer Größe, also Name, Art, Länge der Werteliste, Wertebereich (Bild 5.1). Diese Anordnung nutzt den zur Verfügung stehenden Speicherplatz am besten aus, unabhängig von
der Verteilung der einzelnen Größenarten im mathematischen Modell. Das Durchsuchen
einer solchen Liste nach einem Namen ist aber wegen der variablen Elementlänge ineffektiv.
Diese Speicherungsart bietet sich auch an, wenn man Namen beliebiger Länge zulassen will.

Die zweite Möglichkeit vermeidet die Ineffektivität, indem die Speicherung der Werte in einen besonderen Speicherbereich verlegt wird und die Namen, Arten und Zeiger auf die Werte in drei korrespondierenden Listen untergebracht werden (siehe Bild 5.1). Die Namen dürfen hier eine feste Länge nicht überschreiten. Die Speicherplatzausnutzung ist nicht ganz so günstig, denn die maximale Anzahl der Größen, die gespeichert werden kann, hängt von der Verteilung der einfachen und listenartigen Größen im mathematischen Modell ab.

Die Vor- und Nachteile der Gemeinschaftsspeicherung gegenüber der Gruppenspeicherung sind in Bild 5.1 zusammengestellt.

Gruppenspeicherung. Für die Gruppenspeicherung teilt man die Größen am besten ein in Literals, Zustandsvariablen, Zustandssteuervariablen, andere listenartige Variablen und andere einfache Variablen (siehe Bild 5.2).

Bei den Literals brauchen keine Namen und keine Listenlängen, sondern nur Werte gespeichert zu werden. Bei den Zustands- und Zustandssteuergrößen brauchen auch keine Listenlängen gespeichert zu werden, weil alle Größen die gleiche Anzahl von Werten haben. Bei den einfachen Variablen brauchen natürlich auch keine Listenlängen gespeichert zu werden.

Der besondere Vorteil dieser Speicherungsart ist die Trennung der Zustands- und Zustandssteuergrößen von den übrigen Größen. Bei jedem Integrationsschritt werden Operationen mit den Zustands- und Ableitungsgrößen durchgeführt, die sehr viel schneller ablaufen können, wenn diese Größen in einem zusammenhängenden Speicherbereich stehen, als wenn sie jedesmal aus einer langen Liste herausgesucht werden müssen.

Der Nachteil dieser Speicherungsart ist die Aufsplitterung des zur Verfügung stehenden Speicherplatzes in zahlreiche kleine Listen fester Länge, die niemals voll ausgenutzt werden. Ihre Größenverhältnisse lassen sich nur für ein „normales" mathematisches Modell aufeinander abstimmen, und je mehr ein mathematisches Modell von diesem Normalfall abweicht, umso mehr Speicherplatz bleibt ungenutzt. Eine Schwierigkeit der Gruppenspeicherung besteht darin, daß die Ableitungs- und Zustandsvariablen vom Analysierprogramm schon bei ihrem ersten Auftreten erkannt werden müssen, wenn kein Speicherplatz unnötig vertan werden soll. Das ist aber in den meisten Sprachen nicht möglich!

Die Vor- und Nachteile dieser Speicherart sind in Bild 5.2 zusammengefaßt.

Zusammenfassung: Wie immer in der Programmierungstechnik zeigt sich auch hier das Grundprinzip, daß benötigter Speicherplatz und erzielbare Rechengeschwindigkeit in umgekehrtem Verhältnis zueinander stehen. Die Gemeinschaftsspeicherung braucht weniger Speicherplatz, bedingt aber eine langsamere Simulation, die Gruppenspeicherung braucht mehr Speicherplatz, ermöglicht aber eine schnellere Simulation. Man kann nicht generell sagen, daß eines der beiden Prinzipien besser wäre. Bei einer großen Maschine mit einer Speicherkapazität von 32 k Wörtern oder mehr ist die Gruppenspeicherung mit großer Wahrscheinlichkeit vorzuziehen. Bei einer kleineren Maschine mit 16 k oder weniger Wörtern hängt es davon ab, ob man sich auf kleinere Modelle beschränkt und diese sehr schnell simulieren will, oder ob man auch größere unter Verzicht auf maximale Schnelligkeit simulieren will. Ebenso spielt die Operationszeit eine Rolle. Bei einer Maschine, die keine verdrahtete Gleitkommaarithmetik besitzt, dominiert die Ausführungsdauer der programmierten Gleitkommaoperationen so stark, daß es auf ein Durchsuchen der Größenliste mehr oder weniger in jedem Integrationsschritt nicht so sehr ankommt.

Gruppenspeicherung

Attribute, die gespeichert werden müssen:

	Name	Wert	Werteanzahl
Literals		X	
Einfache Variablen	X	X	
Listen-Variablen	X	X	X

Speicherung durch mehrere korrespondierende Listen. Beispiel:

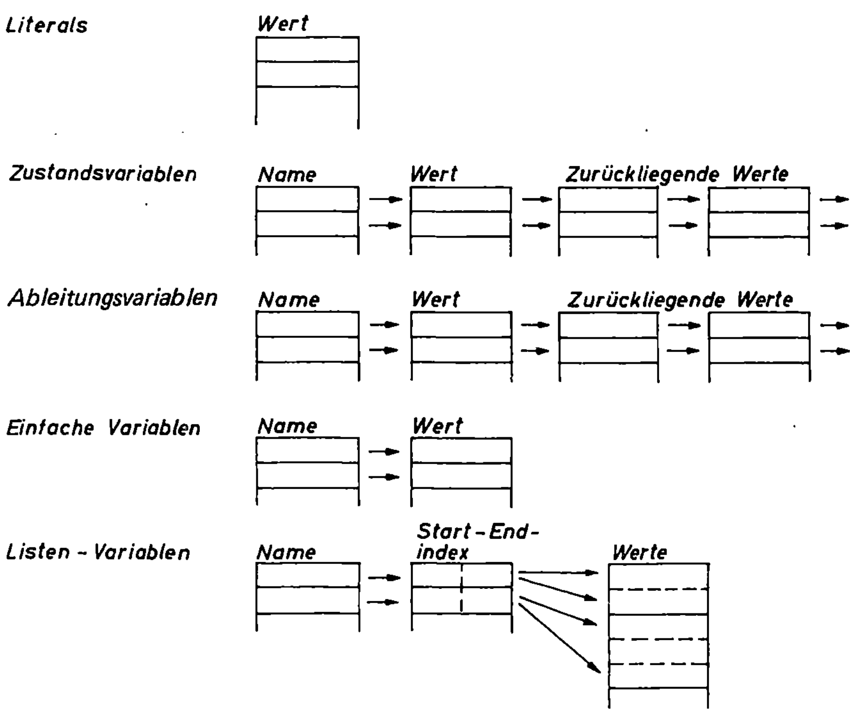

Vorteile

- Verbindung von Name und Wert durch korrespondierenden Index. Ersparnis von Zeigern.
- Zustandsgrößen stehen getrennt von den anderen. Dadurch schnelle Blocktransporte möglich.

Nachteile

- Viele kleine Listen, die nie voll ausgenutzt werden.
- Hinzufügung neuer Arten schwierig.

Bild 5.2. Gruppenspeicherung

5.2. Speicherungsstruktur des mathematischen Modells

Algorithmische Sprachen werden fast immer Statement für Statement übersetzt. Zwischen den Statements werden keine Zusammenhänge beachtet und die Reihenfolge der übersetzten Statements ist die gleiche wie die Reihenfolge der Quell-Statements. Die Übersetzung nichtalgorithmischer Sprachen, wie es die Simulationssprachen sind, unterscheidet sich hiervon insofern, als die Reihenfolge der Quell-Statements nicht die Reihenfolge ist, in der die Statements zur Objektzeit abgearbeitet werden sollen. Die Übersetzung muß also Rücksicht darauf nehmen, daß die übersetzten Statements später noch sortiert werden müssen.

5.2.1. Einfluß der Sortierbarkeit auf die Speicherungsstruktur

Für die Sortierung der übersetzten Statements eines mathematischen Modells gibt es zwei völlig verschiedene Möglichkeiten:

(1)   Echte Sortierung. Die Beschreibung jeder Funktion des mathematischen Modells nimmt einen bestimmten Platz im Speicher ein. Die Beschreibungen werden solange vertauscht, bis sie in der richtigen Reihenfolge stehen. Diese Art der Sortierung ist eigentlich nur vertretbar, wenn die Beschreibung einer jeden Funktion den gleichen Platz einnimmt (feste Satzlänge). Das Sortieren von Sätzen mit variabler Länge kostet sehr viel Zeit.

(2)   Scheinsortierung. Bei dieser Technik bleiben die Beschreibungen der Funktionen des mathematischen Modells in der Reihenfolge im Speicher stehen, wie sie im Quellprogramm angeordnet waren, und es wird jeder Funktion ein Zeiger mitgegeben, der auf den Anfang der Funktion zeigt, die als nächste bearbeitet werden soll. Die Sätze, die die Funktionen darstellen, werden also hier gar nicht sortiert, sondern der Vorgang des Sortierens besteht darin, daß die Zeiger aller Sätze eingerichtet werden. Die Satzlänge kann fest oder variabel sein, ohne die Effektivität des Verfahrens zu beeinflussen. Die Sortierung läuft schnell ab, weil keine Sätze transportiert werden. Zur Objektzeit wird nach der Abarbeitung jeder Funktion ein an sich überflüssiger Sprungbefehl ausgeführt, was aber zeitlich überhaupt nicht ins Gewicht fällt.

5.2.2. Gesichtspunkte bei der Wahl der Speicherungsstruktur

Die Sortierbarkeit des übersetzten mathematischen Modells ist eine Forderung an die Speicherungsstruktur, die unbedingt erfüllt werden muß. Darüber hinaus gibt es noch eine Reihe von Gesichtspunkten, die je nach den Anforderungen, die an ein Simulationssystem gestellt werden, mehr oder weniger anzustreben sind und deren Erfüllbarkeit von der Wahl der Speicherungsstruktur mitbestimmt wird. Diese Gesichtspunkte sind:

(1)   Schnelles Objektprogramm. Die Speicherungsstruktur soll so aufgebaut sein, daß die Simulation so schnell wie möglich abläuft. Ein schnelles Objektprogramm ist bei Simulationssystemen meist viel wichtiger als ein schneller Übersetzer, weil die Objektprogramme infolge der vielen Schritte lange Laufzeiten haben.

(2)   Wenig Speicherplatzverbrauch. Besonders bei kleinen Rechnern soll die Speicherungs-
      struktur des mathematischen Modells möglichst wenig Speicherplatz einnehmen, da-
      mit genügend große Modelle simuliert werden können. Bei großen Rechnern spielt
      dieser Gesichtspunkt keine bedeutende Rolle.

(3)   Kurze Übersetzungszeit. Dieser Gesichtspunkt spielt nur eine untergeordnete Rolle,
      weil die Quellprogramme meist einfache Struktur haben, und infolgedessen die Über-
      setzungszeit nur einen kleinen Bruchteil der gesamten Laufzeit ausmacht. Sofern
      aber bei der Übersetzung periphere Geräte benutzt werden (z.B. Magnetbänder bei
      DSL/90) und die Objektprogramme sehr schnell sind, kann sich die Übersetzungs-
      zeit störend bemerkbar machen.

(4)   Einschluß von höheren Konstruktionen in die Simulationssprache (Macros, benutzer-
      eigene Unterprogramme, Blockstruktur). Die meisten Simulationssprachen gestatten
      im mathematischen Modell nur die Aufführung von Funktionen aus einem vorge-
      gebenen Satz von Funktionstypen. Es sind darum nur arithmetische Assignment-
      Statements zu übersetzen und die Speicherungsstruktur kann relativ einfach gehalten
      werden. Sollen höhere Konstruktionen verwendet werden können, ergeben sich sehr
      viel kompliziertere Speicherungsstrukturen. Der bis jetzt einzige in dieser Richtung
      begangene Weg ist der, das Quellprogramm in eine andere Quellsprache zu über-
      setzen, die dann mit einem bereits zur Verfügung stehenden Compiler weiterver-
      arbeitet wird.

(5)   Statement-Update. Dieser Gesichtspunkt tritt nur bei Dialog-Betrieb auf; hier aller-
      dings ist er entscheidend wichtig. Mit dem Dialogbetrieb sind die Voraussetzungen
      für die Benutzung des Simulationssystems im Time-sharing-Betrieb gegeben. Bei
      Dialog-Betrieb muß die Möglichkeit bestehen, ein bereits übersetztes Programm zu
      verändern, indem man ein einziges Statement hinzusetzt, löscht oder verändert.
      Dieser Vorgang soll beliebig oft wiederholbar sein und möglichst keine Zeit kosten.
      Die Eingabe des Statements kann mit der Schreibmaschine geschehen oder auch —
      wenn die Struktur des mathematischen Modells auf dem Bildschirm dargestellt wird —
      mit dem Lichtgriffel.

Unter Berücksichtigung dieser Gesichtspunkte ergeben sich verschiedene Möglichkeiten
für die Speicherungsstruktur des übersetzten mathematischen Modells, die nun besprochen
werden sollen. Sie sind in Bild 5.3 aufgeführt.

5.2.3. Direkte Übersetzung in Maschinensprache oder Einschaltung einer Zwischensprache?

Der Hauptunterschied zwischen diesen beiden Übersetzungstypen liegt darin, daß bei der
direkten Übersetzung in die Maschinensprache die ursprüngliche Struktur des Quellprogramms verloren geht, bei der Übersetzung in eine Zwischensprache aber nicht. Unter
„Struktur" wird hier die Aufteilung des Quellprogramms in Statements verstanden. Das
Statement beschreibt entweder eine Funktion des mathematischen Modells, beispielsweise
die Addition in der Form

$$S = A + B$$

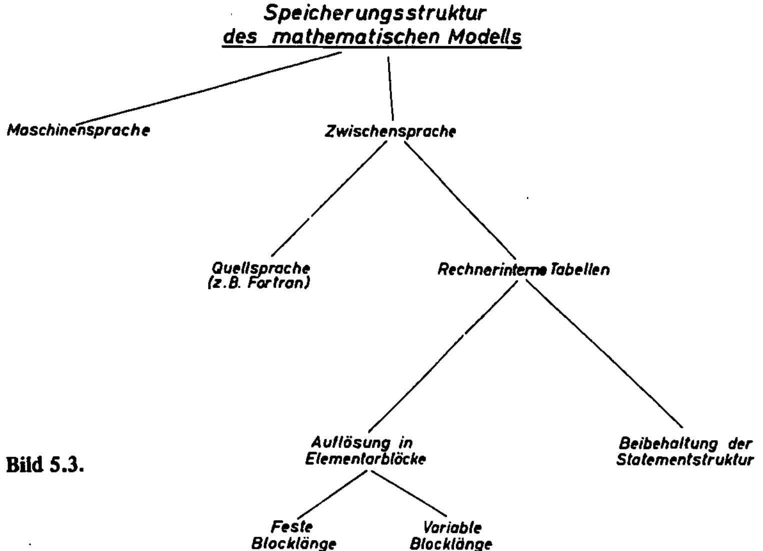

Bild 5.3.

oder die Verknüpfung mehrerer Funktionen des mathematischen Modells, beispielsweise in der Form

$$S = A + B * C$$

In diesem Statement sind zwei Funktionen des mathematischen Modells enthalten, nämlich

$$\$1 = B * C \quad \text{und} \quad S = A + \$1$$

$1 bedeutet hierbei einen „Hilfsnamen", der vom Übersetzer erfunden werden muß, damit das Statement zerlegt werden kann.

Definition 5.1: Eine Funktion des mathematischen Modells, deren Funktionstyp im Funktionsvorrat des Simulationssystems enthalten ist, wird „*Elementarblock*" genannt. Die Funktion, die durch ein Statement beschrieben wird (und im allgemeinen mehrere Elementarblöcke enthält), wird „*Verbundblock*" genannt.

Beispiel: Der durch das Statement S = A + B * C gegebene Verbundblock enthält zwei Elementarblöcke:

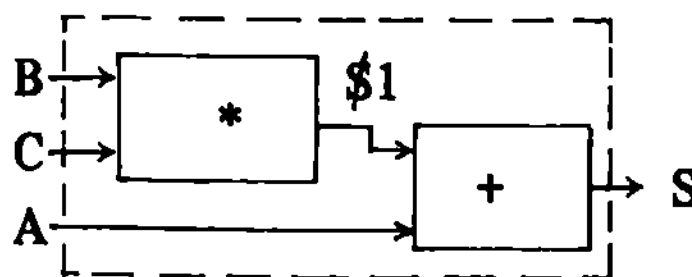

Der durch das Statement S = A + B gegebene Verbundblock enthält nur einen Elementarblock.

Durch die Notierung des mathematischen Modells in Statements entsteht also eine zweistufige Struktur, bestehend aus Elementarblöcken in der unteren Stufe, und Verbundblöcken in der oberen Stufe.

Bei der direkten Übersetzung in die Maschinensprache wird jedes Statement in seine elementaren Bestandteile zerlegt und die zweistufige Struktur geht dadurch verloren. Es bleiben nur noch die Elementarblöcke übrig. Das ist für die Simulation selbst nicht von Nachteil, wohl aber dann, wenn ein Statement-Update gemacht werden soll oder wenn die Struktur des mathematischen Modells in irgendeiner Form (z.B. auf einem Display) ausgegeben werden soll. Auch wenn eine Simulationssprache benutzt wird, in der bedingte Statements geschrieben werden können, ist es nur natürlich, die zweistufige Struktur möglichst lange beizubehalten, weil eine Bedingung sich immer auf das ganze Statement, also einen Verbundblock bezieht.

Soll die Struktur des Quellprogramms erhalten bleiben, so ist die Benutzung einer Zwischensprache die einzige praktische Möglichkeit, denn ein Statement-Update auf der Basis eines Programms aus Maschinenbefehlen ist zwar theoretisch möglich aber höchst uneffektiv. Darüber hinaus kann eine gut formulierte Zwischensprache auch zur Interpretation des mathematischen Modells zur Simulationszeit benutzt werden, so daß eine Übersetzung in die Maschinensprache überhaupt entfällt.

5.2.4. Direkte Übersetzung in Maschinensprache

Die direkte Übersetzung der Quellsprache in die Maschinensprache hat viele Vorteile: der Übersetzungsprozeß ist ein Geradeausverfahren, das in einem einzigen Durchgang ablaufen kann. Statement für Statement wird syntaktisch analysiert, es werden Hilfsvariablen für Zwischenergebnisse und Objektcode erzeugt. Diese Art der Übersetzung ist einfach und schnell. Der entstehende Objektcode ist mindestens so gut, wie bei anderen Verfahren auch, so daß sich ein schnelles Objektprogramm ergibt. Der Speicherplatzverbrauch für die Direktübersetzung ist ein Minimum, denn es entsteht keine Zwischensprache, die gespeichert werden müßte.

Als Sortierung kommt nur die Scheinsortierung in Betracht, weil die Befehlsgruppen des Objektprogramms, die ein Statement darstellen, variable Länge haben.

Der einzige, aber schwerwiegende Nachteil der Direktübersetzung besteht darin, daß ein Statement-Update kaum möglich ist. Die Direktübersetzung kann dort mit Vorteil angewendet werden, wo die Programme vollständig im herkömmlichen Monitorbetrieb laufen sollen, wo also keine Veränderung des Programms on-line stattfinden und wo die Struktur des Quellprogramms nicht für andere Zwecke erhalten bleiben soll.

5.2.5. Übersetzung in eine andere Quellsprache

Dieses Verfahren wird in den neueren Simulationssystemen nur von DSL/90 verwendet. Es hat den Vorteil, daß in die Strukturbeschreibung auch algorithmische Statements eingestreut, daß Unterprogramme und Macros benutzt werden können. Die Übersetzungszeit ist jedoch lang, weil zwei Übersetzungen hintereinander durchgeführt werden müssen: zuerst von der Simulations-Quellsprache in die andere Quellsprache (z.B. Fortran) und danach von dieser in die Maschinensprache (eventuell noch über die Assembly-Sprache). Der Prozeß läuft nicht ohne periphere Geräte ab. Denn die beim ersten Übersetzungsvorgang erzeugten Statements in der zweiten Quellsprache haben meist wegen ihrer stark variierenden Länge nicht im Kernspeicher Platz, und der Compiler der zweiten Quellsprache ist so gebaut, daß er seine Daten von einem peripheren Gerät und nicht aus dem Kernspeicher holt. Die Übersetzung wird dadurch erschwert, daß das Übersetzungsergebnis den Konventionen des Compilers der zweiten Quellsprache gehorchen muß. Es müssen Steuerkarten, Typvereinbarungen, Deklarationen und anderes vom Übersetzer erzeugt werden.

Die Übersetzung in eine andere Quellsprache ist sehr flexibel in der Ausgestaltung der Simulationssprache, die alle Eigenschaften einer algorithmischen Sprache zusätzlich bekommen kann. Dafür ist die Übersetzungszeit lang und das Übersetzungsprogramm so umfangreich, daß es nur auf Maschinen mit großer Speicherkapazität vertretbar ist.

Ein schnelles Statement-Update ist hier ebenfalls unmöglich, weil das veränderte Simulations-Quellprogramm als Ganzes vom Compiler der zweiten Quellsprache neu übersetzt werden muß.

5.2.6. Übersetzung in eine maschineninterne Zwischensprache

Bei den meisten Simulationssystemen wird das Quellprogramm nicht direkt in die Maschinensprache oder eine andere Quellsprache, sondern in Tabellen übersetzt, die im Kernspeicher abgelegt werden. Diese Tabellen stellen eine maschineninterne Zwischensprache dar und sollen folgende Vorteile bringen:

(1)   Leichte Sortierbarkeit.

(2)   Interpretierbarkeit zur Objektzeit, so daß die Erzeugung von Maschinencode vollständig entfallen kann. An seine Stelle tritt dafür ein Interpretierprogramm, das meist einfacher und kürzer gehalten werden kann, als das Programm zur Erzeugung von Maschinencode.

         Ist die Übersetzung in Maschinencode trotzdem gewünscht, so soll die Zwischensprache diese Übersetzung leicht machen.

(3)   Die Zwischensprache soll noch die Struktur des Quellprogramms enthalten, damit ein schnelles und bequemes Statement-Update auf der Ebene der Zwischensprache möglich ist. Die Zwischensprache soll die Statements des Quellprogramms leicht erkennen lassen und eine Markierung jedes Statements erlauben. Für eine leichte Sortierbarkeit ist es erforderlich, daß sich in der Zwischensprache Aus- und Eingänge jedes Blockes leicht erkennen lassen.

Die Erhaltung der Struktur des mathematischen Modells ist besonders dann erforderlich, wenn sie auf dem Bildschirm angezeigt werden und der Benutzer sie mit dem Lichtstift verändern können soll.

Die Tabelle, die im Kernspeicher das mathematische Modell repräsentiert, soll im folgenden die „Blockliste" genannt werden. Die Blockliste muß für jedes Statement folgende Daten enthalten:

(1)   Statementnummer oder -name

(2)   Angabe des Statements, das als nächstes verarbeitet werden soll (Scheinsortierung).

(3)   Bei einer Quellsprache mit bedingten Statements eine Angabe über die Größe, die die Bedingung darstellt.

(4)   Beschreibung jedes Elementarblocks. Hierzu gehören für jeden Elementarblock
         – Funktionsname
         – Anzahl der Funktionswerte
         – Anzahl der Argumente
         – Liste der Funktionswerte
         – Liste der Argumente

Die Blockliste ist also eine stark strukturierte Liste, die selbst aus mehreren Unterlisten besteht. Die Unterlisten haben variable Länge, weil es Funktionen mit wenigen und mit viel Argumenten gibt und somit hat auch die Blockliste selbst variable Länge. Da Listen variabler Längen unhandlicher als Listen fester Länge sind (d.h. schwerer zu erzeugen und schwerer zu interpretieren), werden in vielen Simulationssprachen Listen fester Länge verwendet. Hierbei wird zwar Speicherplatz verschenkt, weil die feste Listenlänge für die größte vorkommende Unterliste ausgelegt sein muß, dafür können aber gegenüber einer Liste variabler Länge einige Daten eingespart werden, so daß keines der beiden Verfahren von vornherein im Vorteil ist.

Feste Blocklänge. Siehe Bild 5.4. Für jeden Elementarblock wird hier ein fester Speicherplatz reserviert (z.B. in Midas und Pactolus). Der Funktionsname, die Funktionswerte

Blockliste

Jeder Block beschreibt eine Funktion. Die Beschreibung muß enthalten

- Funktionsname f
- Funktionswerte $y_1 \ldots y_m$ meist nur y_1
- Argumente $x_1 \ldots x_n$

Die Speicherung muß berücksichtigen

- Die unterschiedliche Anzahl von Argumenten und Funktionswerten,

- die Sortierbarkeit der Blöcke,

- in Simulationssystemen mit bedingten Aussagen muß die Ausführung eines jeden Blocks von einer Bedingung abhängig gemacht werden können.

1.Möglichkeit: Feste Blocklänge

Für jeden Block wird ein fester Speicherplatz reserviert (z.B. Midas)

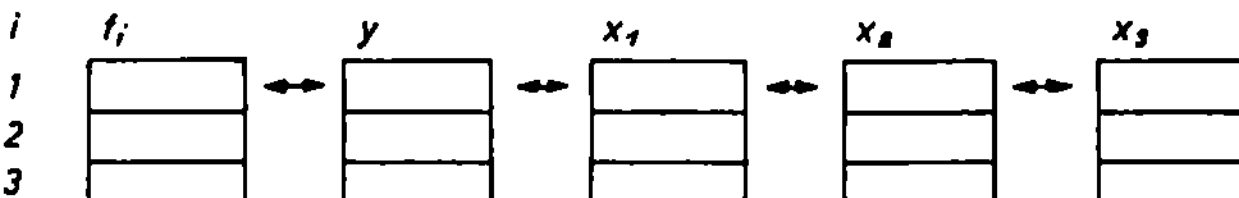

Vorteile

- Logisch durchsichtig, daher einfach zu programmieren.
- Leicht zu sortieren.
- Leicht zu interpretieren.

Nachteile

- Starr. Läßt nur wenig Argumente zu.
- Verschwendet Speicherplatz bei allen Funktionen mit weniger Argumenten.
- Feste Blockanzahl, die nicht vom Problem überschritten werden darf.

Die schlechte Ausnutzung des Speicherplatzes ist dadurch etwas verbesserbar, daß Funktionen mit wenig Argumenten noch welche hinzubekommen. Beispiel: Faktoren und Summierstelle am Integrierereingang.

Bild 5.4. Feste Blocklänge

und die Argumente sind in korrespondierenden Listen untergebracht. In einem einfachen Simulationssystem, das keine Verbundblöcke und keine bedingten Statements kennt, bietet sich eine solche Speicherform an. Beispiel:

NF (100)	Liste der Funktionsnamen	X2 (100)	Liste der zweiten Argumente
NY (100)	Liste der Funktionswerte	X3 (100)	Liste der dritten Argumente
X1 (100)	Liste der ersten Argumente		

Statt der Werte der Größen selbst kann man natürlich auch Zeiger auf die Werte speichern, wenn die Zeiger weniger Platz einnehmen als die Werte.

Soll eine Statementnummer und eine Bedingungsgröße untergebracht werden, so sind dafür weitere korrespondierende Speicherlisten nötig.

Die Vorteile der festen Blocklänge liegen in den Punkten

— Einfache Anordnung, daher leicht zu programmieren.
— Leicht zu sortieren.
— Leicht zu interpretieren.

Die Nachteile der festen Blocklänge liegen in den Punkten

— Starrheit. Es kann keine Funktion benutzt werden mit mehr als drei und vier Argumenten.
— Verschwendung von Speicherplatz bei allen Funktionen mit weniger als der maximalen Anzahl von Argumenten.
— Eine feste Blockanzahl darf vom Problem nicht überschritten werden.

Die schlechte Ausnutzung des Speicherplatzes läßt sich dadurch verbessern, daß man Funktionen, die von Natur aus nur ein oder zwei Argumente haben, noch konstante Faktoren (die Potentiometer des Analogrechners) zuordnet, mit denen die Werte der Eingangsvariablen zu multiplizieren sind.

Variable Blocklänge. Siehe Bild 5.5. Ausgehend von der Tatsache, daß die Verbundblöcke eine variable Anzahl von Elementarblöcken und die Elementarblöcke eine variable Anzahl von Funktionswerten und Argumenten enthalten können, ist es nur natürlich, wenn man die Blockliste so organisiert, daß sie eine einzige lange Liste darstellt, in der alle Elementar- und Verbundblöcke hintereinander stehen, gegliedert und unterschieden durch besondere Markierungs-Zellen und/oder durch Zählung.

Eine mögliche Einteilung der Blockliste ist in Bild 5.5 angegeben. Sie ist dadurch gekennzeichnet, daß der Verbundblock in Elementarblöcke zerlegt ist, daß für die Funktionswerte der Elementarblöcke, die nicht auch Funktionswerte des Verbundblocks sind, Hilfsnamen (Anfang mit $) verwendet werden, und daß eine Bedingung für einen ganzen Verbundblock gilt.

Die Vorteile der variablen Blocklänge liegen in den Punkten:

— Flexibilität. Eine Funktion kann beliebig viele Argumente haben.
— Es entstehen keine Leerstellen im Speicher für unbenutzte Eingänge.

Die Nachteile der variablen Blocklänge sind

— Außer den zu speichernden Daten selbst müssen Angaben über ihre Anzahl gespeichert werden. Das bedeutet zusätzlichen Speicherplatzbedarf.
— Sortierung nur durch Scheinsortierung möglich und auch dann nicht einfach.
— Umständlichere und langsamere Interpretation als bei fester Blocklänge.
— Aufbau der Blockliste programmierungstechnisch anspruchsvoller.

Variable Blocklänge

Alle Verbund- und Elementarblöcke werden in einer linearen Liste hintereinander gespeichert. Die Blöcke haben unterschiedliche Länge.

Beispiel: 1o   A = B + C * D - 1

Mit Hilfsnamen

10	Blocknr.	Verbundblock-Kopf
	Sprungindex	
15	Statementlänge	
4	Blocklänge	1. Elementarblock
*	Funktionstyp	
$1	Funktionswert	
C	Argument 1	
D	Argument 2	
4		2. Elementarblock
+		
$1		
B		
$1		
4		3. Elementarblock
-		
A		
$1		
1		

Mit polnischer Schreibweise

10	Blocknr.	Verbundblock-Kopf
	Sprungindex	
8	Statementlänge	
A		Verbundblock-Rumpf
B		
C		
D		
*		
+		
1		
-		

Vorteile	Nachteile
- Flexibel. Beliebig viele Argum.	- Benötigt extra Speicherplatz für Listenlängen.
- Keine leeren Stellen für fehlende Argumente.	- Schwer zu sortieren.
	- Schwer zu interpretieren.
	- Nicht leicht aufzubauen.

Bild 5.5. Variable Blocklänge

Als nachteilig erweist sich bei Zerlegung des Verbundblocks in mehrere Elementarblöcke
auch die Notwendigkeit der Erzeugung von Hilfsnamen. Die Hilfsnamen müssen in der
Namenliste genau wie andere Variablen gespeichert werden, sie dürfen aber bei der Sortierung nicht wie andere Variablen behandelt werden, weil man aus Sparsamkeit sicherlich für jedes Statement die selben Hilfsnamen wiederverwenden will. Eine Abhilfe schafft
hier die Speicherung des Verbundblockes in polnischer Schreibweise. Beispiel: Das Statement

$$A = B + C * D$$

wird in der Form

$$A \; B \; C \; D \; * \; + \; =$$

in der Blockliste gespeichert. Die Erzeugung und Speicherung von Hilfsnamen entfällt
hier völlig; es treten nur die Größen auf, die auch die Quellsprache enthält. Als Nachteil
dieser Speicherungsform kann angesehen werden, daß die Zerlegung in Elementarblöcke
hier nicht explizit durchgeführt ist. Sie steckt zwar implizit in der Struktur der polnischen
Schreibweise, aber ein Interpretierprogramm muß diese Struktur erst auflösen und die
expliziten Elementarblöcke erzeugen. Sein Ablauf wird dadurch verlangsamt.

In Bild 5.5 sind die beiden Möglichkeiten, eine Blockliste mit variabler Blocklänge aufzu-
bauen, gegenübergestellt.

5.3. Statement-Update und Sortierung

Das Statement-Update besteht aus drei möglichen Aktionen, die vom Benutzer veranlaßt
werden: Einfügen eines Statements (insert), Löschen eines Statements (delete) und Ersetzen eines Statements durch ein neues (replace). Jede dieser drei Aktionen beeinflußt
die Größenliste in folgender Weise.

Einfügen. Das hinzukommende Statement kann Größen enthalten, die in dem mathematischen Modell noch nicht enthalten sind. Die Größenliste wird also unter Umständen
verlängert. Ein besonderer Fall tritt auf, wenn die Größen gruppenweise gespeichert sind
und das hinzukommende Statement eine Integration ist, deren Integrand im ursprünglichen
mathematischen Modell eine gewöhnliche Variable war (d.h. kein Integrand). Dann muß
der neue Integrand aus der Liste der gewöhnlichen Variablen entfernt und der Liste der
Integrierereingänge angefügt werden. Anschließend muß die ganze Blockliste durchsucht
und der Zeiger des neuen Integranden überall geändert werden.

Das hinzukommende Statement wird an die bisher bestehende Blockliste als letztes angefügt, so daß sich hier keine Komplikationen ergeben.

Löschen. Das Löschen eines Statements verändert die Größenlisten im allgemeinen nicht.
Größen des gelöschten Statements, die noch in anderen Statements vorkommen, werden
nicht beeinflußt. Größen die nur in dem gelöschten Statement vorkommen, können zwar
aus der Größenliste gestrichen werden, aber um diese Größen zu finden, müßte man erst
die ganze Blockliste untersuchen. Darüber hinaus kann der freigewordene Platz nicht
einfach durch Aufschieben ausgefüllt werden, weil dabei alle Zeiger in der Blockliste
geändert werden müßten.

In der Blockliste kann der gelöschte Block einfach gestrichen werden.

Ersetzen. Das Ersetzen ist einfach die Aufeinanderfolge von Löschen des alten Blocks und Anfügen des neues Blocks.

Wie diese Diskussion zeigt, ist die Behandlung der Blockliste beim Statement-Update unproblematisch. Die Behandlung der Größenlisten ist bei Gemeinschaftsspeicherung auch unproblematisch, führt aber bei Gruppenspeicherung, wenn ein Integrierer eingefügt wird, zu komplizierteren Aktionen. Man kann natürlich diese Weiterungen vermeiden, indem man die Einfügung von Integrierern verbietet, weil dieser Fall in der Praxis nur sehr selten vorkommt.

Die *Größe des Sortierprogramms* hängt, wie bereits erwähnt, hauptsächlich von der Struktur der Blockliste ab. Nach dem bisher Gesagten lassen sich drei Fälle unterscheiden. Für alle drei Fälle sind Sortierprogramme in Fortran II für die Maschine C.I.I. 90—40 geschrieben worden, um den Speicherplatzbedarf festzustellen.

1. Fall: Feste Blocklänge. Die Blockliste ist als zweidimensionaler Bereich gespeichert, wie in Abschnitt 5.2.6 beschrieben. Die Sortierung ist eine direkte Sortierung, das heißt, die gegenseitige Lage der Statements wird verändert. Es brauchen keine zusätzlichen Hilfslisten erzeugt zu werden und das Programm ist einfach. Es umfaßt 212 Zellen.

2. Fall: Variable Blocklänge mit Funktionsschreibweise. Die Blockliste ist als eindimensionaler Bereich gespeichert, wie in Abschnitt 5.2.6 beschrieben. Die Sortierung ist indirekt, d.h. die gegenseitige Lage der Blöcke wird nicht verändert, sondern jedem Block wird ein Zeiger auf seinen Nachfolger beigegeben. Es wird zunächst eine Hilfsliste erzeugt, die alle Ausgangsvariablen ausschließlich der Integriererausgänge, enthält. Anschließend werden die Blöcke sortiert, wobei nach jeder erfolgreichen Einsortierung der Ausgang des einsortierten Elements aus der Hilfsliste gestrichen wird. Die Organisation ist hier kompliziert, weil die vom System erzeugten Hilfsnamen nicht mitsortiert werden dürfen und weil die Namen der Ein- und Ausgänge eines jeden Verbund-Statements jedesmal von neuem festgestellt werden müssen. Das Programm umfaßt 568 Zellen. Darin sind 200 Zellen für die Hilfsliste enthalten.

3. Fall: Variable Blocklänge mit polnischer Schreibweise. Die Blockliste ist als eindimensionaler Bereich gespeichert, wie in Abschnitt 5.2.6 beschrieben. Die Sortierung ist indirekt wie bei Fall 2 und es wird ebenfalls eine Hilfsliste für die Ausgangsvariablen erzeugt. Die Sortierung ist hier jedoch etwas einfacher als im Fall 2, weil die Verbundblöcke keine Hilfsnamen enthalten. Das Programm umfaßt 509 Zellen. Darin sind wieder 200 Zellen für die Hilfsnamen enthalten.

Ergebnis: Alle drei Sortierprogramme nehmen — absolut gesehen — nicht viel Speicherplatz ein. In einem großen Programmsystem, das z.B. 16 k Speicherzellen einnimmt, macht es wenig aus, ob ein bestimmtes Programm 200 oder 500 Zellen belegt.

Relativ gesehen liegen die Verhältnisse wie folgt:

Fall 1:	Fall 2:	Fall 3	
212	568	509	
1	2.7	2.4	unter Einschluß der Hilfslisten

Fall 1:   Fall 2:   Fall 3
212   368   309
  1   1.7   1.5   unter Ausschluß der Hilfslisten

Der Speicherplatzbedarf der Programme für Fall 2 und 3 unterscheidet sich nur wenig. Beide Fälle benötigen jedoch mehr als doppelt so viel Speicherplatz wie das direkte Sortierprogramm von Fall 1. Der große Unterschied bedeutet aber nicht, daß der Algorithmus der Fälle 2 und 3 über doppelt so lang ist, sondern die Hilfslisten bestimmen den großen Unterschied. Ohne die Hilfslisten (die man freilich immer mitrechnen muß) sind die Programme der Fälle 2 und 3 nur etwa 1.6 mal so lang wie das Programm für Fall 1.

Hinsichtlich des Sortierprogramms ist die Datenorganisation mit fester Blocklänge also der mit variabler Blocklänge klar überlegen. Ist man zur variablen Blocklänge gezwungen, ist die polnische Schreibweise der Funktionsschreibweise geringfügig überlegen.

Die Rechenzeiten der drei Sortierprogramme wurden nicht miteinander verglichen, weil sie auch bei den größten Blocklisten so kurz sind (kleiner als 5 s), daß Unterschiede überhaupt nicht ins Gewicht fallen.

6. Der Simulator

Der programmierungstechnische Aufbau des Simulators ist bereits in Abschnitt 3.2.2. behandelt worden. Hier wird auf die Besonderheiten in der Simulation der einzelnen Funktionstypen eingegangen. Der wichtigste Funktionstyp, dessen Simulation den gesamten Aufbau des Prozessors beeinflußt (Datenstruktur, Blocklistenstruktur und Simulatorstruktur) ist die Integration. Ihr ist deshalb der größte Teil dieses Kapitels gewidmet. Andere problematische Funktionstypen sind die Interpolation empirischer, durch Stützstellen gegebener Funktionen, das implizite Element und die unstetigen Funktionen, bei deren Simulation die Art des Integrationsverfahrens berücksichtigt werden muß. Alle übrigen Funktionstypen — arithmetische und elementare transzendente — werfen keine Probleme auf und werden darum nicht behandelt.

6.1. Die Integration

Dieses Kapitel enthält am Anfang eine Übersicht über die in Simulationssystemen verwendeten Integrationsverfahren. Anschließend wird der Einfluß jedes Verfahrens auf die Struktur des Simulators und des Übersetzers angegeben, woraus sich eine Beurteilung hinsichtlich der programmierungstechnischen Verwendbarkeit ergibt. An dritter Stelle wird auf die „Güte" der mit den einzelnen Verfahren gewonnenen Simulationsergebnisse eingegangen. Diese Güte wird durch drei Kriterien beschrieben: Genauigkeit, Stabilität und Geschwindigkeit.

6.1.1. Die Integrationsverfahren

Die betrachteten Integrationsverfahren beziehen sich alle auf die Integration der gewöhnlichen Differentialgleichung erster Ordnung

$$y(t) = f(x(t), y(t), t)$$

mit t als unabhängiger Variabler, $x(t)$ als Störfunktion und $y(t)$ als derjenigen Größe, deren Verlauf in Abhängigkeit von t gesucht ist. Es gibt auch Integrationsverfahren für Differentialgleichungen zweiter Ordnung und für bestimmte spezielle Klassen von anderen Differentialgleichungen. Da aber das mathematische Modell in einem Simulationssystem immer nur aus einem System von Differentialgleichungen erster Ordnung besteht (d.h. alle anderen Differentialgleichungen werden darauf zurückgeführt), braucht nur dieses betrachtet zu werden.

Es wird ferner angenommen, daß ein Integrationsschritt bei allen Differentialgleichungen des Systems unabhängig voneinander vorgenommen werden kann. Inwieweit dadurch Fehler in die Lösungen eingeschleppt werden, ist ein m.W. bisher ungelöstes mathematisches Problem. In allen Simulationssystemen und auch in den meisten mathematischen Werken wird die Erlaubnis der unabhängigen Integration jedenfalls stillschweigend vorausgesetzt.

Die Lösungen werden an diskreten Stellen t_n mit $n = 0, 1, 2 \ldots$ berechnet, deren Abstand h „Schrittweite" genannt wird. Die Verfahren lassen sich danach einteilen, ob die Schrittweite konstant oder variabel ist. Zur Vereinfachung der Schreibweise wird bei konstanter Schrittweite meist die Bezeichnung $y_n = y(t_n) = y(t_0 + n \cdot h)$ verwendet.

Die Aufgabe eines numerischen Integrationsverfahrens ist es, für die Integration über eine Schrittweite

$$y_{n+1} = \int_{t_n}^{t_n + h} f(x, y, t)\, dt$$

eine Näherungslösung anzugeben, zu deren Berechnung nur die bereits bekannten Werte $x_i, y_i, \dot{y}_i$ in zurückliegenden Zeitpunkten, also $i \leqslant n$, benutzt werden. Das schließt jedoch nicht aus, daß von einigen Verfahren zunächst Hilfsgrößen berechnet werden (zum Beispiel $y\left(t_n + \frac{h}{2}\right)$ oder ein $\tilde{y}_{n+1}$, das nur eine erste Näherung von y_{n+1} ist und später noch korrigiert werden muß), die zur endgültigen Berechnung von y_{n+1} mit herangezogen werden. Allen Verfahren ist es gemeinsam, daß sie die Form

$$y_{n+1} = y_{n-i} + D \qquad\qquad i \geqslant o$$

haben, das heißt, daß sie den neuen Wert von y als Summe eines früher berechneten Wertes y_{n-i} und eines Zuwachses D berechnen. Die Fehler der Integrationsverfahren werden üblicherweise dadurch angegeben, daß man die benutzte Formel mit der Darstellung des Integrationsergebnisses in Form einer Taylorreihe vergleicht. Die Taylorreihe lautet

$$y_{n+1} = y(t_n + h) = y_n + h\,\dot{y}_n + \frac{h^2}{2!} \cdot \ddot{y}_n + \frac{h^3}{3!} \cdot \dddot{y}_n + \ldots$$

Man nennt die Genauigkeit eines Integrationsverfahrens „von k. Ordnung", wenn sein Ergebnis bis zum Gliede mit h^k einschließlich mit der Taylorreihe übereinstimmt. Die Fehlerordnung eines Integrationsverfahrens der Genauigkeit k nennt man k + 1.

Der hierdurch bezeichnete Fehler wird genauer der ‚lokale Abbrechfehler' oder ‚Schrittfehler' (local truncation error oder step error) genannt. Er ist der Fehler, der sich ergibt, wenn die Integrationsformel einmal angewendet wird, die in die Rechnung eingehenden gegebenen Größen exakt sind und bei der Rechnung keine Rundungsfehler auftreten. Die Angabe der Genauigkeitsordnung des lokalen Abbrechfehlers ist also nur ein sehr rohes Maß für die wirkliche Genauigkeit eines Integrationsverfahrens. Sein Wert liegt vor allem darin, daß er einen Genauigkeitsvergleich der verschiedenen Verfahren gestattet. Der am Ende einer Rechnung nach vielen Integrationsschritten wirklich aufgelaufene Fehler setzt sich aus den einzelnen lokalen Abbrechfehlern und den im Laufe der Rechnung aufgetretenen Rundungsfehlern in nicht vorhersagbarer Weise zusammen.

6.1.1.1. Verfahren mit konstanter Schrittweite

Hier werden zwei Gruppen von Integrationsverfahren unterschieden: Bei der ersten Gruppe werden zur Berechnung von y_{n+1} nur die Größen des n. Schrittes y_n $\dot{y}_n$ und x_n, nicht aber weiter zurückliegende Funktionswerte oder deren Ableitungen verwendet; sie heißen darum „Einschrittverfahren". Bei der anderen Gruppe werden auch weiter zurückliegende Funktionswerte und deren Ableitung benutzt. Sie heißen „Mehrschrittverfahren".

6.1.1.1.1. Einschrittverfahren

Das Verfahren von Euler. Das Verfahren von Euler ist das einfachste Integrationsverfahren. Es ergibt sich, wenn man $\dot{y}$ von t_n bis t_{n+1} als konstant ansieht. Dann ist

$$y_{n+1} = y_n + h \cdot \dot{y}_n + O(h^2) \qquad \text{(6.1) Euler-Verfahren}$$

Verbessertes Euler-Verfahren. Eine Verbesserung des Verfahrens von Euler ergibt sich, wenn man zuerst einen neuen Funktionswert in der Mitte des Intervalls berechnet und anschließend annimmt, daß die Ableitung dieses Wertes von t_n bis t_{n+1} konstant ist.

$$\tilde{y}_{n+1/2} = y_n + \frac{h}{2} \cdot \dot{y}_n \qquad \text{(6.2) Verbessertes Euler-Verfahren}$$

$$y_{n+1} = y_n + h \cdot \dot{\tilde{y}}_{n+1/2} + O(h^3)$$

Eine andere Verbesserung des Euler-Verfahrens ergibt sich, wenn man zuerst einen neuen Funktionswert $\tilde{y}_{n+1}$ hilfsweise mit dem Euler-Verfahren berechnet, dann dort die Ableitung $\dot{\tilde{y}}_{n+1}$ bildet und für die endgültige Berechnung von y_{n+1} den Mittelwert beider Ableitungen heranzieht:

$$\tilde{y}_{n+1} = y_n + h \cdot \dot{y}$$

$$y_{n+1} = y_n + h \cdot \frac{\dot{y}_n + \dot{\tilde{y}}_{n+1}}{2} + O(h^3) \qquad \text{(6.3) Heun-Verfahren}$$

Die letzte Formel ist nichts anderes als die Trapezregel.

Diese Form des verbesserten Euler-Verfahrens wird auch Heun-Verfahren, oder Runge-Kutta-Verfahren 2. Ordnung oder Rechteck-Trapez-Verfahren genannt.

Runge-Kutta-Verfahren. Das am meisten benutzte numerische Integrationsverfahren stammt von Runge und Kutta. Es gewinnt zusätzliche Informationen über den Verlauf von y und $\dot{y}$ zwischen t_n und t_{n+1}, indem es den Punkt $t_{n+1/2}$ mehrfach zur Rechnung mitbenutzt. Die Integration besteht aus vier Teilschritten: Die Schritte sind links in der gleichen Schreibweise wie bei den vorhergehenden Formeln und rechts in der Schreibweise, wie sie in den meisten Büchern benutzt wird, angegeben.

$$\tilde{y}_{n+1/2} = y_n + \frac{h}{2} \cdot \dot{y}_n \qquad\qquad k_1 = h \cdot f(x(t_n), y(t_n))$$

$$\tilde{\tilde{y}}_{n+1/2} = y_n + \frac{h}{2} \cdot \dot{\tilde{y}}_{n+1/2} \qquad\qquad k_2 = h \cdot f\left(x\left(t_n + \frac{h}{2}\right), y(t_n) + \frac{k_1}{2}\right)$$

$$\tilde{y}_{n+1} = y_n + h \cdot \dot{\tilde{\tilde{y}}}_{n+1/2} \qquad\qquad k_3 = h \cdot f\left(x\left(t_n + \frac{h}{2}\right), y(t_n) + \frac{k_2}{2}\right) \qquad \text{(6.4)}$$

$$k_4 = h \cdot f(x(t_n + h), y(t_n) + k_3)$$

$$y_{n+1} = y_n + h \cdot \frac{\dot{y}_n + 2\dot{\tilde{y}}_{n+1/2} + 2\dot{\tilde{\tilde{y}}}_{n+1/2} + \dot{\tilde{y}}_{n+1}}{6} + O(h^5)$$

$$y_{n+1} = y_n + \frac{1}{6} \cdot (k_1 + 2k_2 + 2k_3 + k_4) + O(h^5)$$

In der Literatur werden gelegentlich auch andere Integrationsverfahren, die von gleicher Struktur wie das Runge-Kutta-Verfahren, aber von anderer Fehlerordnung sind, als Runge-Kutta-Verfahren bezeichnet (Bild 6.1—1).

Runge-Kutta-Formeln

Allgemeine Form:
$$f_0 = f[x_0, y_0]$$
$$f_i = f\left[x_0 + p_i h, y_0 + h \cdot \sum_{j=0}^{i-1} q_{ij} \cdot f_j\right] \quad \text{für } i = 1 \text{ bis } n - 1$$
$$y_1 = y_0 + h \cdot \sum_{i=0}^{n-1} r_i \cdot f_i + O(h^{n+1})$$

	n	i	p_i	q_{i0}	q_{i1}	q_{i2}	q_{i3}	r_i
Euler	1	0						1
Heun	2	0						$\frac{1}{2}$
		1	1	1				$\frac{1}{2}$
RK3	3	0						$\frac{1}{6}$
		1	$\frac{1}{2}$	$\frac{1}{2}$				$\frac{2}{3}$
		2	1	-1	2			$\frac{1}{6}$
RK4	4	0						$\frac{1}{6}$
		1	$\frac{1}{2}$	$\frac{1}{2}$				$\frac{1}{3}$
		2	$\frac{1}{2}$	0	$\frac{1}{2}$			$\frac{1}{3}$
		3	1	0	0	1		$\frac{1}{6}$
RKM	5	0						$\frac{1}{6}$
		1	$\frac{1}{3}$	$\frac{1}{3}$				0
		2	$\frac{1}{3}$	$\frac{1}{6}$	$\frac{1}{6}$			0
		3	$\frac{1}{2}$	$\frac{1}{8}$	0	$\frac{3}{8}$		$\frac{2}{3}$
		4	1	$\frac{1}{2}$	0	$-\frac{3}{2}$	2	$\frac{1}{6}$

Bild 6.1-1
Einige Runge-Kutta-Formeln

6.1.1.1.2. Mehrschrittverfahren

Man kann es als Nachteil der Einschrittverfahren auffassen, daß bei ihnen die zurückliegenden Werte $y_{n-1}, y_{n-2}, \ldots$ und $\dot{y}_{n-1}, \dot{y}_{n-2}, \ldots$ nicht zur Berechnung des neuen Funktionswertes y_{n+1} mitbenutzt werden. Dadurch wird wichtige Information über den Funktionsverlauf nicht ausgenutzt.

Bei den Mehrschrittverfahren werden die Ergebnisse früherer Schritte mit in die Rechnung einbezogen. Sie haben die allgemeine Form

$$y_{n+1} = a_0 y_n + a_1 y_{n-1} + a_2 y_{n-2} + \ldots + a_p y_{n-p} +$$

$$(b_0 \dot{y}_n + b_1 \dot{y}_{n-1} + b_2 \dot{y}_{n-2} + \ldots + b_q \dot{y}_{n-q}) \cdot h \tag{6.5}$$

wobei die Koeffizienten a_0 bis a_p und b_0 bis b_q feste, für das Integrationsverfahren charakteristische, Werte haben. Bei den üblichen Mehrschrittverfahren verschwinden alle a_i bis auf eines, das für die Methode charakteristisch ist, und von den b_i werden fast nie mehr als sechs benutzt. In allen Fällen werden die Koeffizienten aus der Integration eines extrapolierten Interpolationspolynoms berechnet.

1. Typ: Adams-Bashforth. Das Adams-Bashforth-Verfahren hat die Form

$$y_{n+1} = y_n + h \cdot (b_0 \dot{y}_n + b_1 \dot{y}_{n-1} + \ldots + b_q \dot{y}_{n-q}) \tag{6.6}$$

Hier wird durch die Stützpunkte $\dot{y}_n, \dot{y}_{n-1}, \ldots$ der Kurve $\dot{y} = f(x, y)$ ein Interpolationspolynom gelegt. Die Extrapolation dieses Polynoms bis t_{n+1} liefert eine Approximation für den gesuchten Funktionswert $\dot{y}_{n+1}$. Die gliedweise Integration dieses Ausdrucks ergibt ein Polynom, aus dem sich die b_i der Formel bestimmen lassen. Die Interpolation wird dabei nach den Formeln von Newton mit Rückwärtsdifferenzen ausgeführt. Koeffiziententabelle:

b_0	b_1	b_2	b_3	b_4	
1					$+ O(h^2)$ Euler-Verfahren
$\dfrac{3}{2}$	$-\dfrac{1}{2}$				$+ O(h^3)$
$\dfrac{23}{12}$	$-\dfrac{16}{12}$	$\dfrac{5}{12}$			$+ O(h^4)$
$\dfrac{55}{24}$	$-\dfrac{59}{24}$	$\dfrac{37}{24}$	$-\dfrac{9}{24}$		$+ O(h^5)$
$\dfrac{1901}{720}$	$-\dfrac{2984}{720}$	$\dfrac{2616}{720}$	$-\dfrac{1274}{720}$	$\dfrac{251}{720}$	$+ O(h^6)$

2. Typ: Nyström. Das Nyström-Verfahren hat die Form

$$y_{n+1} = y_{n-1} + h (b_0 \dot{y}_n + b_1 \dot{y}_{n-1} + \ldots + b_q \dot{y}_{n-q}) \tag{6.7}$$

Es arbeitet genauso wie das Adams-Bashforth-Verfahren, nur mit dem Unterschie, daß nicht nur der extrapolierte Teil des Interpolationspolynoms von Stützstelle n bis Stütz-

stelle n + 1 integriert wird, sondern der größere Bereich von Stützstelle n − 1 bis Stützstelle n + 1. Auf die Angabe der Koeffizienten wird verzichtet, weil das Nyströmverfahren
wegen seiner Instabilität selten angewendet wird. Einfachster Vertreter des Nyström-Ver-
fahrens ist die sogenannte „Mittelpunktsregel":

$$y_{n+1} = y_{n-1} + 2h\dot{y}_n \tag{6.8}$$

3. Typ: Milne. Das Verfahren von Milne ist zwar eine Prediktor-Korrektor-Methode und
gehört darum eigentlich zu den Verfahren mit automatischer Schrittweitensteuerung, aber
der Milne-Prediktor ist von der hierher gehörenden Form

$$y_{n+1} = y_{n-3} + \frac{4}{3}h \cdot (2\dot{y}_n - \dot{y}_{n-1} + 2\dot{y}_{n-2}) \tag{6.9}$$

Hier wird über das extrapolierte Interpolationspolynom von der Stützstelle n − 3 bis zur
Stützstelle n + 1 integriert.

MINERR-Verfahren. Eine völlig andere Methode der Koeffizientenbestimmung für die
Gleichung (6.5) ergibt sich, wenn man den durch (6.5) gegebenen Zusammenhang als
Definition eines digitalen Filters im Sinne der Systemtheorie ansieht. Das Filter ist ein
Integrierer und wird vollständig beschrieben durch seine Z-Übertragungsfunktion

$$G(z) = \frac{Y(z)}{\dot{Y}(z)} = \frac{b_0 + b_1 z^{-1} + b_2 z^{-2} + \ldots + b_q z^{-q}}{z - a_0 - a_1 z^{-1} - \ldots - a_p z^{-p}} \cdot h$$

Giloi und Grebe [11] haben Verfahren entwickelt, mit denen man aus der Z-Übertragungsfunktion die Koeffizienten a_i und b_i so bestimmen kann, daß die Integration entweder
möglichst genau (hohe Fehlerordnung, kleiner Betrags- oder kleiner Phasenfehler) oder
möglichst stabil wird oder eine vom Benutzer in gewisse Grenzen vorgebbare Kombination
dieser beiden Eigenschaften aufweist. Für die Koeffizienten kann man hier also keine festen
Zahlen angeben, die das Integrationsverfahren charakterisieren, sondern die Koeffizienten
werden je nach den Ansprüchen an die Integrationsformel berechnet, so daß sich hinsichtlich der vorgegebenen Parameter eine „optimale" Integrationsformel ergibt. Giloi und Grebe
nennen ihr Verfahren und die daraus entstehenden Integrationsformeln MINERR (= minimal
error).

6.1.1.2. Verfahren mit variabler Schrittweite

Die richtige Wahl der Schrittweite ist bei allen numerischen Integrationsverfahren ein
heikler Punkt. Die Schrittweite soll hinreichend klein sein, damit die approximierte Lösung nicht weiter als zulässig von der wahren Lösung abweicht und sie soll möglichst groß
sein, damit die Rechenzeit nicht zu groß wird und die bei jedem Schritt hinzukommenden
Rundungsfehler sich nicht zu stark auswirken. Beide Forderungen widersprechen sich. Es
ist daher wünschenswert, Verfahren zu kennen, in denen die Schrittweite automatisch so
eingestellt wird, daß bei der Lösung eine vorgegebene Fehlerschranke nicht überschritten
wird.

Die automatische Einstellung der Schrittweite wird dadurch ermöglicht, daß man Integrationsverfahren benutzt, die bei jedem Schritt eine mehr oder weniger genaue Berechnung
des lokalen Abbrechfehlers gestatten. Ist dieser Fehler größer als eine vorgegebene Schranke,

dann wird die Schrittweite verkleinert, ist er kleiner als eine andere vorgegebene Schranke, wird sie vergrößert. In den folgenden Abschnitten wird zuerst ein allgemeines Verfahren für die näherungsweise Berechnung des lokalen Abbrechfehlers angegeben, dann werden spezielle Einschritt-, Mehrschritt- und Extrapolationsverfahren dargestellt, die sich besonders gut für eine Fehlerabschätzung eignen und abschließend wird kurz auf die besonderen Probleme eingegangen, die bei der Durchführung der automatischen Schrittweitensteuerung auftreten.

6.1.1.2.1. Allgemeines Verfahren

Gegeben sei eine Integrationsformel mit einer Genauigkeit der Ordnung p. Der wahre Wert an der Stelle n + 1 sei y^w_{n+1}, der nach der Integrationsformel berechnete Wert an der Stelle n + 1 sei $y^{(1)}_{n+1}$ genannt. Dann ist

$$y^w_{n+1} = y^{(1)}_{n+1} + A \cdot h^{p+1} \tag{6.10}$$

wobei A ein Faktor ist, der die (p + 1). Ableitung von y, irgendwo im Bereich t bis t + h genommen, enthält. Wird die Berechnung zweimal mit halber Schrittweite vorgenommen, so ergibt sich ein Wert, der $y^{(2)}_{n+1}$ genannt werden soll. Unter der Voraussetzung, daß auch bei den beiden Integrationen mit halber Schrittweite der Faktor A denselben Wert wie in (6.10) hat, ergibt sich angenähert

$$y^w_{n+1} \approx y^{(2)}_{n+1} + 2 \cdot A \cdot \left(\frac{h}{2}\right)^{p+1} \tag{6.11}$$

Durch Differenzbildung von (6.10) und (6.11) ergibt sich

$$y^{(2)}_{n+1} - y^{(1)}_{n+1} \approx \left(1 - \frac{1}{2^p}\right) \cdot A \cdot h^{p+1}$$

und der bei der ursprünglichen Berechnung von $y^{(1)}_{n+1}$ gemachte Fehler ist

$$A \cdot h^{p+1} \approx \frac{2^p}{2^p - 1} \cdot \left(y^{(2)}_{n+1} - y^{(1)}_{n+1}\right) \tag{6.12}$$

Man muß also nach diesem Verfahren zuerst einen Integrationsschritt der Länge h und anschließend zwei Integrationsschritte der Länge $\frac{h}{2}$ ausführen. Aus beiden Ergebnissen errechnet man nach (6.12) den bei der Rechnung mit h gemachten Fehler. Ist der Fehler in mindestens einem Integrierer zu groß, so wird die Schrittweite halbiert.
Von MARTIN [23] wird ein allgemeines Verfahren angegeben, bei dem die Schrittweite nach Berechnung des Fehlers nicht halbiert oder verdoppelt, sondern so eingestellt wird, daß sich gerade der zulässige Fehler ergibt. Der Gewinn an Rechenzeit lohnt aber wahrscheinlich die längere Rechnung nicht.

6.1.1.2.2. Einschrittverfahren

Die Einschrittverfahren, insbesondere das Runge-Kutta-Verfahren, sind für die automatische Schrittweitensteuerung meist ungeeignet. Nach ZURMÜHL kann allerdings die Größe

$$D = \frac{k_2 - k_3}{k_1 - k_2}$$

mit den Größen k_1 bis k_4 aus Gl. (6.4) als grobes Fehlerkriterium benutzt werden. Er
empfiehlt

$$0.025 \leqslant D \leqslant 0.075 \quad \text{Schrittweite beibehalten}$$
$$D > 0.075 \quad \text{Schrittweite halbieren}$$
$$D < 0.025 \quad \text{Schrittweite verdoppeln}$$

In Simulationssystemen ist dieses Kriterium wohl bisher nicht benutzt worden, weil es
keine Rückschlüsse auf den tatsächlichen Fehler gestattet.

Runge-Kutta-Merson. Von Merson (zitiert von BURGIN) ist ein fünfteiliges Integrationsverfahren angegeben worden, das dem von Runge-Kutta nahe verwandt ist und eine explizite Berechnung des Integrationsfehlers gestattet. Das Verfahren lautet:

$$k_1 = \frac{h}{3} f\left[x(t_n), y(t_n)\right]$$

$$k_2 = \frac{h}{3} f\left[x\left(t_n + \frac{h}{3}\right), y(t_n) + k_1\right]$$

$$k_3 = \frac{h}{3} f\left[x\left(t_n + \frac{h}{3}\right), y(t_n) + \frac{k_1}{2} + \frac{k_2}{2}\right]$$

$$k_4 = \frac{h}{3} f\left[x\left(t_n + \frac{h}{2}\right), y(t_n) + \frac{3}{8}k_1 + \frac{9}{8}k_3\right] \tag{6.13}$$

$$k_5 = \frac{h}{3} f\left[x(t_n + h), y(t_n) + \frac{3}{2}k_1 - \frac{9}{2}k_3 + 6k_4\right]$$

$$y_{n+1} = y_n + \frac{1}{2}[k_1 + 4k_4 + k_5]$$

$$\epsilon = \frac{1}{5}\left(k_1 - \frac{9}{2}k_3 + 4k_4 - \frac{1}{2}k_5\right)$$

ϵ ist dabei der ungefähre absolute Integrationsfehler in dem ausgeführten Schritt. Dieses
Verfahren wäre von außerordentlicher Bedeutung für die Simulation, wenn es auf beliebige Differentialgleichungssysteme anwendbar wäre, denn wenn auch fünf Funktionsauswertungen pro Schritt sicherlich zeitraubend sind, macht die explizite Angabe des
Fehlers diesen Nachteil mehr als wett. Leider gilt aber die Fehlerabschätzung nur für
lineare Differentialgleichungssysteme, für nichtlineare kann der wirkliche lokale Abbrechfehler mehr oder weniger stark von dem berechneten ϵ abweichen, und zwar kann er in
unvorhersagbarer Weise größer oder kleiner sein, wie JENTSCH [19] an einem Beispiel
zeigt. Wohl aus diesem Grunde hat das Runge-Kutta-Merson-Verfahren bisher wenig Eingang in Simulationssysteme gefunden.

Runge-Kutta-Fehlberg. 1960 hat FEHLBERG [8] neue Verfahren des Runge-Kutta-Typs
von beliebig hoher Fehlerordnung angegeben, die auch die Berechnung des lokalen Abbrechfehlers gestatten. Diese Verfahren setzen jedoch eine Aufbereitung des Differentialgleichungs-
systems voraus, bei dem die Gleichungen m-fach differenziert und außerdem noch trans-

formiert werden. Die m-fache Differentiation ergibt eine Lösungsgenauigkeit der Ordnung 4 + m bei drei Funktionsauswertungen pro Schritt oder 5 + m bei fünf Funktionsauswertungen pro Schritt. Wegen der vorherigen Aufbereitung des Gleichungssystems, die nicht vom Digitalrechner automatisch vorgenommen werden kann, sind diese Verfahren für Simulationssysteme ungeeignet und werden hier nicht weiter betrachtet. Für den Fall m = 0 lassen sich zwar für die Simulation geeignete Formeln gewinnen, diese sind aber durch die neueren von Fehlberg angegebenen und anschließend betrachteten Formeln überholt. 1969 hat Fehlberg in mehreren Aufsätzen [9, 10] neue Integrationsverfahren vom Runge-Kutta-Typ veröffentlicht, bei denen das Differentialgleichungssystem nicht vor der Rechnung umgeformt werden muß, und die Fehlberg deshalb ‚klassische Runge-Kutta-Formeln‘ nennt. Jeder Formelsatz dieser Runge-Kutta-Fehlberg-Verfahren enthält eigentlich zwei Integrationsformeln: eine mit der Genauigkeitsordnung n und eine andere mit der Genauigkeitsordnung n + 1. Bildet man aus den Ergebnissen beider Formeln die Differenz, dann hat man näherungsweise den Abbrechfehler der Formel n. Ordnung. Die Besonderheit der Verfahren liegt darin, daß die Funktionsauswertungen für die Formel n. Ordnung für die Formel (n + 1). Ordnung mitbenutzt werden, so daß für die Formel (n + 1). Ordnung nur eine zusätzliche Funktionsauswertung erforderlich ist. Da diese Formeln für die Simulation von großem Interesse sind, soll ihr charakteristischer Aufbau an dem Formelsatz vierter Genauigkeitsordnung, der etwa dem gewöhnlichen Runge-Kutta-Verfahren entspricht, gezeigt werden.

Der Formelsatz, abgekürzt RKF 4(5) lautet:

$$f_0 = f[x_n, y_n]$$

$$f_1 = f\left[x\left(t_n + \frac{2}{9}h\right), y_n + h \cdot \frac{2}{9}f_0\right]$$

$$f_2 = f\left[x\left(t_n + \frac{1}{3}h\right), y_n + h \cdot \left(\frac{1}{12}f_0 + \frac{1}{4}f_1\right)\right]$$

$$f_3 = f\left[x\left(t_n + \frac{3}{4}h\right), y_n + h \cdot \left(\frac{69}{128}f_0 - \frac{243}{128}f_1 + \frac{135}{64}f_2\right)\right]$$

$$f_4 = f\left[x\left(t_n + h\right), y_n + h \cdot \left(-\frac{17}{12}f_0 + \frac{27}{4}f_1 - \frac{27}{5}f_2 + \frac{16}{15}f_3\right)\right]$$

$$f_5 = f\left[x\left(t_n + \frac{5}{6}h\right), y_n + h \cdot \left(\frac{65}{432}f_0 - \frac{5}{16}f_1 + \frac{13}{16}f_2 + \frac{4}{27}f_3 + \frac{5}{144}f_4\right)\right]$$

$$y_{n+1} = y_n + h \cdot \left(\frac{1}{9}f_0 + \frac{9}{20}f_2 + \frac{16}{45}f_3 + \frac{1}{12}f_4\right)$$

$$\hat{y}_{n+1} = y_n + h \cdot \left(\frac{47}{450}f_0 + \frac{12}{25}f_2 + \frac{32}{225}f_3 + \frac{1}{30}f_4 + \frac{6}{25}f_5\right)$$

$$\epsilon = \left(\frac{1}{150}f_0 - \frac{3}{100}f_2 + \frac{16}{75}f_3 + \frac{1}{20}f_4 - \frac{6}{25}f_5\right) \cdot h$$

y_{n+1} ist der Funktionswert an der Stelle n + 1 mit der Genauigkeitsordnung 4, $\hat{y}_{n+1}$ ist der Funktionswert an der Stelle n + 1 mit der Genauigkeitsordnung 5. Der Abbrechfehler ϵ ist die Differenz beider:

$$\epsilon = y_{n+1} - \hat{y}_{n+1}$$

Runge-Kutta-Fehlberg-Formeln

Allgemeine Form: $f_0 = f[x_0, y_0]$

$$f_\kappa = f\left[x_0 + \alpha_\kappa h, y_0 + h \cdot \sum_{\lambda=0}^{\kappa-1} \beta_{\kappa\lambda} f_\lambda\right] \quad \text{für } \kappa = 1 \text{ bis } n+1$$

$$y_1 = y_0 + h \cdot \sum_{\kappa=0}^{n-1} c_\kappa f_\kappa + O(h^{n+1})$$

$$\hat{y}_1 = y_0 + h \cdot \sum_{\kappa=0}^{n} \hat{c}_\kappa f_\kappa + O(h^{n+2})$$

$$\epsilon = y_1 - \hat{y}_1 \qquad \text{Truncation error}$$

	n	κ	α_κ	$\beta_{\kappa 0}$	$\beta_{\kappa 1}$	$\beta_{\kappa 2}$	$\beta_{\kappa 3}$	$\beta_{\kappa 4}$	c_κ	$\hat{c}_\kappa$
RKF 1 (2)	1	0	0						$\frac{1}{256}$	$\frac{1}{512}$
		1	$\frac{1}{2}$	$\frac{1}{2}$					$\frac{255}{256}$	$\frac{255}{256}$
		2	1	$\frac{1}{256}$	$\frac{255}{256}$					$\frac{1}{512}$
RKF 1 (2)*	1	0	0						$\frac{1}{4}$	$\frac{1}{8}$
		1	$\frac{1}{2}$	$\frac{1}{2}$					$\frac{3}{4}$	$\frac{6}{8}$
		2	1	$\frac{1}{4}$	$\frac{3}{4}$					$\frac{1}{8}$
RKF 2 (3)	2	0	0	0			$\frac{650}{891}$		$\frac{214}{891}$	$\frac{533}{2106}$
		1	$\frac{1}{4}$	$\frac{1}{4}$					$\frac{1}{33}$	0
		2	$\frac{27}{40}$	$-\frac{189}{800}$	$\frac{729}{800}$				$\frac{650}{891}$	$\frac{800}{1053}$
		3	1	$\frac{214}{891}$	$\frac{1}{33}$	$\frac{650}{891}$				$-\frac{1}{78}$

	n	κ	α_κ	$\beta_{\kappa 0}$	$\beta_{\kappa 1}$	$\beta_{\kappa 2}$	$\beta_{\kappa 3}$	$\beta_{\kappa 4}$	c_κ	$\hat{c}_\kappa$
RKF 2 (3)*	2	0	0						$\frac{5}{18}$	$\frac{5}{18}$
		1	$\frac{1}{2}$	$\frac{1}{2}$					$\frac{3}{18}$	0
		2	$\frac{3}{4}$	$\frac{3}{16}$	$\frac{9}{16}$				$\frac{10}{18}$	$\frac{16}{18}$
		3	1	$\frac{5}{18}$	$\frac{1}{6}$	$\frac{5}{9}$				$-\frac{3}{18}$
RKF 3 (4)	3	0	0	0					$\frac{1}{6}$	$\frac{43}{288}$
		1	$\frac{1}{4}$	$\frac{1}{4}$					0	0
		2	$\frac{4}{9}$	$\frac{4}{81}$	$\frac{32}{81}$				$\frac{27}{52}$	$\frac{243}{416}$
		3	$\frac{6}{7}$	$\frac{57}{98}$	$-\frac{432}{343}$	$\frac{1053}{686}$			$\frac{49}{156}$	$\frac{343}{1872}$
		4	1	$\frac{1}{6}$	0	$\frac{27}{52}$	$\frac{49}{156}$			$\frac{1}{12}$
RKF 4 (5)	4	0	0	0					$\frac{1}{9}$	$\frac{47}{450}$
		1	$\frac{2}{9}$	$\frac{2}{9}$					0	0
		2	$\frac{1}{3}$	$\frac{1}{12}$	$\frac{1}{4}$				$\frac{9}{20}$	$\frac{12}{25}$
		3	$\frac{3}{4}$	$\frac{69}{128}$	$-\frac{243}{128}$	$\frac{135}{64}$			$\frac{16}{45}$	$\frac{32}{225}$
		4	1	$-\frac{17}{12}$	$\frac{27}{4}$	$-\frac{27}{5}$	$\frac{16}{15}$		$\frac{1}{12}$	$\frac{1}{30}$
		5	$\frac{5}{6}$	$\frac{65}{432}$	$-\frac{5}{16}$	$\frac{13}{16}$	$\frac{4}{27}$	$\frac{5}{144}$		$\frac{6}{25}$

Bild 6.1-2. Runge-Kutta-Fehlberg-Formeln

Die Koeffizienten der entsprechenden Formelsätze erster, zweiter, dritter und vierter Genauigkeitsordnung sind in Bild 6.1-2 zusammengestellt. Die Formeln fünfter und siebenter Genauigkeitsordnung stehen in [9].

6 Rechenberg

6.1.1.2.3. Mehrschrittverfahren

Mehrschrittverfahren können als sogenannte ‚Prediktor-Korrektor-Verfahren' zur Berechnung des lokalen Abbrechfehlers verwendet werden. Die bisher behandelten Mehrschrittverfahren (z.B. Adams-Bashforth) benutzen zur Berechnung des Funktionswertes an der Stelle n + 1 nur Funktionswerte und Ableitungen von der Stelle n und zurückliegenden Stellen, da nur diese zum Zeitpunkt n bekannt sind. Da sie den Funktionswert y_{n+1} durch Extrapolation berechnen, heißen sie auch ‚offene' Formeln. Ihnen gegenüber stehen die sogenannten ‚geschlossenen' Formeln, die zur Berechnung von y_{n+1} bereits die Ableitung $\dot{y}_{n+1}$ an der Stelle n + 1 benutzen. Eine solche geschlossene Integrationsformel ist zum Beispiel die Trapezregel:

$$y_{n+1} = y_n + \frac{1}{2} h \cdot (\dot{y}_n + \dot{y}_{n+1})$$

Da die geschlossenen Integrationsformeln den neuen Funktionswert durch Interpolation berechnen, sind sie etwas genauer als die entsprechenden offenen Formeln gleicher Genauigkeitsordnung. Da zum Zeitpunkt n die Größe $\dot{y}_{n+1}$ aber noch nicht bekannt ist, lassen sich geschlossene Integrationsformeln für sich allein nicht zur Simulation benutzen (eine iterative Anwendung der Formeln scheidet aus Zeigründen aus). Man verwendet vielmehr zuerst eine offene Formel als ‚Prediktor' um einen Näherungswert y_{n+1}^p für y_{n+1} zu bekommen, macht eine Funktionsauswertung an der Stelle n + 1 (‚evaluation') und verwendet anschließend eine geschlossene Formel als ‚Korrektor' zur endgültigen Berechnung von y_{n+1}. Die Differenz zwischen korrigiertem Funktionswert y_{n+1} und vorhergesagtem Funktionswert y_{n+1}^p ist dann in erster Näherung der Integrationsfehler.

Beispiel:

Predict: $\quad y_{n+1}^p = y_n + \frac{1}{2} h \cdot (3\dot{y}_n - \dot{y}_{n-1})$ Adams-Bashforth 2. Ordnung

Evaluate: $\quad \dot{y}_{n+1}^p = f[x_{n+1}, y_{n+1}^p]$ (6.15)

Correct: $\quad y_{n+1} = y_n + \frac{1}{2} h \cdot (\dot{y}_{n+1}^p + \dot{y}_n)$ Trapezregel

Wegen der Reihenfolge der Vorgänge (*P*redict-*E*valuate-*C*orrect) wird dieser Typ von Prediktor-Korrektor-Verfahren auch ‚PEC' genannt.

Eine ganz erhebliche Genauigkeitsteigerung ergibt sich, wenn man auch hier, wie schon bei den allgemeinen Verfahren ausgeführt, die theoretischen Werte der lokalen Abbrechfehler bei der Korrektur berücksichtigt. Die Formeln (6.15) lauten mit Angabe des Fehlergliedes (y_{n+1}^w ist der wahre Wert an der Stelle n + 1)

$$y_{n+1}^w = \underbrace{y_n + \frac{1}{2} h \cdot (3\dot{y}_n - \dot{y}_{n-1})}_{y_{n+1}^p} + \frac{5}{12} h^3 y^{(3)}(\xi_1) \quad \text{mit } \xi_1 \in [x_{n-1}, x_{n+1}]$$

$$y_{n+1}^w = \underbrace{y_n + \frac{1}{2} h \cdot (\dot{y}_{n+1} + \dot{y}_n)}_{y_{n+1}^c} - \frac{1}{12} h^3 y^{(3)}(\xi_2) \quad \text{mit } \xi_2 \in [x_n, x_{n+1}]$$

Nimmt man an, daß die dritte Ableitung von y zwischen den Stellen $n-1$ und $n+1$ sich nur wenig ändert, kann man $\xi_1 \approx \xi_2 = \xi$ setzen und erhält für die Differenz von Korrektor y_{n+1}^c und Prediktor y_{n+1}^p

$$y_{n+1}^c - y_{n+1}^p = \frac{1}{2} h^3 y^{(3)}(\xi)$$

Damit hat man eine verbesserte Abschätzung des Abbrechfehlers sowohl der Prediktor- als auch der Korrektorformel. Der Wert y_{n+1} ergibt sich durch Verbesserung des Prediktors oder des Korrektors zu

$$y_{n+1} = y_{n+1}^p + \frac{5}{6}(y_{n+1}^c - y_{n+1}^p) \quad \text{oder} \quad y_{n+1} = y_{n+1}^c - \frac{1}{6}(y_{n+1}^c - y_{n+1}^p)$$

$$(6.16)$$

Der Ablauf eines Integrationsschrittes besteht hier aus vier Teilschritten:

Predict: $\quad y_{n+1}^p = y_n + \frac{1}{2} h \cdot (3\dot{y}_n - \dot{y}_{n-1})$

Evaluate: $\quad \dot{y}_{n+1}^p = f[x_{n+1}, y_{n+1}^p]$

Correct: $\quad y_{n+1}^c = y_n + \frac{1}{2} h \cdot (\dot{y}_{n+1}^p + \dot{y}_n)$

Modify: $\quad y_{n+1} = y_{n+1}^c - \frac{1}{6}(y_{n+1}^c - y_{n+1}^p)$

Dieser Typ einer Prediktor-Korrektor-Anwendung wird auch ‚PECM-Typ' genannt. Die Genauigkeitsordnung des Ergebnisses ist um eins größer als die der beteiligten Prediktor- und Korrektor-Formeln.

Man kann die Verbesserung noch weiter treiben, indem man schon den Prediktor gleich nach seiner Berechnung entsprechend (6.16) modifiziert. Hierzu kann jedoch nicht die Differenz $(y_{n+1}^c - y_{n+1}^p)$ benutzt werden, da diese ja erst berechnet werden soll, sondern man muß die Korrektor-Prediktor-Differenz des vorangehenden Schrittes benutzen, in der Annahme, daß beide sich kaum unterscheiden. Der Ablauf eines Integrationsschrittes besteht hier aus fünf Teilschritten:

Predict: $\quad y_{n+1}^p = y_n + \frac{1}{2} h \cdot (3\dot{y}_n - \dot{y}_{n-1})$

Modify: $\quad y_{n+1}^m = y_{n+1}^p + \frac{5}{6} \cdot (y_n^c - y_n^p)$

Evaluate: $\quad \dot{y}_{n+1}^m = f[x_{n+1}, y_{n+1}^m]$

Correct: $\quad y_{n+1}^c = y_n + \frac{1}{2} h \cdot (\dot{y}_{n+1}^m + \dot{y}_n)$

Modify: $\quad y_{n+1} = y_{n+1}^c - \frac{1}{6} \cdot (y_{n+1}^c - y_{n+1}^p)$

Dieser Typ wird auch ‚PMECM-Typ' genannt.

Für die Einbeziehung des Abbrechfehlers in die Rechnung, wie sie in den letzten Abschnitten angegeben wurde, müssen Prediktor- und Korrektorformel von gleicher Ordnung sein. Wird keine Modifikation des Korrektors oder des Prediktors vorgenommen, kann man auch Formeln verschiedener Ordnung miteinander kombinieren. In Bild 6.1−3 sind die Koeffizienten einer Anzahl zueinander passender Prediktoren und Korrektoren zusammengestellt. Die Prediktoren sind Adams-Bashforth-Formeln, die Kombinationen Prediktor mit Korrektor werden ‚Adams-Moulton-Formeln' genannt.

Adams-Bashforth- und Adams-Moulton-Formeln

Allgemeine Form:

Prediktor:
$$y_{n+1} = y_n + \frac{h}{c} \cdot \sum_{i=0}^{k} a_i \, y_{n-i} + O(h^{k+2})$$

Korrektor:
$$y_{n+1} = y_n + \frac{h}{c} \cdot \sum_{i=0}^{k} b_i \, \dot{y}_{n+1-i} + O(h^{k+2})$$

	k	c	Prediktor				Korrektor			
			a_0	a_1	a_2	a_3	b_0	b_1	b_2	b_3
Euler	0	1	1							
	1	2	3	−1			1	1		
	2	12	23	−16	5		5	8	−1	
	3	24	55	−59	37	−9	9	19	−5	1

Bild 6.1-3. Adams-Bashforth- und Adams-Moulton-Formeln

6.1.1.2.4. Extrapolationsverfahren

In den letzten Jahren sind, besonders von Bauer, Gragg, Bulirsch und Stoer [3, 13] einige Integrationsverfahren entwickelt worden, die auf der Idee der Romberg-Integration beruhen. Der Grundgedanke dieser Verfahren ist der, daß man, ausgehend von einer fest vorgegebenen Anfangsschrittweite h_0, den gesuchten Funktionswert $y(t_n + h_0)$ zuerst mit einem einschrittigen oder mehrschrittigen Verfahren der vollen Schrittweite h_0 bestimmt, diesen Wert Y_0^0 nennt, dann die Schrittweite halbiert, mit demselben Verfahren zwei Schritte der halben Schrittweite berechnet und einen verbesserten Wert Y_0^1 erhält, dann die Schrittweite wieder halbiert usw., wobei sich eine Folge von immer besseren Näherungswerten für $y(t_n + h_0)$ ergibt. Legt man durch je zwei aufeinander folgende Näherungslösungen Y_0^k und Y_0^{k+1} ein Interpolationspolynom und extrapoliert zur Grenze $h = 0$, so erhält man einen verbesserten Näherungswert Y_1^k. Dieses Verfahren kann mit den Y_1^i-Werten anstelle der Y_0^i-Werte wiederholt werden, wodurch man zu folgendem Schema kommt:

$$h = h_0 \text{ ergibt } Y_0^0$$

$$h = \frac{h_0}{2} \text{ ergibt } Y_0^1 \quad Y_1^0$$

$$h = \frac{h_0}{4} \quad \text{ergibt} \quad Y_0^2 \quad Y_1^1 \quad Y_2^0$$

$$h = \frac{h_0}{8} \quad \text{ergibt} \quad Y_0^3 \quad Y_1^2 \quad Y_2^1 \quad Y_3^0$$

Jeder Wert dieses Schemas ist eine Approximation von y_{n+1}. Jede Spalte konvergiert von oben nach unten und jede Zeile von links nach rechts. Als Maß für die erreichte Genauigkeit wird die Differenz zweier übereinanderstehender Werte genommen und das Verfahren abgebrochen, sobald eine vorgegebene Genauigkeitsschranke erreicht ist.

Von Gragg wird als Integrationsformel zur Berechnung der Y_0^k das Eulerverfahren angegeben und zur Extrapolation die Polynomformel von Neville:

$$Y_m^k = \frac{2^m \cdot Y_{m-1}^{k+1} - Y_{m-1}^k}{2^m - 1}$$

Wegen der Einfachheit der Euler-Formel ergeben sich relativ wenig Funktionsauswertungen pro Gesamtschritt h_0:

Zur Berechnung von Y_0^0 1 Berechnung von $f(x, y)$

Zur Berechnung von Y_0^1 2 Berechnungen von $f(x, y)$

Zur Berechnung von Y_0^k 2^k Berechnungen von $f(x, y)$

Zur Berechnung der ersten Differenz in Spalte m, $Y_m^1 - Y_m^0$, sind insgesamt $2^{m+2} - 2$ Berechnungen von $f(x, y)$ erforderlich.

Bulirsch und Stoer benutzen zur Integration die Mittelpunktsregel

$$y_{n+1} = y_{n-1} + 2h \cdot f(x_n, y_n)$$

also eine zweischrittige Formel. Zum Start wird die Eulerformel benutzt. Da die Mittelpunktsregel schlechte Stabilitätseigenschaften hat, modifizieren sie die Berechnung der Y_0^k in besonderer Weise (Einzelheiten siehe [3, 32]) was zur Folge hat, daß die ursprüngliche Instabilität nicht mehr auftritt.

Zur Interpolation benutzen Bulirsch und Stoer kein Polynom, sondern eine rationale Funktion. Der Rechenaufwand ist geringfügig größer als bei der Neville-Formel, aber die Konvergenz ist besser.

Bei Gragg [13] sind die beiden hier kurz beschriebenen Verfahren mit ihren Fehler- und Stabilitätseigenschaften behandelt.

6.1.1.2.5. Die Durchführung der automatischen Schrittweitensteuerung

Es wird häufig die Meinung vertreten, daß die automatische Schrittweitensteuerung eine bequeme Methode zur effektiven Integration sei und daß die mehrschrittigen Prediktor-Korrektor-Verfahren dafür besonders geeignet seien. In Wirklichkeit ist die automatische Schrittweitensteuerung weder von vornherein effektiv, da sie zusätzlich zur Integration

viel Organisation ins Programm hineinbringt, noch ist sie bequem anwendbar, weil sie
die Vorgabe von Fehlerschranken erfordert, die sich aus dem eigentlich interessanten vorgegebenen Gesamtfehler, den die Integration aufweisen soll, nur sehr unvollkommen ableiten
lassen. Eine nähere Betrachtung zeigt auch, daß die mehrschrittigen Formeln für die häu-
fige Verstellung der Schrittweite denkbar ungeeignet sind, weil sie äquidistante zurückliegende Stützpunkte voraussetzen. Im einzelnen sind hierzu folgende Punkte erwähnens-
wert:

1. Vom Benutzer muß eine Anfangsschrittweite, eine obere Schranke und eine untere
   Schranke für den lokalen Abbrechfehler vorgegeben werden, bei deren Überschreitung
   die Schrittweite halbiert oder verdoppelt werden soll. Alle drei Größen müssen versuchs-
   weise vorgegeben werden, es gibt kaum Anhaltspunkte hierfür. Der Abstand der oberen
   von der unteren Schranke muß hinreichend groß sein, damit nach einem Überschreiten
   der oberen Schranke und anschließender Schrittweitenhalbierung nicht die untere
   Schranke unterschritten wird, wodurch sich eine oszillatorische Verdopplung und Halbierung ergäbe. Dieser Mindestabstand hängt von der Ordnung des verwendeten Integrationsverfahrens ab. Tritt dennoch eine Oszillation auf muß sie durch die Programmsteue-
   rung erkannt und verhindert werden. Hierdurch steigen organisatorische Komplexität
   und Zeitbedarf pro Integrationsschritt an.

2. Die Integrationsverfahren liefern den absoluten Fehler, gesteuert werden soll aber
   meist der relative Fehler. An Stellen, wo der Funktionswert gegen Null geht, wird der
   relative Fehler sehr groß, auch wenn der absolute Fehler gegen Null geht. Bei einer gewissen Kleinheit des Funktionswertes muß darum vom Kriterium ‚relativer Fehler‘ auf
   das Kriterium ‚absoluter Fehler‘ umgeschaltet werden. Wohin soll man diese Schwelle
   legen? In manchen Problemen ist der Wert $y = 1$, in anderen der Wert $y = h$ eine gün-
   stige Schwelle.

3. Die Ausführung eines neuen Schrittes nach Änderung der Schrittweite bietet bei Einschrittverfahren keine Probleme, weil sie keine Informationen aus zurückliegenden
   Punkten benutzen.

4. Bei Mehrschrittverfahren jedoch bedeutet die Änderung der Schrittweite, daß die für
   den nächsten Schritt benötigten Werte früherer Stützstellen eine andere Lage als bisher
   haben. Hier gibt es mehrere Wege:

   -1 Man ignoriert die Tatsache, daß nach Schrittweitenverdopplung anstelle von $\dot{y}_{n-2}$
      nun eigentlich $\dot{y}_{n-4}$ eingeht und rechnet mit $\dot{y}_{n-2}$ weiter. Das ist einfach, führt aber
      zu zusätzlichen Fehlern.

   -2 Man beginnt bei jedem Schrittweitenwechsel eine neue Startrechnung mit einem
      Einschrittverfahren. Hier besteht die Gefahr, daß bei häufigen Umschaltungen der
      Schrittweite das Einschrittverfahren öfter als das Mehrschrittverfahren verwendet
      wird. Außerdem müssen die Startwerte des Einschrittverfahrens solange aufbewahrt
      werden, bis die erste Integration mit dem Mehrschrittverfahren ausgeführt worden
      ist, weil erst dann festgestellt werden kann, ob eine erneute Schrittweitenänderung
      erforderlich ist.

-3 Man rechnet nach der Schrittweitenänderung sofort mit der Mehrschrittformel
weiter und berücksichtigt, daß statt $\dot{y}_{n-3}$ bei Schrittweitenverdopplung $\dot{y}_{n-6}$ und
bei Schrittweitenhalbierung $\dot{y}_{n-1/2}$ zu nehmen ist. Für die Verdopplung bedeutet
das die Speicherung vieler vorhergehender Stützwerte (wieviel Plätze soll man reservieren, wenn sich die Schrittweite mehrmals hintereinander verdoppeln kann?), für
die Halbierung bedeutet es die Auffindung eines neuen Stützwertes durch Interpolation.

Auf eine weitere Schwierigkeit der Simulation mit variabler Schrittweite, die in der Nicht-
reversibilität der Funktionen mit Speicherverhalten liegt wird im Abschnitt 6.1.2.3. kurz
eingegangen.

6.1.2. Programmierungstechnische Beurteilung der Integrationsverfahren

Die Beurteilung der Integrationsverfahren nach ihrer programmierungstechnischen Brauch-
barkeit geschieht hier durch die Betrachtung zweier Kriterien: Zeitbedarf pro Integrationsschritt und organisatorische Komplexität des Integrationsprogramms.

6.1.2.1. Speicherplatzbedarf

Hiermit ist nicht der Speicherplatz gemeint, den das Integrationsprogramm selbst einnimmt.
Dieser Speicherplatz ist zwar für die verschiedenen Verfahren unterschiedlich, aber es
wird sich zeigen, daß man vernünftigerweise die komplizierteren Integrationsverfahren be-
nützt, und bei denen sind die Unterschiede im Speicherplatz für das Programm gering.

Betrachtet wird hier vielmehr die Anzahl der Hilfszellen, die jeder Integrierer besitzen muß,
in denen Zwischenergebnisse, die Ableitungen in zurückliegenden Stützstellen und anderes
aufgehoben werden. Hier kommt es auf jede einzelne Zelle an: Denn wenn ein Simulationssystem zum Beispiel 100 Integrierer zuläßt, so werden für ein Verfahren mit zwei Hilfszellen 200 zusätzliche Speicherplätze, für eines mit 6 Hilfszellen dagegen 600 zusätzliche
Speicherplätze benötigt.

Jedes Integrationsverfahren sollte daher so programmiert werden, daß es mit so wenig
Hilfszellen wie möglich auskommt. Man muß versuchen, während eines Integrationsschrittes für ein Zwischenergebnis möglichst keine neue Zelle zu reservieren, sondern eine wieder
zu benutzen, die bereits ein früher berechnetes Zwischenergebnis enthält, das später nicht
mehr gebraucht wird. Bei der konsequenten Befolgung dieses Prinzips kommt man zum
Beispiel bei dem Runge-Kutta-Verfahren mit 2 Hilfszellen aus, obwohl in den Integrationsformeln die vier Größen k_1, k_2, k_3 und k_4 vorkommen.

Die Rechenfolge für das Runge-Kutta-Verfahren wird als ein Beispiel für alle hier angegeben.
Dabei wird angenommen, daß die Zelle mit dem Namen Y' immer den bei der letzten
Funktionsauswertung erhaltenen Wert der Ableitung des betrachteten Integrierers enthält
und daß die Zelle mit dem Namen Y vor dem Integrationsschritt den Wert y_n und nach
dem Integrationsschritt den neuen Wert y_{n+1} enthält. Diese beiden Zellen stellen also den
„Eingang" und den „Ausgang" des Integrierers dar. Die Hilfszellen heißen Z_1 und Z_2. In
Z_1 wird das Integrationsergebnis y_{n+1} aufgebaut, Z_2 dient als Zwischenspeicher für den
Wert y_n.

Ablauf	Bedeutung
$Z_1 = Y + h\dfrac{Y'}{6}$	$y_{n+1} = y_n + h\dfrac{y'_n}{6} + \ldots$
$Z_2 = Y$	Umspeicherung von y_n nach Z_2
$Y = Y + \dfrac{h}{2}\cdot Y'$	$\tilde{y}_{n+1/2} = y_n + \dfrac{h}{2}\,y'_n$
$Y' = f(Y)$	$\tilde{y}'_{n+1/2} = f(\tilde{y}_{n+1/2})$
$Z_1 = Z_1 + h\dfrac{Y'}{3}$	$y_{n+1} = y_n + h\dfrac{y'_n}{6} + h\dfrac{\tilde{y}'_{n+1/2}}{3} + \ldots$
$Y = Z_2 + \dfrac{h}{2}\,Y'$	$\tilde{\tilde{y}}_{n+1/2} = y_n + \dfrac{h}{2}\,\tilde{y}'_{n+1/2}$
$Y' = f(Y)$	$\tilde{\tilde{y}}'_{n+1/2} = f(\tilde{\tilde{y}}_{n+1/2})$
$Z_1 = Z_1 + h\dfrac{Y'}{3}$	$y_{n+1} = y_n + h\dfrac{y'_n}{6} + h\dfrac{\tilde{y}'_{n+1/2}}{3} + h\dfrac{\tilde{\tilde{y}}'_{n+1/2}}{3} + \ldots$
$Y = Z_2 + h\cdot Y'$	$\tilde{y}_{n+1} = y_n + h\cdot\tilde{\tilde{y}}'_{n+1/2}$
$Y' = f(Y)$	$\tilde{y}'_{n+1} = f(\tilde{y}_{n+1})$
$Y = Z_1 + h\cdot\dfrac{Y'}{6}$	$y_{n+1} = y_n + h\dfrac{y'_n}{6} + h\dfrac{\tilde{y}'_{n+1/2}}{3} + h\dfrac{\tilde{\tilde{y}}'_{n+1/2}}{3} + h\dfrac{\tilde{y}'_{n+1}}{6}$

———— = 3 zusätzliche Funktionsauswertungen

– – – – = 1 Umspeicherung

In der Tabelle Bild 6.2 ist in Spalte 2 für alle Integrationsverfahren der Bedarf an Hilfszellen zusammengestellt. Man liest ab, daß die Verfahren mit automatischer Schrittweitensteuerung bei gleicher Ordnung mehr Hilfszellen benötigen, als die entsprechenden Verfahren mit konstanter Schrittweite. Das liegt daran, daß am Beginn eines Schrittes die
Werte von y_n und $\dot{y}_n$ gerettet werden müssen für den Fall, daß der Schritt mit verkleinerter
Schrittweite noch einmal ausgeführt werden muß, und daß der neu berechnete Wert y_{n+1}
nicht gleich nach Y gebracht werden kann, weil dort noch der Wert steht, mit dem er verglichen werden muß. Man liest weiterhin ab, daß die mehrschrittigen Verfahren mehr
Hilfszellen brauchen als die einschrittigen Verfahren gleicher Genauigkeit. Die besonders
große Anzahl von Hilfszellen für die Fehlberg-Verfahren hoher Genauigkeit RKF5 (6)
und RKF7 (8) macht diese Verfahren für die Simulation ungeeignet.

	Verfahren	Genauigkeitsordnung	Hilfszellen	Zusätzliche Funktionsauswertg.	Umspeicherungen	Startrechnung
Konstante Schrittweite	RK1 Euler	1	0	0	0	nein
	Verbessertes Euler	2	1	1	1	nein
	RK2 Heun	2	1	1	0	nein
	RK3	3	3	2	1	nein
	RK4	4	2	3	1	nein
	ABn Adams-Bashforth $n-1$ zurückliegende $\dot{y}$-Werte	n	$n-1$	0	0	ja
Variable Schrittweite	Schritthalbierung mit RK4	4	5	10 pro Iteration	3 pro Schritt	nein
	RKM (Merson)	4	5	4 pro Iteration	1 p. Iter. 3 p. Schritt	nein
	RKF $n(n+1)$ Fehlberg $n=1$ bis 4	$n(n+1)$	$n+3$	$n+1$ pro Iteration	$n+1$ p. Iter. 2p. Schritt	nein
	RKF 5(6)	5(6)	9	7 pro Iteration	7 p. Iter. 2p. Schritt	nein
	RKF 7(8)	7(8)	14	12 pro Iteration	12p. Iter. 2p. Schritt	nein
	AMn Adams-Moulton $n-1$ zurückliegende $\dot{y}$-Werte	n	$n+2$	1	1 pro Schritt	ja
	Euler-Romberg mit k Iterationen pro Schritt	—	$k+2$	Bis zu $2^{k+1}-k-2$ pro Schritt	3 pro Schritt	nein

Bild 6.2. Programmierungstechnische Eigenschaften der Integrationsverfahren

6.1.2.2. Zeitbedarf pro Integrationsschritt

Der Zeitbedarf für einen Integrationsschritt setzt sich zusammen aus der Zeit für

(1) zusätzliche Berechnungen der Funktionen des mathematischen Modells, kurz als „Funktionsauswertungen" bezeichnet. „Zusätzlich" darum, weil die erste Berechnung von $y = f(y_n)$ in jedem Simulationsschritt nach dem Ablaufdiagramm Bild 3.3 *vor* der Integration geschieht und darum nicht mitgezählt wird.

(2) Ausrechnung der Integrationsformeln.

Da bei komplizierteren mathematischen Modellen, besonders wenn sie empirische Funktionen enthalten, die Zeit für die Funktionsauswertung die eigentliche Integrationszeit weit übertrifft, ist es üblich, nur die Anzahl der zusätzlichen Funktionsauswertungen pro Schritt zu betrachten und sie als Maß für den Zeitbedarf eines Integrationsverfahrens zu benutzen. Diese Anzahlen sind in der Tabelle Bild 6.2 in Spalte 3 zusammengestellt.

Hier schneiden die Runge-Kutta-Verfahren und das Euler-Romberg-Verfahren schlecht ab. Das Verfahren von Runge-Kutta mit automatischer Schrittweitensteuerung durch

Intervallhalbierung und Kontrollrechnung liegt mit 10 Funktionsauswertungen pro
Schritt weit vor allen anderen. Es müßte darum von vornherein für die Anwendung in
Simulationssystemen ausscheiden. Um so interessanter ist es, daß gerade dieses Verfahren
in Mimic verwendet wird! Die Mehrschrittverfahren erfordern trotz beliebig hoher Ge-
nauigkeit bei den Prediktor-Korrektor-Verfahren nur eine und bei den reinen Prediktor-
Verfahren überhaupt keine zusätzliche Funktionsauswertung. Hierin liegt ihre große Stärke.

Als weitere, die Integrationszeit beeinflussende Größe ist die Anzahl von reinen Um-
speicherungen anzusehen, mit denen keine Rechenarbeit geleistet wird. Auch hier sind
die Mehrschrittverfahren gegenüber den Einschrittverfahren im Vorteil.

6.1.2.3. Organisatorische Komplexität

Die organisatorische Komplexität eines Programms läßt sich nicht in Zahlen angeben. Man
kann aber bei den Integrationsverfahren zwei Komplexitätsstufen deutlich unterscheiden:

(1)   Die Einschrittverfahren mit konstanter Schrittweite sind einfache Geradeausver-
      fahren.

(2)   Bei den anderen Verfahren kommt entweder eine *Startrechnung* hinzu (Mehrschritt-
      verfahren konstanter Schrittweite) oder eine *Iteration* (Einschrittverfahren variabler
      Schrittweite) oder beides (Mehrschrittverfahren variabler Schrittweite).

Die Notwendigkeit der Startrechnung bei Mehrschrittverfahren erfordert praktisch, daß
außerdem ein hochwertiges Einschrittverfahren im Simulationssystem enthalten ist,
meist Runge-Kutta. Die iterative Berechnung bedeutet, daß die Abtastzeitpunkte, in
denen sich das Programm befindet, nicht monoton wachsen, sondern daß, wenn die Rechnung probeweise schon bei dem Zeitpunkt $n + k$ angekommen ist, immer noch Funktionsauswertungen zu dem Zeitpunkt i mit $n \leqslant i < k$ ausgeführt werden können. Es wird dabei
von den Funktionen des mathematischen Modells eine „Reversibilität" vorausgesetzt, die
nur die nichtspeichernden Funktionen besitzen. Bei allen Funktionen mit Speicherverhalten (Totzeit, Hysterese) wirft diese Reversibilität schwere Probleme auf, die in den
meisten Simulationssystemen einfach übersehen werden.

Die Notwendigkeit einer Startrechnung ist ein ernsthafter Nachteil aller Mehrschrittverfahren, die Reversibilität des mathematischen Modells einer aller Verfahren mit variabler
Schrittweite.

6.1.3. Genauigkeit, Geschwindigkeit und Stabilität

Für die Genauigkeit eines Integrationsverfahrens ist seine Genauigkeitsordnung nur eine
mehr oder weniger grobe Abschätzung. Sie sagt insbesondere nichts über den bei einer
Simulation mit bestimmter Schrittweite wirklich zu erwartenden Fehler, sondern nur über
das Verhältnis, in dem die Fehler zueinander stehen, wenn man dasselbe Problem mit verschiedenen Schrittweiten rechnet. Ebenso ist die Anzahl der Funktionsauswertungen pro
Schritt nur eine mehr oder weniger grobe Abschätzung für die Geschwindigkeit eines Integrationsverfahrens, denn bei einem Verfahren mit mehr Funktionsauswertungen pro Schritt
aber auch höherer Genauigkeit kann man die Schrittweite entsprechend größer wählen, so
daß die größere Anzahl von Auswertungen pro Schritt dadurch unter Umständen mehr als
aufgewogen wird.

Die wirkliche Genauigkeit und Geschwindigkeit einer Lösung hängt nicht nur vom Integrationsverfahren, sondern wesentlich von dem mathematischen Modell ab, das simuliert wird. Das Gleiche gilt in noch ausgeprägterer Weise von der Stablilität: ob eine Simulation stabil ist, hängt nicht nur vom Integrationsverfahren ab sondern außerdem von

(1)   dem mathematischen Modell (Art und Anzahl der Rechenoperationen),
(2)   der Schrittweite.

Um trotz des komplizierten Zusammenwirkens vieler Einflüsse die Tauglichkeit verschiedener Integrationsverfahren vergleichen zu können, werden in der Literatur zwei Wege beschritten. Auf dem einen Weg versucht man die Integrationsverfahren unter möglichst allgemeinen Voraussetzungen mathematisch zu behandeln und Fehlerschranken abzuleiten (z.B. [15, 27]) Die Fehlerschranken hängen dabei von Eigenschaften des mathematischen Modells ab, die sich in der Praxis meist nicht ermitteln lassen, z.B. von Lipschitz-Konstanten. Das hat zur Folge, daß diese sehr allgemeinen und weitreichenden mathematischen Aussagen zwar theoretisch bedeutsam, praktisch aber meist zu umständlich zu handhaben sind. Der andere Weg ist mehr experimenteller Natur: man nimmt ein möglichst einfaches mathematisches Modell, meistens die Differentialgleichung

$$\dot{y} = a \cdot y \;(a \text{ konstant}) \quad y(0) = 1 \quad \text{Lösung:} \quad y(t) = e^{at}$$

und untersucht die Wirkung der Integrationsverfahren auf diese Gleichung [16, 28]. Man verbindet mit der Untersuchung dieses einen Modells die Hoffnung, daß die Integrationsverfahren sich bei komplizierteren mathematischen Modellen, nichtlinearen Differentialgleichungen und großen Systemen von Differentialgleichungen in ähnlicher Weise verhalten. Dieses Verfahren hat sich in der Praxis bewährt, so unbefriedigend es auch in theoretischer Hinsicht ist.

In dieser Arbeit, die sich ja nicht mit der grundsätzlichen Problematik der numerischen Integration von Differentialgleichungen befaßt, sondern mit der praktischen Anwendbarkeit der verschiedenen Integrationsverfahren in Simulationssystemen, wurde der experimentelle Weg beschritten. Folgende fünf Integrationsverfahren wurden untersucht (die Abkürzungen in den Klammern werden in den Diagrammen benutzt):

(1)   Euler (E) nach Gl. (6.1)
(2)   Adams-Bashforth 4. Ordnung (AB4):

$$y_{n+1} = y_n + \frac{h}{24}(55y_n' - 59y_{n-1}' + 37y_{n-2}' - 9y_{n-3}') + O(h^5) \qquad (6.15)$$

Startrechnung mit Runge-Kutta.

(3)   Adams-Moulton 4. Ordnung (AM4):
Prediktor ist Adams-Bashforth 4. Ordnung. Korrektor:

$$y_{n+1} = y_n + \frac{h}{24}(9y_{n+1}' + 19y_n' - 5y_{n-1}' + y_{n-2}') + O(h^5) \qquad (6.16)$$

Startrechnung mit Runge-Kutta.

(4)   Runge-Kutta (RK) nach Gleichung (6.4)
(5)   Runge-Kutta-Merson (RKM) nach Gleichung (6.13)

Zum Vergleich der Genauigkeit und Geschwindigkeit wurden die Verfahren auf zwei
Differentialgleichungen angewandt. Einmal auf die Gleichung $y' = -y$ und das zweitemal
auf dieselbe Gleichung, aber so, daß der Integrand in abwechselnden Intervallen vorhanden
und Null ist. Dieser zweite Fall ist besonders wichtig, weil er die Empfindlichkeit der
Integrationsverfahren gegen Unstetigkeiten im Integranden testet. Solche Unstetigkeiten
(als Begrenzungen, Hysterese, Relaissteuerungen) kommen in jeder größeren Simulations-
aufgabe vor, und es zeigt sich, daß die Integrationsverfahren sehr unterschiedlich darauf
reagieren.

Um Aussagen über die Stabilität der einzelnen Verfahren zu bekommen, wurden die Differenzengleichungen der fünf Integrationsverfahren für die Lösung der Differentialgleichung
$y' = a \cdot y$ betrachtet. Die Differenzengleichung ist dann stabil, wenn sämtliche Wurzeln
ihres charakteristischen Polynoms im Einheitskreis liegen. Aufgrund dieses Satzes wurden
die Stabilitätsbereiche der einzelnen Integrationsverfahren in Abhängigkeit von der Größe
$a \cdot h$ numerisch ermittelt.

6.1.3.1. Genauigkeit

Zum Vergleich der Genauigkeit der fünf Integrationsverfahren wurde der Test 1 durchgeführt.

Test 1. Die Differentialgleichung wird von $t = 0$ bis $t = 5$ integriert. Die Schrittweiten betragen, 1, 0.5, 0.2, 0.1, 0.05, 0.02, 0.01, 0.005, 0.002, 0.001. Gemessen und aufgetragen
wird der Betrag des relativen Fehlers

$$F_{rel} = \frac{y^{(5)}_{gemessen} - y^{(5)}_{wahrer\ Wert}}{y^{(5)}_{wahrer\ Wert}}$$

Fall 1: Der Integrand ist stetig:

$$\dot{y} = -y \quad y(0) = 1$$

Die Ergebnisse sind in Bild 6.3 dargestellt und zeigen folgende Einzelheiten:

(1)   Es lassen sich drei Schrittweiten-Bereiche unterscheiden, in denen die Kurven sich unterschiedlich verhalten. Der Bereich, in dem die Kurven geradlinig verlaufen ($0.01 < h < 0.5$) ist der
eigentliche Arbeitsbereich der Integrationsverfahren (außer Euler). Für $h < 0.01$ verfälschen die
Rundungsfehler der verwendeten Rechenanlage (11 Dezimalen-Mantisse) die Ergebnisse, so daß
der Fehler zu kleineren Schrittweiten hin wieder anzusteigen scheint. Für $h > 0.5$ macht sich der
Einfluß höherer Fehlerglieder bemerkbar, weil h nicht mehr klein gegen 1 ist.

(2)   Im Arbeitsbereich zeigen alle Kurven die erwartete Genauigkeitsordnung: Die Kurve des Euler-
Verfahrens hat die Steigung 1, die der anderen Verfahren die Steigung 4. Trotz der gleichen
Fehlerordnung ist aber die Genauigkeit der vier Verfahren sehr unterschiedlich! Die Gleichungen
der Geradenstücke lauten:

$\lvert F_{rel}(h) \rvert = 2.2\,h$	Euler
$\lvert F_{rel}(h) \rvert = 1.5\,h^4$	Adams-Bashforth
$\lvert F_{rel}(h) \rvert = 0.22\,h^4$	Adams-Moulton
$\lvert F_{rel}(h) \rvert = 0.045\,h^4$	Runge-Kutta
$\lvert F_{rel}(h) \rvert = 0.0067\,h^4$	Runge-Kutta-Merson

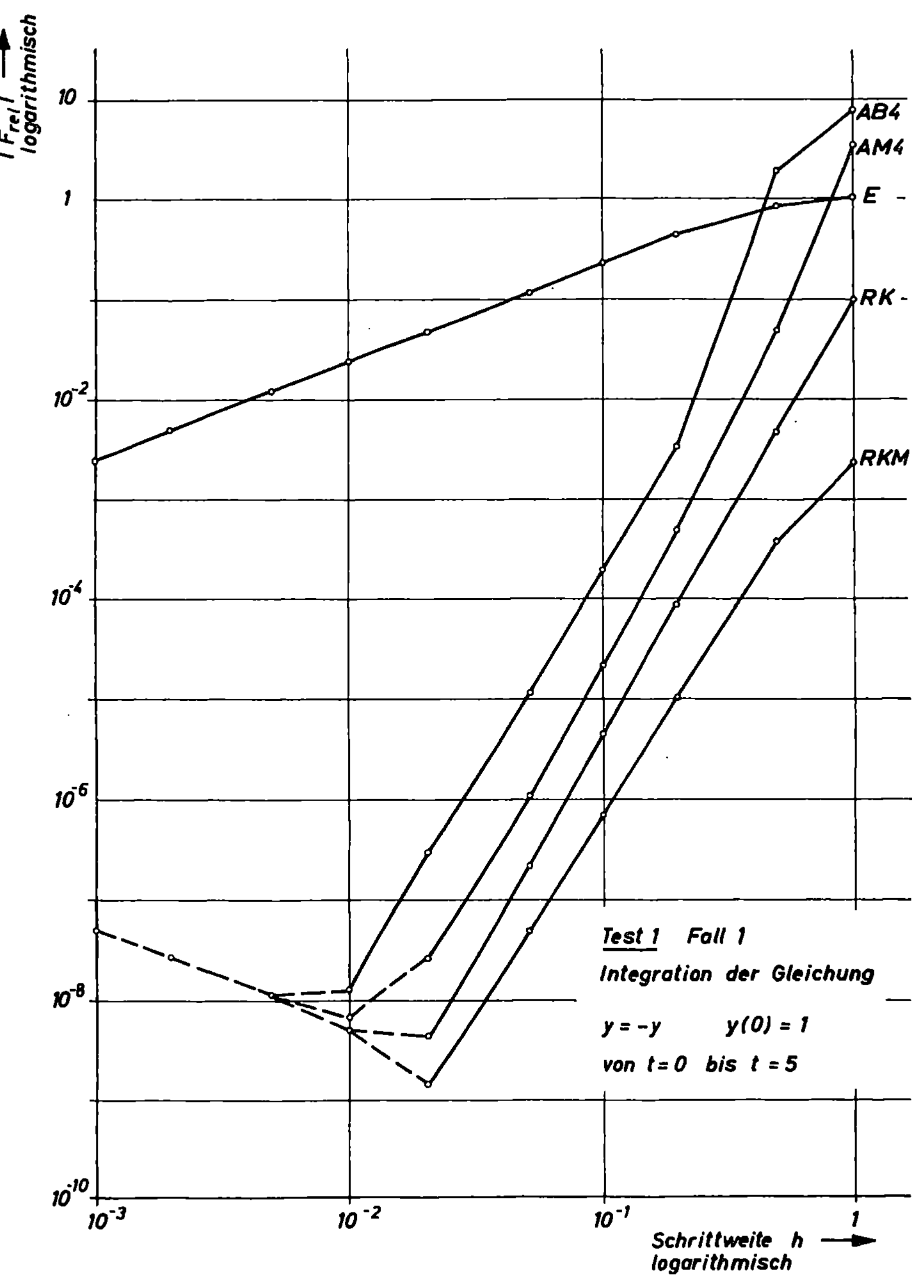

Bild 6.3. Test 1, Fall 1 Relativer Fehler in Abhängigkeit von der Schrittweite

Wählt man den Fehler des Runge-Kutta-Merson-Verfahrens als Bezugspunkt und setzt ihn gleich 1, so ergeben sie die Zahlen

    225   für Adams-Bashforth
     33   für Adams-Moulton
    6,7   für Runge-Kutta

Ergebnis: Das Verfahren von Euler hat wegen seiner enorm schlechten Konvergenz keinerlei Bedeutung für die praktische Simulation. Aber auch bei den Verfahren mit gleicher Fehlerordnung liegen die wirklich auftretenden Fehler um Zehnerpotenzen auseinander. Die einschrittigen Verfahren sind den mehrschrittigen Verfahren klar an Genauigkeit überlegen.

Die Genauigkeitsordnungen der mehrschrittigen Integrationsverfahren werden auch nur dann erreicht, wenn der Integrand im ganzen Integrationsbereich stetig und darüber hinaus differenzierbar ist. Der Grund dafür liegt darin, daß bei den mehrschrittigen Formeln der neue Wert y_{n+1} durch Extrapolation eines Polynoms gewonnen wird, das durch Interpolation an den zurückliegenden Stützstellen $\dot{y}_n, \dot{y}_{n-1}, \dot{y}_{n-2}, \ldots$ entstanden ist. Interpolation und Extrapolation setzen aber einen stetigen und differenzierbaren Funktionsverlauf voraus. Die einschrittigen Integrationsformeln werden durch Unstetigkeiten des Integranden viel weniger beeinflußt, weil sie keine Information aus zurückliegenden Stützstellen benutzen. Um diesen Nachteil der mehrschrittigen Formeln zu demonstrieren und zu messen, wurden zwei weitere Fälle dem Test 1 unterworfen.

Fall 2: Der Integrand ist unstetig. Er hat abwechselnd den Wert ^-y und 0. Die Umschaltung erfolgt zu den Zeitpunkten t = 1, 2, 3, 4. Der Endwert ist wieder t = 5. Es gilt also

$$\dot{y} = {}^-y \quad \text{für} \quad 0 \leqslant t < 1$$
$$2 \leqslant t < 3$$
$$4 \leqslant t < 5$$
$$\dot{y} = 0 \quad \text{für} \quad 1 \leqslant t < 2$$
$$3 \leqslant t < 4$$

Bild 6.4 zeigt die bildliche Darstellung des Integranden und des Integrationsergebnisses. Die Ergebnisse von Fall 2 sind in Bild 6.5 dargestellt und zeigen folgende Einzelheiten.

1. Das Euler-Verfahren ist praktisch immun gegen die Unstetigkeit des Integranden. Die Ergebnisse sind nahezu die gleichen wie im Fall 1.

2. Die Fehler der mehrschrittigen Verfahren Adams-Bashforth und Adams-Moulton sind stark angewachsen. Bei kleinen Schrittweiten sind sie nicht mehr proportional h^4, sondern nur noch proportional h^2! Das an sich bessere Prediktor-Korrektor-Verfahren Adams-Moulton zeigt sogar größere Fehler als das reine Prediktor-Verfahren Adams-Bashforth. Bei Schrittweiten über 0.1 wird das Verhalten des Fehlers unregelmäßig.

3. Die einschrittigen Verfahren Runge-Kutta und Runge-Kutta-Merson sind ebenfalls immun gegen die Unstetigkeit des Integranden. Ihre Fehler sind scheinbar noch kleiner geworden. Dieser Effekt kommt daher, daß sich hier weniger Fehler akkumulieren können, als im Fall 1. Da im Fall 1 mit jedem Schritt zwischen t = 0 und t = 5 ein veränderter Funktionswert berechnet wurde, entstand bei jedem Schritt ein Fehler. In Fall 2 werden aber nur in den Intervallen [0,1], [2,3], [4,5] sich verändernde Funktionswerte berechnet. In den übrigen Intervallen bleibt der Funktionswert gleich und es entsteht kein Fehler. Die Integration „ruht" gewissermaßen.

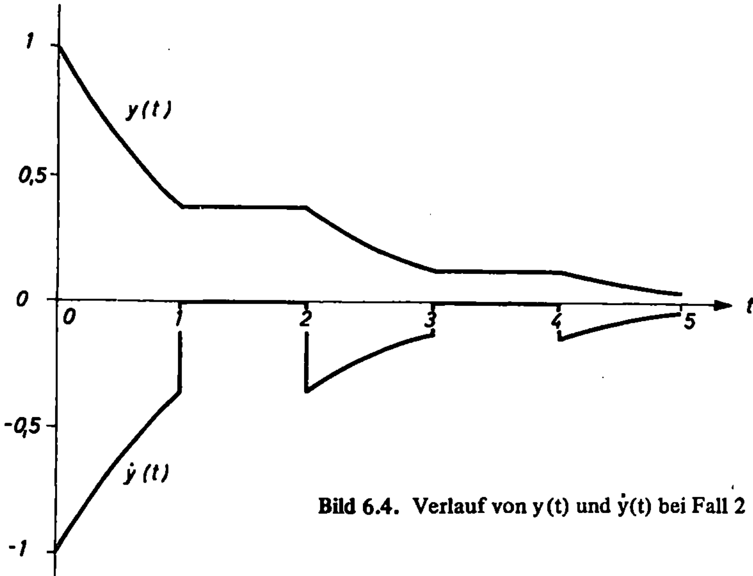

Bild 6.4. Verlauf von y(t) und ẏ(t) bei Fall 2

Fall 2 zeigt also bereits die große Empfindlichkeit der mehrschrittigen Verfahren gegen Unstetigkeiten und den eindeutigen Vorteil der einschrittigen Verfahren.

Fall 3: Während der Fall 2 nur vier Sprungstellen im Integranden enthielt, wird bei Fall 3 der Integrand bei jedem Schritt umgeschaltet, so daß sich im gesamten Integrationsbereich von t = 0 ... 5 insgesamt $5/h - 1 \approx 5/h$ Umschaltungen ergeben. Der Integrand hat also die Form

$$\begin{aligned}
\dot{y} &= -y \quad \text{für } 2n \cdot h \leqslant t < (2n + 1) \cdot h \\
\dot{y} &= 0 \quad\;\; \text{für } (2n + 1) \cdot h \leqslant t < (2n + 2) \cdot h
\end{aligned} \quad n = 0, 1, 2, \ldots$$

Diese Form des Integranden stellt eine sehr scharfe Prüfung der Integrationsverfahren auf ihre Empfindlichkeit gegen Unstetigkeiten dar.

Die Ergebnisse sind in Bild 6.6 dargestellt und zeigen folgende Einzelheiten:

1. Die Einschrittverfahren Euler, Runge-Kutta und Runge-Kutta-Merson haben die Prüfung ohne jede Qualitätseinbuße überstanden.

2. Die Wirkung der Unstetigkeiten auf die mehrschrittigen Formeln ist katastrophal. Ihre Fehlerordnung ist auf 1 zurückgegangen und sie liefern sogar schlechtere Ergebnisse als das Euler-Verfahren. Sie sind völlig unbrauchbar geworden.

Die Immunität der Runge-Kutta-Verfahren ist allerdings nur dann gegeben, wenn die Umschaltung des Integranden mit der nötigen Vorsicht vorgenommen wird. An den Sprungstellen hat der Integrand zwei verschiedene Werte: den linksseitigen und den rechtsseitigen Grenzwert. Es muß sichergestellt sein, daß im ersten Integrationsteilschritt der rechtsseitige und in den übrigen Teilschritten der linksseitige Grenzwert als Integrand genommen wird. Näheres im Kapitel über unstetige Funktionen.

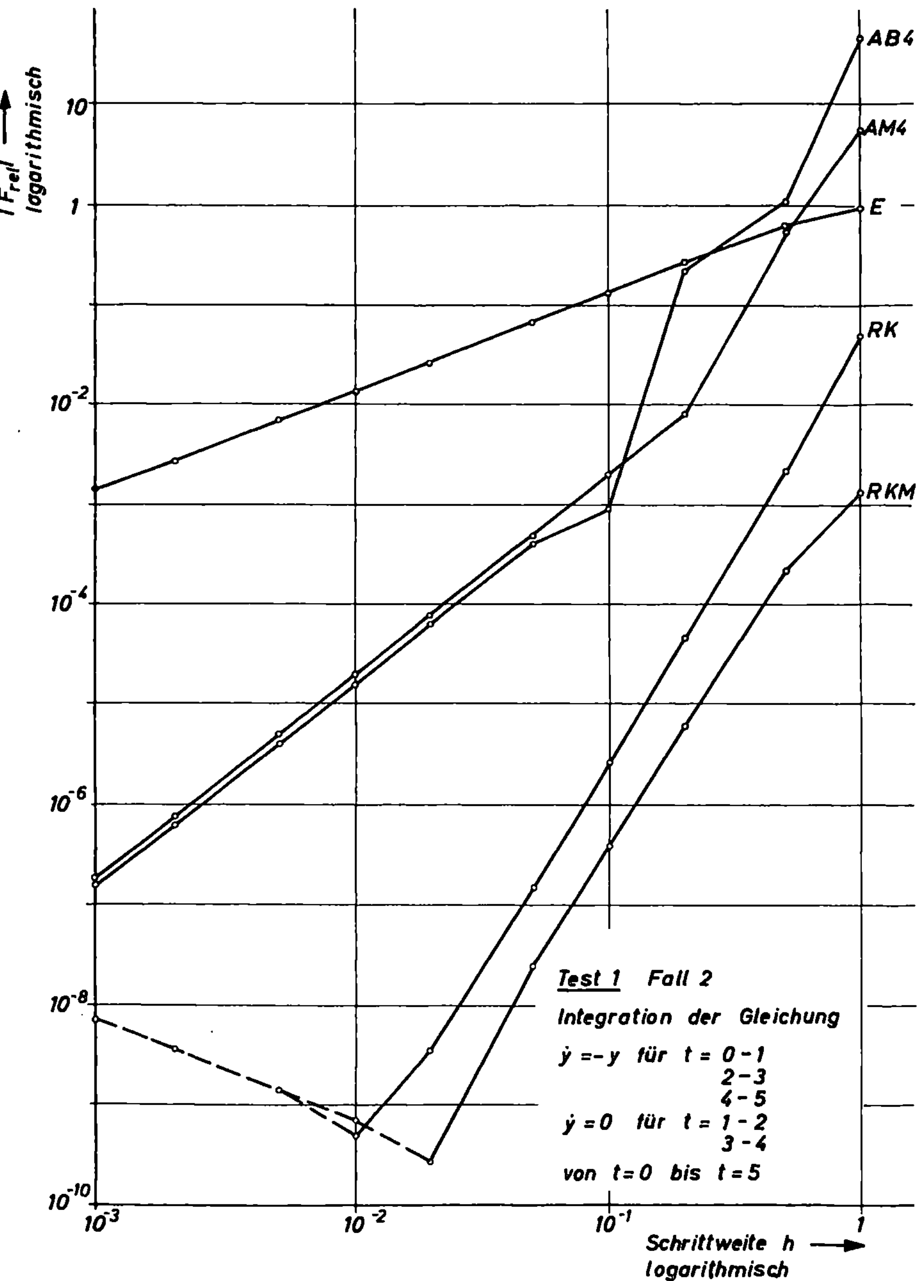

Bild 6.5. Test 1, Fall 2
Relativer Fehler in Abhängigkeit von der Schrittweite

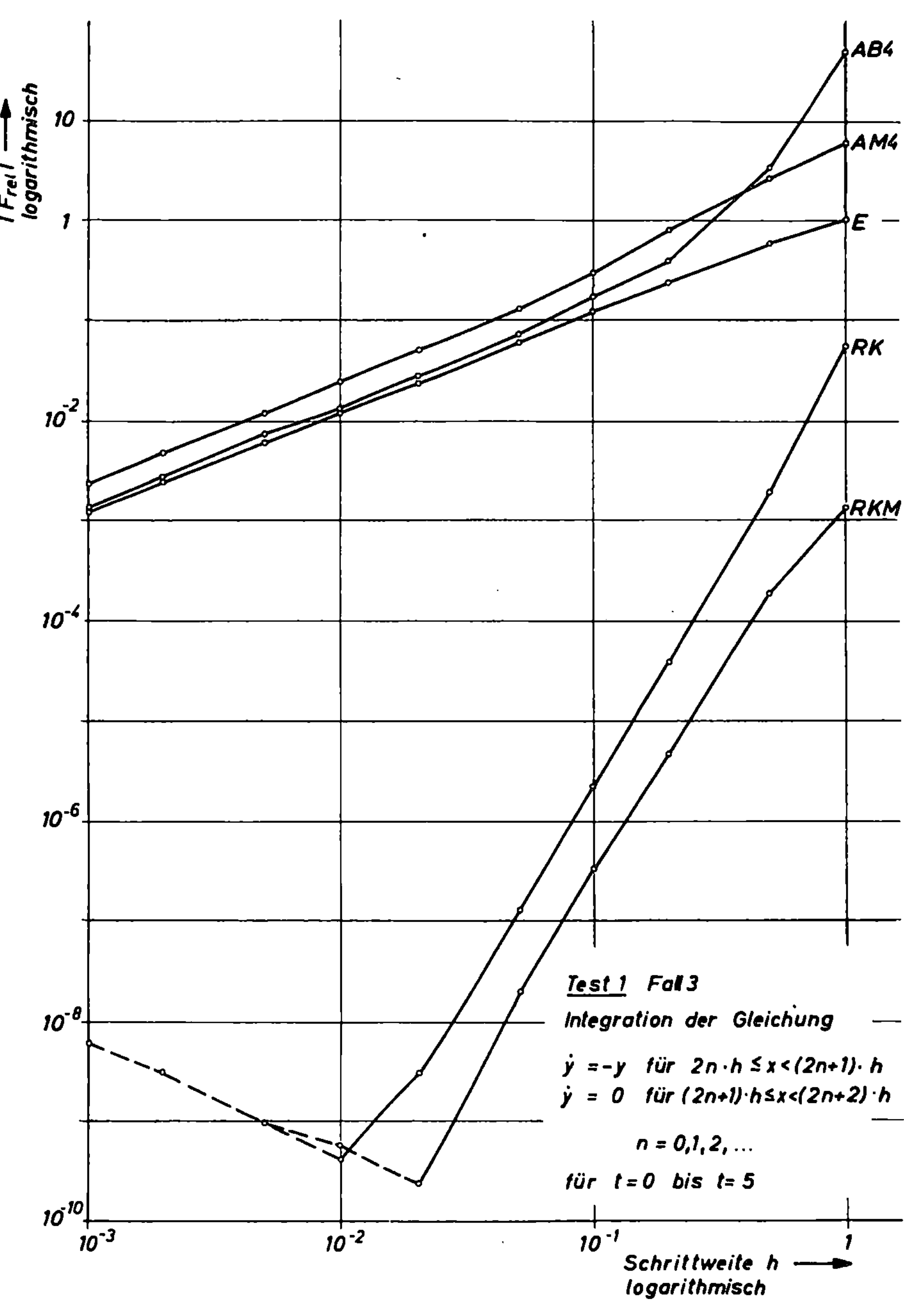

Bild 6.6. Test 1, Fall 3
Relativer Fehler in Abhängigkeit von der Schrittweite

7 Rechenberg

6.1.3.2. Geschwindigkeit

Um die Geschwindigkeit der fünf Integrationsverfahren miteinander vergleichen zu können, wurden sie mit dem Test 2 auf ihre relativen Fehler untersucht, die entstehen, wenn die Differentialgleichung $y = -y$, $y(0) = 1$ von $t = 0 \ldots 5$ in allen Verfahren mit der gleichen Schrittanzahl integriert wird. Die Schrittweite ist dann für die einzelnen Verfahren verschieden und durch die Anzahl der Funktionsauswertungen pro Schritt festgelegt.

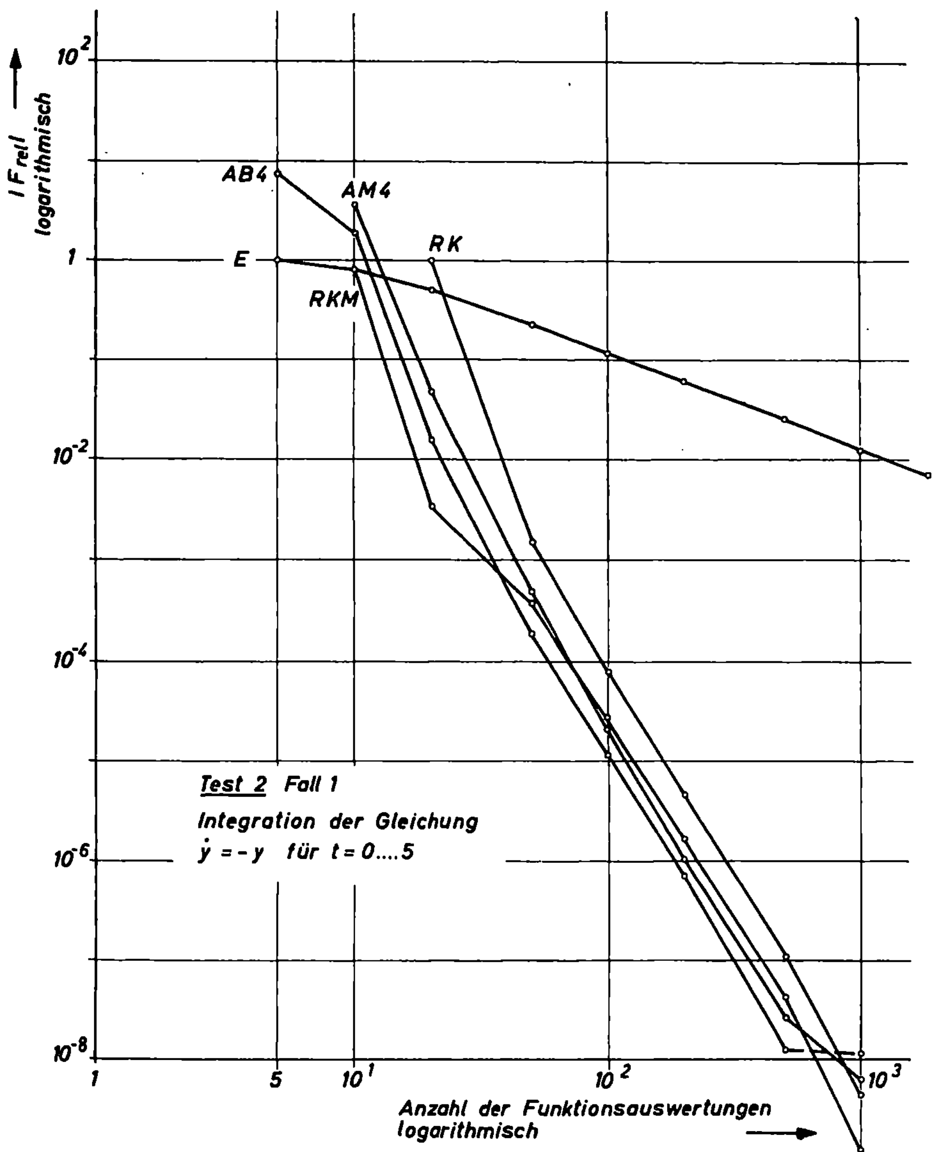

Bild 6.7. Test 2, Fall 1
   Relativer Fehler in Abhängigkeit von der Anzahl der Funktionsauswertungen

Test 2. Die Differentialgleichung $\dot{y} = -y$, $y(0) = 1$ wird von $t = 0$ bis $t = 5$ integriert. Die Anzahlen der Funktionsaufrufe betragen 10, 20, 50, 100, 200, 500, 1000. Gemessen und aufgetragen wird der Betrag des relativen Fehlers

$$F_{rel} = \frac{y^{(5)}_{gemessen} - y^{(5)}_{wahrer\,Wert}}{y^{(5)}_{wahrer\,Wert}}$$

Die Ergebnisse von Test 2 brauchen nicht durch eine neue Maschinenrechnung festgestellt zu werden, sondern können aus den Ergebnissen von Test 1 abgeleitet werden.

Fall 1: Der Integrand ist stetig. Die Ergebnisse sind in Bild 6.7 dargestellt und zeigen folgende Einzelheiten:

1. Die Fehler der Euler-Formel sind nur bei ganz kleinen Schrittanzahlen (weniger als 20 Schritt) kleiner als die der anderen Verfahren. Da aber alle Fehler in diesem Bereich um 1 herum liegen, kommen so wenig Schritte für die praktische Integration gar nicht in Frage.

2. Die Fehler der Verfahren 4. Ordnung fallen alle mit gleicher Steigung, wie es zu erwarten war, aber sie liegen ziemlich dicht beieinander. Das Adams-Bashforth-Verfahren ist das schnellste (ab 50 Funktionsauswertungen, die man immer voraussetzen kann). Adams-Moulton und Runge-Kutta-Merson liegen in der Mitte und sind etwa gleich schnell. Runge-Kutta ist am langsamsten.

3. Die Unterschiede zwischen dem schnellsten und dem langsamsten Verfahren betragen weniger als eine Zehnerpotenz. Das Runge-Kutta-Merson-Verfahren mit 5 Funktionsauswertungen pro Schritt ist also fast genau so schnell wie das Adams-Bashforth-Verfahren mit nur einer Funktionsauswertung pro Schritt (weil es pro Schritt so sehr viel genauer ist, siehe Test 1) und es ist schneller als das Runge-Kutta-Verfahren mit nur vier Funktionsauswertungen pro Schritt.

Fall 2: Der Integrand ist eine unstetige Funktion. Genaueres siehe unter Test 1. Dieser Fall ist nur der Vollständigkeit halber aufgezeichnet worden (Bild 6.8), denn das Ergebnis ist bereits aus den entsprechenden Kurven von Test 1 deutlich abzulesen: Die einschrittigen Verfahren sind die bei weitem schnellsten. Das Runge-Kutta-Merson-Verfahren liegt dabei wieder an der Spitze.

Für den Fall 3 wurden keine Kurven aufgezeichnet, weil die Ergebnisse von Test 1 bereits Klarheit über die Geschwindigkeit geben.

Die Ergebnisse des Geschwindigkeitstests lassen sich wie folgt zusammenfassen: Zur Erreichung eines vorgegebenen relativen Fehlers kann man die Schrittweite bei den Runge-Kutta-Verfahren größer wählen als bei den Adams-Verfahren, weil die Runge-Kutta-Verfahren genauer sind. Dadurch wird die angebliche Langsamkeit der Runge-Kutta-Verfahren infolge ihrer 4 bis 5 Funktionsauswertungen pro Schritt ungefähr kompensiert. Bei stetigen Problemen ist das Adams-Bashforth-Verfahren das schnellste, aber dicht gefolgt vom Runge-Kutta-Merson-Verfahren. Bei unstetigen Problemen ist das Runge-Kutta-Merson-Verfahren weitaus schneller als alle anderen, obwohl es die größte Anzahl von Funktionsauswertungen besitzt.

6.1.3.3. Stabilität

Zum Vergleich der Stabilität der verschiedenen Integrationsverfahren wurde die Stabilität der Differenzengleichungen benutzt, die sich ergeben, wenn man die Integrationsverfahren auf das Problem

$$\dot{y} = a\,y \qquad a \text{ beliebig komplex!}$$

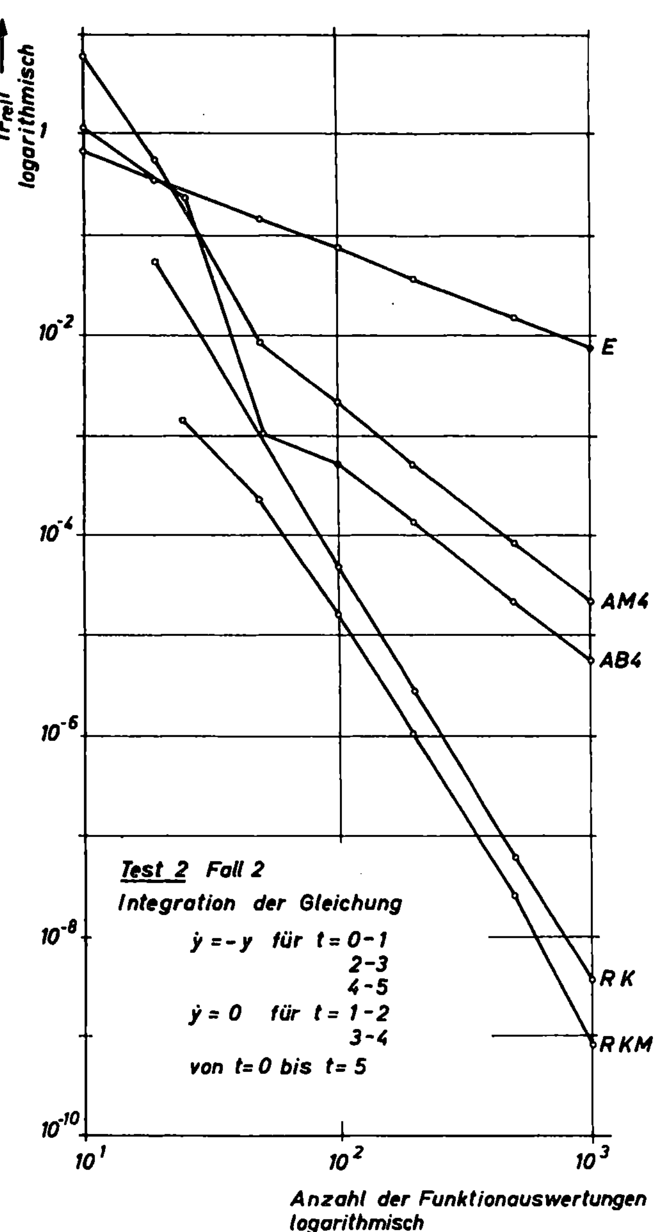

Bild 6.8. Test 2, Fall 2

Relativer Fehler in Abhängigkeit von der Anzahl der Funktionsauswertungen

anwendet. Nach einem Satz aus der Theorie der Differenzengleichungen (auch aus der Theorie der Z-Transformation bekannt) ist eine lineare Differenzengleichung mit konstanten Koeffizienten genau dann stabil, wenn sämtliche Wurzeln ihres charakteristischen Polynoms im Einheitskreis der komplexen Ebene liegen, d.h. wenn ihre Beträge kleiner als 1 sind. Es wurden deshalb die charakteristischen Polynome der Differenzengleichungen aller getesteten Integrationsverfahren gebildet und es wurden diejenigen Werte von a h ermittelt, für die die Wurzeln der charakteristischen Polynome im Einheitskreis liegen.

Beispiel: Stabilitätsbereich des Euler-Verfahrens. Die Differenzengleichung lautet unter Berücksichtigung von $\dot{y}$ = ay (n ohne Einschränkung der Allgemeinheit als 0 angenommen)

$$y_1 = y_0 + h \cdot ay_0$$

Der Lösungsansatz $y_n = e^{r \cdot n} = z^n$ (mit $z = e^r$) führt auf

$$z = 1 + ah$$

und damit auf das charakteristische Polynom

$$P(z) = z - ah - 1 \tag{6.17}$$

Wenn die Wurzeln dieses Polynoms im Einheitskreis liegen sollen, so muß $|z| < 1$ sein. Die Differenzengleichung ist also für alle Werte von $a \cdot h$ stabil, für die gilt

$$|1 + ah| < 1$$

Die Gleichung $|1 + ah| = 1$ ist erfüllt für alle Punkte der komplexen ah-Ebene, die auf einem Kreis mit dem Mittelpunkt $(-1,0)$ und dem Radius 1 liegen. Für alle Werte von ah im Innern des Kreises ist $|z(ah)| < 1$ und die Differenzengleichung stabil, für alle Werte von ah außerhalb des Kreises ist $|z(ah)| > 1$ und die Differenzengleichung instabil.

Für die übrigen untersuchten Integrationsverfahren lauten die charakteristischen Polynome folgendermaßen (Angabe ohne Ableitung):

Adams-Bashforth:

$$P(z) = z^4 - \left(1 + \frac{55}{24} ah\right) \cdot z^3 + \frac{59}{24} ah \cdot z^2 - \frac{37}{24} ah \cdot z + \frac{9}{24} ah \tag{6.18}$$

Adams-Moulton:

$$P(z) = z^4 - \left[1 + \frac{7}{6} ah + \frac{55}{64} (ah)^2\right] \cdot z^3 + \left[\frac{5}{24} ah + \frac{59}{64} (ah)^2\right] \cdot z^2$$

$$- \left[\frac{1}{24} ah + \frac{37}{64} (ah)^2\right] \cdot z + \frac{9}{64} (ah)^2 \tag{6.19}$$

Runge-Kutta:

$$P(z) = z^2 - \frac{1}{24} (ah)^4 - \frac{1}{6} (ah)^3 - \frac{1}{2} (ah)^2 - ah - 1 \tag{6.20}$$

Runge-Kutta-Merson:

$$P(z) = z^6 - \frac{1}{120}(ah)^5 - \frac{1}{24}(ah)^4 - \frac{1}{6}(ah)^3 - \frac{1}{2}(ah)^2 - ah - 1 \qquad (6.21)$$

Wenn man diese charakteristischen Polynome als Bestimmungsgleichungen für ah bei
gegebenem z auffaßt, kann man leicht den Einheitskreis der z-Ebene in eine geschlossene
Linie der ah-Ebene abbilden. Man erhält dann die Bilder 6.9-1 bis 6.9-4. Da die Kurven
symmetrisch zur reellen ah-Achse sind, wurde nur ihre obere Hälfte gezeichnet. Alle
ah-Werte innerhalb einer geschlossenen Kurve entsprechen Werten von z mit dem Betrag
kleiner als eins und bedeuten Stabilität der Differenzengleichung, alle ah-Werte außerhalb
bedeuten $|z| > 1$ und Instabilität. Zum Vergleich mit den hauptsächlich untersuchten
vier Integrationsverfahren sind auch die Stabilitätsbereiche einiger anderer im Text er-
wähnter Verfahren dargestellt.

Für die spezielle Differentialgleichung $\dot{y} = -y$ ist $a = -1$ zu setzen, so daß $ah = -h$ ist. In
diesem Fall hat nur die reelle Achse der ah-Ebene Bedeutung. Im allgemeinen Fall aber,
bei Systemen von linearen Differentialgleichungen, kann man durch Diagonalisierung die
Differentialgleichungen oft entkoppeln und erhält durch die Entkopplung komplexe Koeffizienten a. Aus diesem Grunde hat die gesamte ah-Ebene ihre praktische Bedeutung.

Bild 6.9 zeigt, daß die enschrittigen Verfahren Runge-Kutta und Runge-Kutta-Merson viel
größere Stabilitätsbereiche besitzen als die betrachteten mehrschrittigen und auch als das
Euler-Verfahren. Das Runge-Kutta-Merson-Verfahren ist noch für eine Schrittweite von
$h = 3$ stabil, wogegen das Euler-Verfahren schon bei $h = 2$ instabil wird. Zwar können die
Stabilitätsgrenzen nicht voll ausgenutzt werden, weil die Lösung bei so großen Schrittweiten
zu große Fehler aufweist, aber die Größe des Stabilitätsbereichs kann sicherlich als An-
haltspunkt für die Stabilitätsgüte des Integrationsverfahrens aufgefaßt werden.

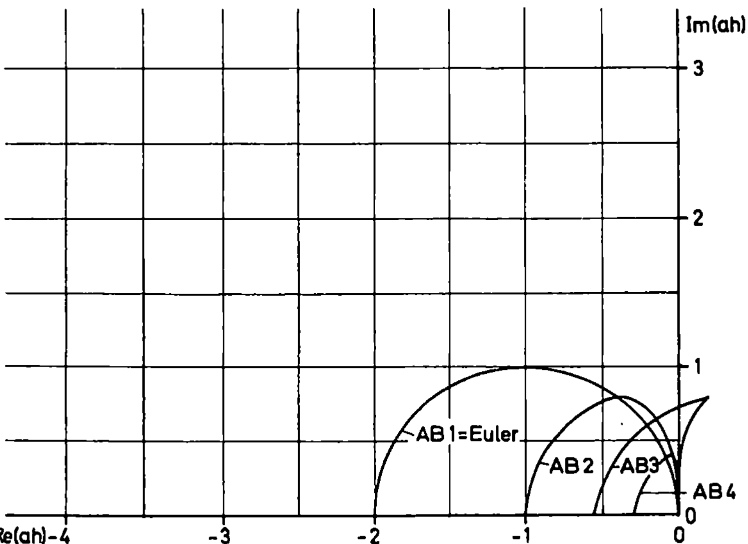

Bild 6.9-1 Stabilitätsbereiche von Adams-Bashforth-Formeln

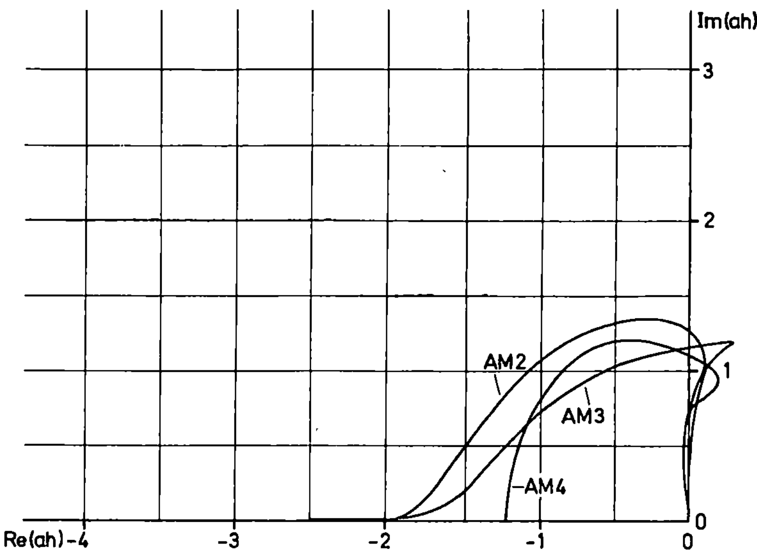

Bild 6.9-2 Stabilitätsbereiche von Adams-Moulton-Formeln

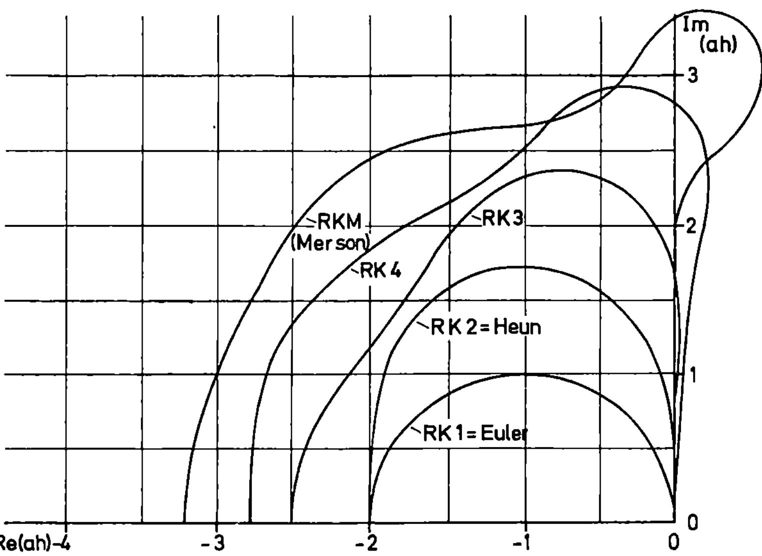

Bild 6.9-3 Stabilitätsbereiche von Runge-Kutta-Formeln

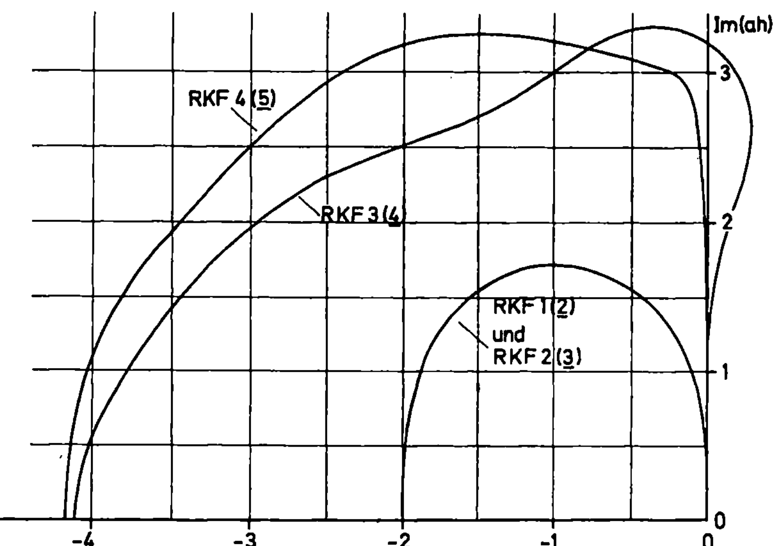

Bild 6.9-4 Stabilitätsbereiche von Runge-Kutta-Fehlberg-Formeln

6.1.4. Zusammenfassung der Untersuchungsergebnisse

Die Untersuchungen hinsichtlich Genauigkeit, Geschwindigkeit und Stabilität wurden an der Differentialgleichung $\dot{y} = ay$ durchgeführt. Sie haben gezeigt, daß für diese Gleichung die einschrittigen Formeln vom Runge-Kutta-Typ den mehrschrittigen Formeln vom Adams-Typ in den meisten Eigenschaften überlegen sind.

Es ist hervorzuheben, daß die Ergebnisse strenggenommen nur für die untersuchte Differentialgleichung gelten. Die Erfahrung läßt aber vermuten, daß die Verhältnisse bei komplizierter gebauten Differentialgleichungen und bei Systemen ähnlich liegen (vgl. die entsprechenden Bemerkungen in 6.1.3.).

In Problemen, bei denen alle Integranden mit Sicherheit stetig verlaufen, können die Mehrschrittverfahren mit den Einschrittverfahren konkurrieren. Mehrschrittverfahren von höherer Genauigkeitsordnung (z.B. 6–8) sind dann den Einschrittverfahren überlegen. Sie erfordern aber auch mehr Hilfszellen zur Programmierung (Adams-Moulton 8. Ordnung benötigt 10 Hilfszellen pro Integrierer) und besitzen einen sehr kleinen Stabilitätsbereich, so daß sie in dieser Hinsicht wieder ineffektiv sind.

Es ergeben sich somit etwa folgende Regeln für Integrationsverfahren in Simulationssystemen:

(1)   In kleinen Simulationssystemen, wo es auf Speicherplatzersparnis und Unkompliziertheit ankommt, ist das Runge-Kutta-Verfahren einzubauen. Es benötigt nur zwei Hilfszellen pro Integrierer, ist sehr genau, hinreichend schnell und sehr stabil.

(2)   In mittelgroßen Simulationssystemen mit etwas mehr Speicherplatzreserve sollte man auf den Einbau einer automatischen Schrittweitensteuerung nicht verzichten, weil hierdurch viel Zeit gespart werden kann. Hierzu eignet sich das Runge-Kutta-Fehlberg-Verfahren der Ordnung 3 (4) vorzüglich. Es gestattet die explizite Berechnung des Abbrechfehlers pro Schritt, ist sehr schnell, sehr genau und sehr stabil.

(3)   In großen Simulationssystemen sollte man mindestens drei Integrationsverfahren dem
        Benutzer zur Auswahl anbieten: Das übliche Runge-Kutta-Verfahren 4. Ordnung
        für Rechnungen mit konstanter Schrittweite, das Runge-Kutta-Fehlberg-Verfahren
        der Ordnung 3 (4) für automatische Schrittweitensteuerung und unstetige Integranden
        und das Adams-Moulton-Verfahren der Ordnung 6 für automatische Schrittweiten-
        steuerung und stetige Integranden.

6.2. Die Interpolation empirischer, durch Stützstellen gegebener Funktionen

Die Interpolation einer durch Stützstellen gegebenen Kurve ist ein zeitraubender Prozeß,
und die Speicherung der Stützstellen, eventuell auch noch weiterer Informationen, machen
die Interpolation auch zu einem speicherintensiven Funktionstyp im Simulationssystem.
Die Interpolation ist kein eindeutig bestimmter Funktionstyp, sondern umfaßt eine ganze
Klasse von Funktionstypen, die sich gliedern

(1)   nach der Ordnung der Interpolation
(2)   nach der Anzahl der unabhängigen Variablen

Hier wird nur die lineare Interpolation behandelt, denn die meisten Simulationssysteme
enthalten nur die lineare Interpolation, und Interpolationsverfahren höherer Genauigkeit
bringen keine neuen Probleme mit sich, sondern bedeuten nur längere Rechenzeit oder
mehr Speicherplatz für Hilfsgrößen. Die meisten Simulationssysteme enthalten auch nur
Funktionen zur Interpolation bei einer einzigen unabhängigen Variablen, weil das der am
weitaus häufigsten in der Praxis vorkommende Fall ist und außerdem die Anzahl der Stützstellen bei zwei und drei unabhängigen Variablen gewaltig ansteigt. Aus diesem Grund wird
auch hier die Interpolation mit einer unabhängien Variablen ausführlich behandelt, während
die Besonderheiten bei zwei und drei Variablen nur kurz erläutert werden.

6.2.1. Eine unabhängige Variable

Die Problemstellung lautet folgendermaßen: Gegeben ist eine Funktion $y = f(x)$ durch n
Stützstellen (x_i, y_i), $i = 1, 2, \ldots n$. Die x_i brauchen nicht äquidistant zu sein, sie werden
aber fast immer als der Größe nach geordnet vorausgesetzt: $x_i \leq x_{i+1}$. Wo sie nicht als
geordnet vorausgesetzt werden, müssen sie nach der Eingabe vom Programm geordnet
werden. Die lineare Interpolation für einen Wert x der unabhängigen Variablen besteht dann
aus 2 Schritten:

(1)   Aufsuchen desjenigen Intervalls j, für das $x_j \leq x < x_{j+1}$ ist. Dabei kann der Sonderfall,
        daß $x < x_1$ oder $x > x_n$ ist, auf drei Arten berücksichtigt werden:

      - 1 Dieser Fall ist nicht erlaubt; es wird eine Fehlermeldung ausgedruckt. Das Programm wird
        abgebrochen oder läuft nach einer bestimmten Konvention weiter.

      - 2 Das Ergebnis $y = f(x)$ wird Null gesetzt.

      - 3 Für $x < x_1$ wird y_1, für $x > x_n$ wird y_n als Ergebnis ausgegeben. Die Kurve $y = f(x)$ wird
        also hier zu beiden Seiten des Stützstellenbereiches mit der Steigung Null (waagerecht)
        fortgesetzt.

      Fall - 3 kann als besonders „vernünftig" angesehen werden und wird auch in den meisten
      Simulationssystemen angewendet.

(2)   Lineare Interpolation gemäß der Formel

$$y = y_j + \frac{y_{j+1} - y_j}{x_{j+1} - x_j}(x - x_j) \tag{6.22}$$

Beide Schritte können nach verschiedenen, mehr oder weniger Speicherplatz oder Rechenzeit sparenden Methoden vorgenommen werden.

6.2.1.1. Die verschiedenen Methoden

1. Methode: Normalverfahren. Das Intervall j wird gefunden, indem alle x_i, beginnend mit x_1 und aufsteigend mit x verglichen werden, solange bis ein $x_i \leqslant x$ ist. Das Ergebnis y wird anschließend nach Formel (6.22) berechnet.

Dieses Verfahren ist unnötig zeitraubend. Meist wird sich nämlich der x-Wert von Funktionsaufruf zu Funktionsaufruf nur wenig ändern, das heißt, das Intervall j wird sich nicht mit jedem Funktionsaufruf, sondern nur viel seltener ändern. Es spart darum Zeit, wenn man sich den zuletzt benutzten Index j merkt und die Suche nach dem richtigen Intervall mit j beginnt. Alle weiter unten beschriebenen Verfahren arbeiten so.

2. Methode: Verfahren mit Intervallmarkierung. Außer x und der Adresse der Stützstellentabelle wird dem Unterprogramm zur Interpolation noch der Index des Intervalls mitgegeben, in dem die letzte Stützstelle lag. Liegt die neue Stützstelle im selben Intervall, ist der Suchvorgang schon beendet, sonst wird von dem Intervall ausgehend, nach oben oder nach unten hin weitergesucht. Anschließend wird nach Formel (6.22) interpoliert.

3. Methode: Verfahren mit Intervallmarkierung und Speicherung der Steigungen. Der erste Schritt wird wie bei Methode 2 durchgeführt. Um jedoch bei der eigentlichen Interpolation in Schritt 2 Rechenzeit zu sparen, werden die Steigungen

$$s_i = \frac{y_{i+1} - y_i}{x_{i+1} - x_i}$$

einmal vor Beginn der Simulation berechnet und in einer gesonderten Tabelle zusätzlich zu den x_i und y_i gespeichert. Die Anzahl der Rechenoperationen zur Ermittlung von y verringert sich dadurch von 1 Addition, 3 Subtraktionen, 1 Multiplikation und 1 Division um 2 Subtraktionen und 1 Division. Als Preis dafür muß der zusätzliche Speicherplatz für die s_i-Werte gezahlt werden.

4. Methode: Watkins-Verfahren [34]. Hier wird die Gleichung (6.22) ersetzt durch eine Gleichung der Form

$$y = a_j x + b_j \tag{6.23}$$

mit

$$a_j = \frac{y_{j+1} - y_j}{x_{j+1} - x_j} \quad \text{und} \quad b_j = y_j - a_j x_j \tag{6.24}$$

Gelangt die unabhängige Variable aus einem Intervall $\neq$ j in das Intervall j, werden a_j und b_j einmal nach Gleichung (6.24) berechnet und gespeichert. Der neue Funktionswert wird anschließend nach Gleichung (6.23) berechnet. Bleibt die unabhängige Variable bei weiteren

Funktionsaufrufen im Intervall j, braucht der neue Funktionswert nur noch mit Gleichung (6.23) berechnet zu werden, die nur 1 Addition und 1 Multiplikation erfordert.

Um die Geschwindigkeit dieses Verfahrens noch weiter zu erhöhen, kann man wieder alle a_j und b_j vor Beginn der Simulation berechnen und speichern. Man braucht dazu nicht zwei neue Tabellen anzulegen, sondern kommt mit einer zusätzlichen Tabelle aus, weil die y_j während der Simulation nicht mehr gebraucht werden. Sie können von den b_j überschrieben werden.

6.2.1.2. *Vergleich der vier Methoden*

Die Tabelle Bild 6.10 ermöglicht einen Vergleich der Methoden hinsichtlich Arbeitsgeschwindigkeit und Speicherplatzbedarf. Sie zeigt folgende Einzelheiten:

1. Der Speicherplatz, den das Programm einnimmt, ist für alle Methoden ungefähr gleich. Das Watkins-Verfahren braucht etwas mehr Platz, aber nicht viel.

2. Der Speicherplatz für die Stützstellen ist bei allen Methoden außer Nr. 3 durch die Tabellen für die x_i und y_i gegeben. Bei Methode 3 kommt noch eine Tabelle für die s_i hinzu. Der Unterschied ist groß: reserviert man etwa Platz für 10 Funktionen mit je 50 Stützstellen, so braucht man für die s_i bereits 1000 zusätzliche Speicherzellen (bei 2 Zellen pro Gleitkommazahl).

Nr.	Verfahren	Speicher		Zyklenanzahl	
		Programm	Stützstellen	Verdrahtete Arithmetik	Programmierte Arithmetik
1	Normalverfahren	130	$4n$	$217 + 23 \cdot m$	$1106 + 90 \cdot m$
2	Mit Intervallmarkierung	126	$4n$	$228 + 68 \cdot k$ $(k \geqslant 0)$	$1192 + 317 \cdot k$
				$228 + 38 \cdot |k|$ $(k < 0)$	$1192 + 183 \cdot |k|$
3	Mit Intervallmarkierung und Speicherung der Steigungen	120	$6n$	$216 + 68 \cdot k$ $(k \geqslant 0)$	$900 + 317 \cdot k$
				$216 + 38 \cdot |k|$ $(k < 0)$	$900 + 183 \cdot |k|$
4	Watkins	166	$4n$	$47 + 0$ $(k = 0)$	$335 + 0$
				$256 + 68 \cdot k$ $(k > 0)$	$1275 + 317 \cdot k$
				$256 + 38 \, |k|$ $(k < 0)$	$1275 + 183 \, |k|$

m = Intervallnummer
k = Abstand des neuen Intervalls vom alten

Die Angaben über die Stützstellen gelten unter der Voraussetzung
1 Gleitkommazahl = 2 Speicherzellen

Für programmierte Arithmetik wurden die Daten der Rechenmaschine CAE 90−40 zugrunde gelegt. Für verdrahtete Arithmetik wurden folgende Operationszeiten angenommen:

    4 Zyklen für Addition und Subtraktion
    8 Zyklen für Multiplikation
    10 Zyklen für Division

Die Zyklen für den Programmaufruf und die Parameterübergabe (in der Technik der CAE 90−40) sind in den festen Anteilen der Zahlen enthalten.

Bild 6.10. Vergleich von Interpolationsverfahren

3. Der Vergleich der Zyklenanzahlen ergibt für verdrahtete und programmierte Arithmetik ungefähr das gleiche relative Bild. Alle Zyklenanzahlen setzen sich aus einem festen und einem variablen Anteil zusammen. Der feste ist die Mindestanzahl von Zyklen, die sich ergibt, wenn x bereits im richtigen Intervall liegt (beim Normalverfahren: wenn x vor dem ersten Intervall liegt), der variable Teil ist proportional dem Abstand k des Intervalles, in dem x liegt von dem bis dahin benutzten Intervall (beim Normalverfahren: m ist die Nummer des Intervalls, in dem x liegt).

Der am häufigsten auftretende Fall ist der, daß das Intervall nicht gewechselt wird, also k = 0. Das Watkins-Verfahren hat hier mit großem Abstand die kleinste Zyklenanzahl aufzuweisen. Die anderen Methoden erfordern mehr als die vierfache Zeit bei verdrahteter und mehr als die dreifache Zeit bei programmierter Gleitkomma-Arithmetik. Beim Intervallwechsel hingegen unterscheiden sich die einzelnen Methoden nur wenig voneinader. Die 3. Methode mit Speicherung der Steigungen erweist sich hier den anderen als geringfügig überlegen.

Der Vergleich zeigt, daß das Watkins-Verfahren drei- bis viermal so schnell arbeitet wie die übrigen Verfahren, wenn das Intervall nicht gewechselt wird, was der häufigste Fall ist. Da es keine anderen Nachteile hat, ist es damit eindeutig allen anderen Verfahren zur Interpolation überlegen.

Bemerkung. Bei synchroner Simulation (besonders bei Echtzeitsimulation) bringen die Methoden 2 bis 4 keinen Zeitvorteil, weil die Zeit, die für eine Funktionsauswertung zur Verfügung steht, sich nach dem ungünstigsten Fall bemißt. Hier ist die Interpolation also ein besonders zeitraubender Prozeß. Bei der hybriden Simulation werden deshalb oft äquidistante Stützstellen der Anzahl 2^k (k = 2, 3, . . .) und normierte Argumente benutzt. Unter diesen Voraussetzungen läßt sich die Interpolation für alle Argumente sehr schnell ausführen [12].

6.2.2. Zwei unabhängige Variablen

Speicherplatzbedarf und Rechenzeit wachsen bei zwei unabhängigen Variablen stark an. Es sei z = f(x, y) die Funktion der zwei Variablen x und y, gegeben durch p Stützstellen in x und q(i) Stützstellen in y zu jedem x_i. Die Wertetripel $(x_i, y_j, z_{i,j})$ müssen so gespeichert werden, daß die Reihenfolge der x_i nichtabsteigend ist, daß sich das x_i nicht ändert, bis nicht alle y_j zu diesem x_i angegeben sind und daß auch die der Reihenfolge der y_j nicht absteigend ist.

Die Interpolation vollzieht sich dann in folgenden Schritten:

1. x-Intervall suchen (ergibt Index j).
2. Innerhalb der Stützstelle x_j das richtige y-Intervall suchen (ergibt Index k).
3. 1. Interpolation in y-Richtung:

$$z_j(y) = z_{j,k} + \frac{z_{j,k+1} - z_{j,k}}{y_{k+1} - y_k}(y - y_k)$$

4. Innerhalb der Stützstelle x_{j+1} das richtige y-Intervall suchen (ergibt Index m).
5. 2. Interpolation in y-Richtung:

$$z_{j+1}(y) = z_{j+1,m} + \frac{z_{j+1,m+1} - z_{j+1,m}}{y_{m+1} - y_m}(y - y_m)$$

6. 3. Interpolation, in x-Richtung:

$$z = z_j(y) + \frac{z_{j+1}(y) - z_j(y)}{x_{j+1} - x_j}(x - x_j)$$

Das Aufsuchen eines neuen z-Wertes kostet hier also im allgemeinen 3 Suchvorgänge und 3 Interpolationen.

Wenn man auch hier davon ausgeht, daß die meisten Interpolationen im selben Intervall bleiben, läßt sich auch hier das Watkins-Verfahren anwenden (mit noch größerem Zeitvorteil als bei der einfachen Interpolation).

Bei drei unabhängigen Variablen müssen bereits 7 Suchvorgänge und 7 Interpolationen ausgeführt werden. Allgemein müssen bei n unabhängigen Variablen $2^n - 1$ Suchvorgänge und $2^n - 1$ Interpolationen ausgeführt werden.

Bemerkung. Hat man sehr viele Stützstellen, wäre es zur Ersparnis von Speicherplatz möglich, Teile der Stützstellentabelle auf einem schnellen Sekundärspeicher (z.B. Platte) unterzubringen, und im Kernspeicher nur mit den Gitterpunkten und ihren Nachbarn zu arbeiten, in denen sich das Argument gerade befindet (Segmentieren und „Swappen"). In Simulationssystemen ist aber eine solche (relativ komplizierte) Organisation noch nicht angewendet worden.

6.3. Das implizite Element

Das implizite Element dient zur iterativen Bestimmung von x in der Gleichung

$$x = f(x)$$

Diese Gleichung bedeutet im Blockdiagramm des mathematischen Modells eine Schleife, die keinen Integrierer enthält. Bei der Verwendung des impliziten Elements wird die integriererlose Schleife aufgeschnitten und das Element IMP eingefügt (siehe Abschnitt 2.6). Statt $x = f(x)$ kann man jetzt schreiben

$$y_n = f(x_n) \tag{6.25}$$

$$x_{n+1} = IMP(y_n) \tag{6.26}$$

Das implizite Element hat die Aufgabe, aus dem Argument y_n ein x_{n+1} so zu berechenen, daß sich die Differenzen $x_{n+1} - x_n$ und $y_{n+1} - y_n$ mit wachsendem n immer mehr der Null nähern und schließlich $x_n = y_n = x$ wird. Die beiden Gleichungen (6.25) und (6.26) werden hierzu solange wiederholt durchlaufen, bis $|x_{n+1} - x_n| < \epsilon$, einem vorgegebenem Fehler ist, oder bis eine feste Anzahl von Durchläufen überschritten ist (dann hat das Verfahren nicht konvergiert).

Für die Lösung der impliziten Gleichung gibt es mehrere Verfahren, deren gemeinsame Voraussetzungen sind:

(1) Es muß ein Anfangswert x_0 für die Iteration vom Benutzer vorgegeben werden. Der Anfangswert darf nicht zu weit vom Endwert entfernt sein, sonst konvergieren die Verfahren nicht.

(2) Der Verlauf der Kurve $y = f(x)$ muß in der Umgebung des Endwertes x hinreichend glatt sein, sonst konvergieren die Verfahren nicht.

Hinsichtlich ihres Verhaltens bei der Iteration lassen sich vier Typen der Funktion $y = f(x)$ unterscheiden (siehe Bild 6.11):

Typ 1: $-1 < f'(x) < 0$.   Die Ableitung ist negativ und dem Betrage nach kleiner als 1.
Typ 2: $0 < f'(x) < 1$.   Die Ableitung ist positiv und kleiner als 1.
Typ 3: $f'(x) < -1$.   Die Ableitung ist negativ und dem Betrage nach größer als 1.
Typ 4: $f'(x) > 1$.   Die Ableitung ist positiv und größer als 1.

6.3.1. Midas-Verfahren

In Midas wird das einfachste, aber auch schlechteste Verfahren für das implizite Element angewendet. Es wird einfach gesetzt

$$x_{n+1} = y_n$$

Das heißt, der berechnete Funktionswert y_n an der Stelle x_n wird als bessere Näherung für x verwendet.

Das Midas-Verfahren konvergiert nur für Funktionen vom Typ 1 und Typ 2, also für Funktionen, deren Ableitung in der Umgebung von x dem Betrage nach kleiner als 1 ist. Außerdem konvergiert es dort nur etwa linear. Das ist eine große Einschränkung der behandelbaren Funktionen. Theoretisch kann man zwar sagen: wenn $y = f(x)$ eine Ableitung $|f'(x)| > 1$ besitzt, bilde man die Umkehrfunktion $x = g(y)$, für diese gilt dann mit Sicherheit $|g'(y)| < 1$; aber diese Umkehrung muß der Benutzer selbst vornehmen, das Simulationssystem kann es nicht. Er muß dazu das mathematische Modell mehr oder weniger stark ändern, falls er die Umkehrfunktion überhaupt bilden kann!

In Bild 6.11 ist die Wirkung des Midas-Verfahrens auf die vier Kurventypen dargestellt:

> Typ 1   ist oszillatorisch stabil
> Typ 2   ist monoton stabil
> Typ 3   ist oszillatorisch instabil
> Typ 4   ist monoton instabil

6.3.2. Pactolus-Verfahren

In Pactolus wird ein geringfügig verbessertes Verfahren verwendet, aber ebenfalls mit dem Nachteil, daß der Benutzer über den ungefähren Verlauf der Funktion $y = f(x)$ orientiert sein muß. Die Formel lautet:

$$x_{n+1} = (1 - P) \cdot y_n + P \cdot x_n$$

Hier wird das gewichtete Mittel aus dem letzten Funktionswert y_n und dem letzten Argumentwert x_n gebildet. Der Gewichtsfaktor P muß vom Benutzer vorgegeben werden. Seine günstigste Wahl hängt vom Typ der Funktion ab. Es soll sein (nach [35]):

> Typ 1: $0 < P < 0.5$
> Typ 2: $P < 0$
> Typ 3: $0.5 < P < 1$
> Typ 4: $P > 1$

Bei richtiger Wahl des Gewichtsfaktors P wird zwar hier auch Konvergenz erreicht, wenn $|f'(x)| > 1$ ist, aber die richtige Wahl ist gar nicht einfach zu treffen.

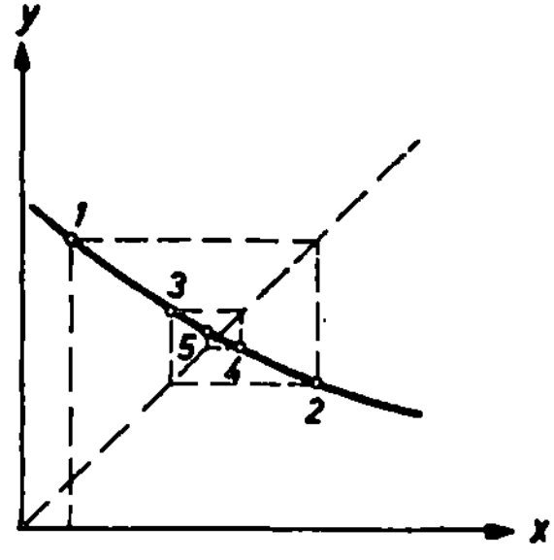
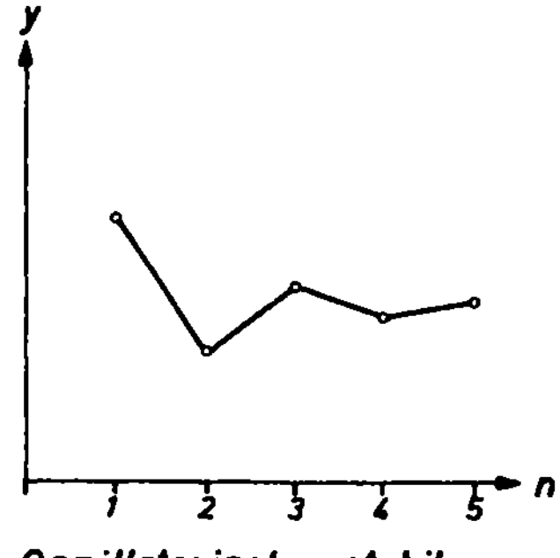

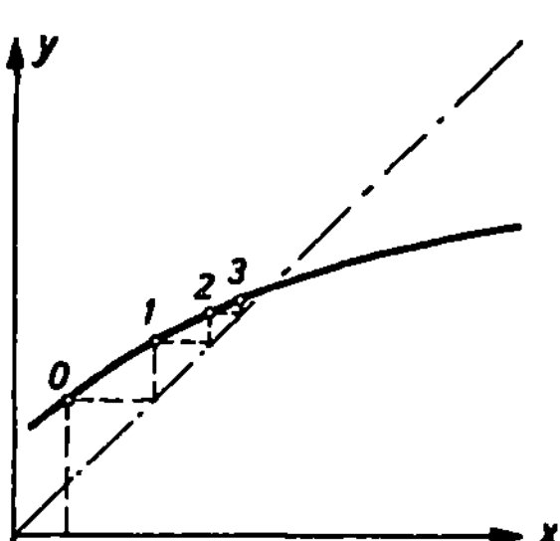
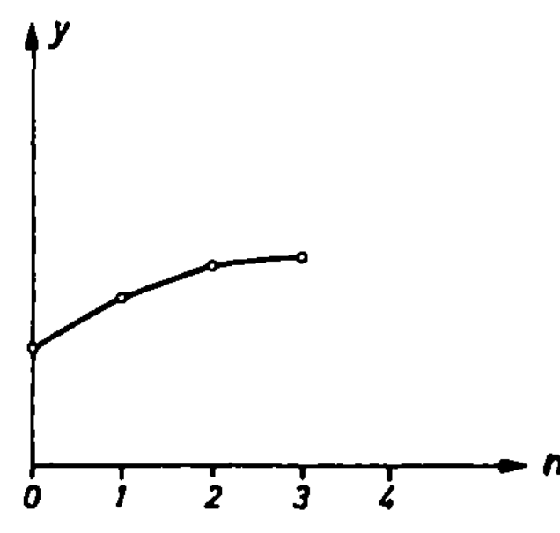

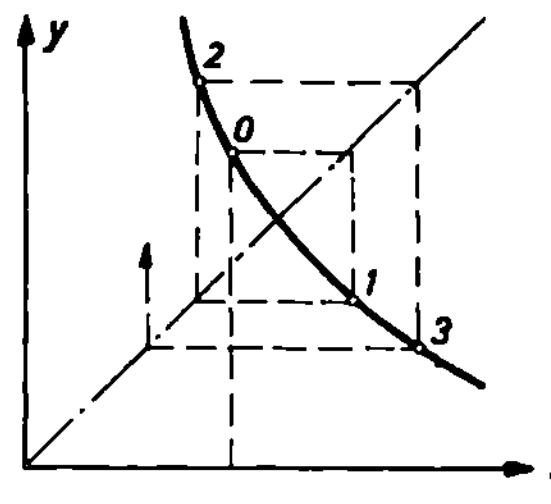
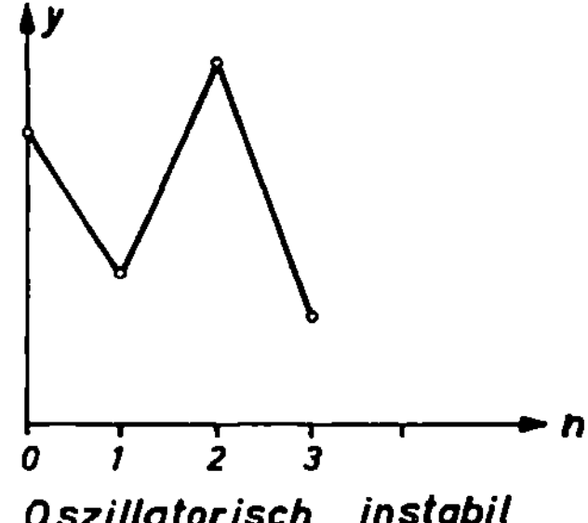

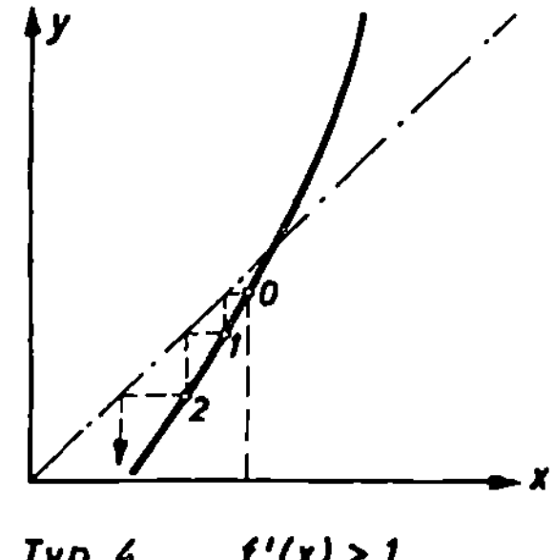
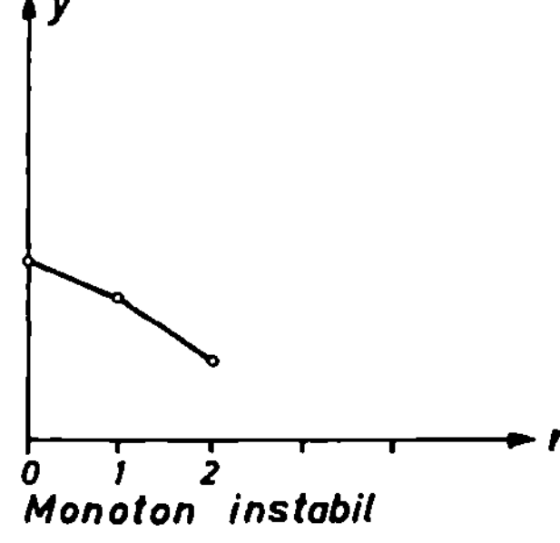

Bild 6.11

Midas-Iterationsverfahren
bei verschiedenen Kurvenformen

6.3.3. Mimic- und DSL/90-Verfahren

In diesen Simulationssystemen wird ein Verfahren benutzt, das unter den angegebenen Voraussetzungen für alle 4 Funktionstypen konvergiert, und zwar mit quadratischer Geschwindigkeit. Das Verfahren ist von Wegstein neu entdeckt und von ihm ziemlich umständlich beschrieben worden [35], es ist aber nichts anderes, als das altbekannte Sekanten-Verfahren:
Durch zwei bereits bekannte Punkte auf der Kurve $y = f(x)$ wird eine Gerade gelegt, und
die Abszisse des Punktes, in dem diese Gerade die Gerade $y = x$ schneidet, wird als neues
x angenommen. Im einzelnen: Der Startwert x_0 liefert $y_0 = f(x)$. Der nächste Punkt x_1
wird nach dem Midas-Verfahren berechnet: $x_1 = y_0$, und es ergibt sich $y_1 = f(x_1)$. Der
nächste Punkte (x_2) wird berechnet, indem eine Gerade durch die Punkte (x_0, y_0) und
(x_1, y_1) gelegt wird. Die Gleichung dieser Geraden lautet

$$y(x) = c \cdot (x - x_1) + y_1 \tag{6.27}$$

mit

$$c = \frac{y_1 - y_0}{x_1 - x_0}$$

Die Gerade (6.27) schneidet die Gerade $y = x$ an der Stelle x_2, woraus sich durch Gleich-
setzung ergibt

$$x_2 = c \cdot (x_2 - x_1) + y_1$$

oder

$$x_2 = \frac{y_1 - c \cdot x_1}{1 - c} \tag{6.28}$$

Die Gleichung (6.28) ist undefiniert, wenn $c = 1$ ist. In diesem Fall verläuft die Gerade (6.27) parallel
zu der Geraden $y = x$. Dann muß der nächste x-Wert wieder nach dem Midas-Verfahren berechnet
werden.

Allgemein, bei der n. Iteration lautet das Wegstein-Verfahren also

$$c = \frac{y_n - y_{n-1}}{x_n - x_{n-1}}$$

$$x_{n+1} = \frac{y_n - c \cdot x_n}{1 - c} \quad (\text{für } c \neq 1) \tag{6.29}$$

$$x_{n+1} = y_n \qquad (\text{für } c = 1)$$

Da dieses Verfahren für alle vier Funktionstypen konvergiert und leicht programmierbar
ist (es muß immer nur ein zurückliegender x- und y-Wert gespeichert werden), ist es den
Midas- und Pactolus-Verfahren klar überlegen und sollte immer zur Simulation verwendet
werden.

Auf dem gleichen Wege kann man auch Formeln höherer Ordnung ableiten, die noch
schneller konvergieren (z.B. Parabel durch drei Punkte mit der Geraden $y = x$ schneiden),
aber Rechen- und Speicheraufwand steigen hierbei so stark an (es müssen Wurzeln gezogen werden), daß sich der Aufwand für das verhältnismäßig selten vorkommende implizite
Element wahrscheinlich nicht lohnt.

6.4. Unstetige und nicht überall differenzierbare Funktionen

Eine wichtige Klasse der Funktionstypen eines Simulationssystems bilden die nicht überall stetigen und differenzierbaren Funktionen. Man kann sie weiter aufteilen in die stückweise konstanten Funktionen:

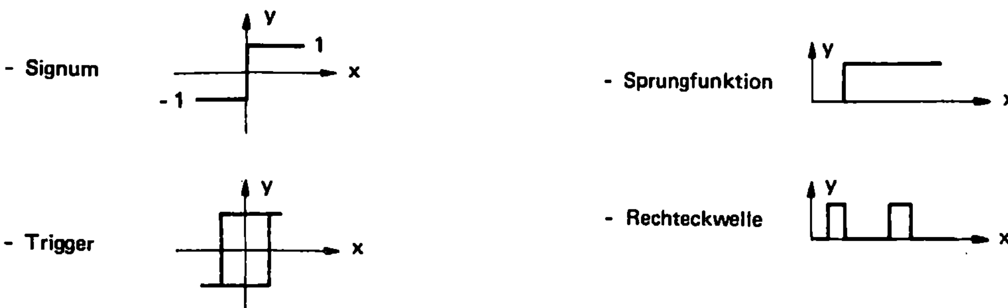

und die stückweise linearen Funktionen, die zwar keine Unstetigkeitsstellen, wohl aber Knicke, das heißt Nichtdifferenzierbarkeiten aufweisen:

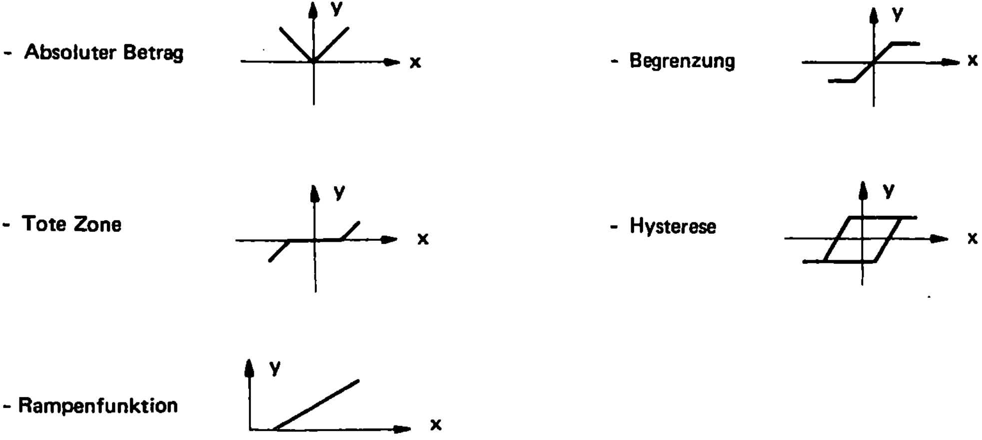

Es ist klar, daß damit die Möglichkeiten für derartige Funktionen nicht erschöpft sind, aber in praktischen Simulationssystemen kommen keine anderen Funktionen vor. Wer andere Funktionen braucht, kann sie sich meist aus den hier aufgeführten Grundfunktionen erzeugen.

Ist mindestens eine dieser Funktionen in einem mathematischen Modell vorhanden, so hat das zur Folge, daß alle Zeitfunktionen, die von dieser Funktion mit gesteuert werden ebenfalls Punkte besitzen, in denen sie Sprünge machen oder Knicke haben, sofern kein glättendes Element, wie der Integrierer dazwischen liegt.

Insbesondere werden dadurch auch die Integrierereingänge, also die Integranden zu unstetigen oder nicht überall differenzierbaren Funktionen. Bei den Integrationsverfahren, die die Stetigkeit und Differenzierbarkeit über mehrere Schritte hinweg voraussetzen (die Mehrschritt-Verfahren), führt das zu katastrophalen Folgen, wie im Abschnitt 6.1.3.1. gezeigt worden ist. Da die Einschrittverfahren keine Information aus zurückliegenden Schritten benutzen, darf der Integrand von Schritt zu Schritt hier durchaus unstetig sein. Aber innerhalb eines einzelnen Schrittes, also im Intervall (t_n, t_{n+1}) muß er auch bei den Einschrittverfahren nicht nur stetig, sondern auch differenzierbar sein, damit die Verfahren richtig arbeiten.

Aus diesem Grunde dürfen alle unstetigen oder nicht differenzierbaren Funktionen in jedem Schritt nur einmal, und zwar im ersten Teilschritt neu berechnet werden. In den restlichen Teilschritten behalten sie den im ersten Teilschritt berechneten Wert bei.

Dadurch wird zwar auch ein Fehler in die Lösung eingeschleppt, der aber kleiner ist, als wenn man unstetige Integranden in Kauf nähme und der sich überdies durch hinreichend kleine Schrittweite beliebig klein halten läßt.

Bei unstetigen Zeitfunktionen (Sprungfunktion, Rechteckwelle) muß außerdem beachtet werden, daß, wenn der Zeitpunkt des ersten Integrationsteilschrittes gerade in eine Unstetigkeitsstelle fällt, der rechtsseitige Grenzwert zu nehmen ist. Da der Wert des Zeitpunktes von Rundungsfehlern entstellt werden kann, empfiehlt es sich, die Unstetigkeitsstelle mit einer gewissen Umgebung zu versehen (z.B. ein Zehntel der Schrittweite), und wenn der Zeitpunkt in diese Umgebung fällt, den rechtsseitigen Grenzwert zu nehmen.

7. Siesta – Ein Simulationssystem mit grafischer Ein- und Ausgabe

Das Simulationssystem Siesta (= Simulation endlicher stetiger Automaten) wurde entwickelt, um die theoretischen Ergebnisse der vorliegenden Arbeit in die Praxis umzusetzen und zu erproben. Die Leitgedanken, die dem Konzept von Siesta zugrunde liegen, lassen sich folgendermaßen zusammenfassen:

(1) Die Sprache, in der das mathematische Modell beschrieben werden muß, soll möglichst flexibel sein, leicht erlernbar und auch von einer kleineren Maschine leicht übersetzbar. Es wurde eine algebraische Sprachform gewählt, die beliebig komplexe Klammerstrukturen und bedingte Aussagen zuläßt. Darüber hinaus wurde versucht, die algebraische Beschreibung des Modells durch eine grafische Beschreibung zu ersetzen, bei der das Blockdiagramm des mathematischen Modells mit dem Lichtstift auf den Bildschirm eines Sichtgerätes gezeichnet wird. Es hat sich gezeigt, daß diese Eingabeform syntaktisch kompliziert ist und wegen der beschränkten Bildschirmgröße nur für kleinere mathematische Modelle benutzt werden kann. Außerdem erfordert die Auswertung der grafischen Eingabe durch den Rechner eine so umfangreiche Software-Unterstützung, daß die grafische Eingabe wohl nur für Rechner mit sehr großem Speicher praktische Bedeutung haben wird.

(2) Siesta soll auf einem kleineren Rechner laufen, mit dem nicht nur im stapelweisen sondern auch im Konversationsbetrieb gearbeitet wird. Auch Siesta soll darum sowohl im stapelweisen Betrieb mit Dateneingabe über Lochkarten, als auch im Konversationsbetrieb, von der Schreibmaschine aus gesteuert, betrieben werden können.

(3) Um das System überschaubar und leicht auf andere Maschinen übertragbar zu machen, wurde es in Fortran II geschrieben. Das hat den weiteren Vorteil, daß es im Versuchszustand leichter zu ändern ist als ein in Maschinensprache geschriebenes Programm. Üblicherweise sind dafür Fortran-Programme gegenüber Maschinenprogrammen ineffektiv hinsichtlich Speicherplatz und Rechenzeit. Hier gilt das nur für den Speicherplatz, denn die Rechenzeit ist fast allein durch die Dauer der Gleitkommaoperationen bestimmt, die bei der zur Verfügung stehenden Maschine (C 90–40) nicht verdrahtet, sondern programmiert sind.

(4) Wegen des Konversationsbetriebes, in dem auch eine nachträgliche Änderung des mathematischen Modells auf Statement-Basis möglich sein soll, wurde als interne Repräsentation des mathematischen Modells die Blockliste gewählt. Zum Studium wurden zwei Fassungen von Siesta aufgestellt: eine bei der die Blockliste zur Simulationszeit interpretiert wird und eine, bei der aus der Blockliste zur Übersetzungszeit Maschinencode aufgestellt wird. Die erste benötigt weniger Speicherplatz, die zweite ist schneller.

(5) Die Ausgabe soll so flexibel wie möglich sein. Es kann gewählt werden zwischen einer Ausgabe der Ergebnisse in Zahlenform, in grob gerasterten Kurven auf dem Schnelldrucker oder in Kurven auf dem Bildschirm.

7.1. Die Siesta-Sprache

Der Aufbau einer jeden Simulationssprache gliedert sich in Modellbeschreibung und Parameterbeschreibung. In Siesta kann die Modellbeschreibung algebraisch oder grafisch vorgenommen werden.

Format. Das Format schließt sich eng an Fortran an. In der Modellbeschreibung bildet Spalte 1 bis 72 der Lochkarte ein einziges großes Feld, in das eine Aussage an beliebiger Stelle geschrieben werden kann. Blanks sind bedeutungslos. Ein * in Spalte 1 bedeutet einen Kommentar. Ein $ in irgendeiner Spalte bedeutet Kartenende. Der Rest der Karte kann Kommentare enthalten und wird nicht ausgewertet. Zwei aufeinanderfolgende Zeichen bedeuten, daß die Aussage auf der nächsten Karte fortgesetzt wird.

In der Parameterbeschreibung ist die Lochkarte in zwei Felder aufgeteilt: Feld 1 (Spalte 1 ... 5) enthält ein Kennwort, das den Typ der in Feld 2 aufgeführten Parameter bezeichnet. Feld 2 (Spalte 7 ... 72) enthält die Parameter selbst. Im übrigen gelten die gleichen Konventionen wie bei der Modellbeschreibung.

7.1.1. Algebraische Modellbeschreibung

Die algebraische Form der Modellbeschreibung besteht aus elementaren Konstruktionen zur Bezeichnung der beteiligten Größen (Literals, Variablen), Funktionsaufrufen und Ausdrücken zur arithmetischen Verknüpfung der Größen und Aussagen, um Variablen Werte zuweisen zu können. Form und Bedeutung der Sprachelemente werden nach Art des Algol-Berichtes beschrieben.

7.1.1.1. Elementare Konstruktionen

Syntax

Nr.	Definition
1	$\langle\text{Ziffer}\rangle \leftarrow 0\,\vert\,1\,\vert\,2\,\vert\,3\,\vert\,4\,\vert\,5\,\vert\,6\,\vert\,7\,\vert\,8\,\vert\,9$
2	$\langle\text{Integer}\rangle \leftarrow \{\langle\text{Ziffer}\rangle\}_1$
3	$\langle\text{Exponent}\rangle \leftarrow E\ \{+\vert-\}_0^1\ \{\langle\text{Ziffer}\rangle\}^2$
4	$\langle\text{Literal}\rangle \leftarrow \langle\text{Integer}\rangle\ \{\langle\text{Exponent}\rangle\}_0^1$
	$\qquad\cdot\langle\text{Integer}\rangle\ \{\langle\text{Exponent}\rangle\}_0^1$
	$\qquad\langle\text{Integer}\rangle\cdot\langle\text{Integer}\rangle\ \{\langle\text{Exponent}\rangle\}_0^1$
	$\qquad\langle\text{Integer}\rangle\cdot\{\langle\text{Exponent}\rangle\}_0^1$
5	$\langle\text{Buchstabe}\rangle \leftarrow A\,\vert\,B\,\vert\,C\,\vert\,\ldots\,\vert\,Y\,\vert\,Z$
6	$\langle\text{Einfache Variable}\rangle \leftarrow \langle\text{Buchstabe}\rangle\ \{\langle\text{Buchstabe}\rangle\,\vert\,\langle\text{Ziffer}\rangle\}_0^5$
7	$\langle\text{Ableitungsvariable}\rangle \leftarrow \langle\text{Buchstabe}\rangle\ \{\langle\text{Buchstabe}\rangle\,\vert\,\langle\text{Ziffer}\rangle\}_0^{5-n}\ \{'\}^n$
8	$\langle\text{Variable}\rangle \leftarrow \langle\text{Einfache Variable}\rangle\,\vert\,\langle\text{Ableitungsvariable}\rangle$

Semantik. Literals sind Gleitkommakonstanten, auch wenn sie ohne Dezimalpunkt geschrieben sind. Festkommagrößen gibt es nicht. Die einfache Variable ist wie in Fortran gebaut, sie besitzt einen Namen und einen Wert. Solange ihr kein Wert durch eine Aussage oder eine Parametereingabe zugewiesen wurde, ist ihr Wert undefiniert. Die Variable T bedeutet die Problemzeit und darf nicht in anderer Bedeutung verwendet werden. Die Ableitungsvariable ist eine einfache Varible, gefolgt von ein oder mehreren Ableitungsstrichen. Sie bedeutet die zeitliche Ableitung der gleichnamigen Variablen ohne Ableitungsstriche.

7.1.1.2. Funktionsaufrufe

Syntax

Nr.	Definition
9	$\langle$ F-Name $\rangle \quad \leftarrow \quad \langle$ Buchstabe $\rangle$ { $\langle$ Buchstabe $\rangle$ | $\langle$ Ziffer $\rangle$ } $_0^5$
10	$\langle$ Funktionsaufruf $\rangle \leftarrow$ INT ($\langle$ Ausdruck $\rangle$)|
	DERIV ($\langle$ Ausdruck $\rangle$)|
	DELAY ($\langle$ Ausdruck $\rangle$ {, $\langle$ Ausdruck $\rangle$ } $_2^2$)|
	FUN 1 ($\langle$ F-Name $\rangle$, $\langle$ Ausdruck $\rangle$)|
	SQRT ($\langle$ Ausdruck $\rangle$)|
	EXP ($\langle$ Ausdruck $\rangle$)|
	ALOG ($\langle$ Ausdruck $\rangle$)|
	SIN ($\langle$ Ausdruck $\rangle$)|
	COS ($\langle$ Ausdruck $\rangle$)|
	ATAN ($\langle$ Ausdruck $\rangle$)|
	ABS ($\langle$ Ausdruck $\rangle$)|
	SGN ($\langle$ Ausdruck $\rangle$)|
	SWITCH ($\langle$ Ausdruck $\rangle$ {, $\langle$ Ausdruck $\rangle$ } $_3^3$)|
	LIM ($\langle$ Ausdruck $\rangle$ {, $\langle$ Ausdruck $\rangle$ } $_2^2$)|
	DEAD ($\langle$ Ausdruck $\rangle$ {, $\langle$ Ausdruck $\rangle$ } $_2^2$)|
	TRIG ($\langle$ Ausdruck $\rangle$ {, $\langle$ Ausdruck $\rangle$ } $_2^2$)|
	SPRUNG ($\langle$ Ausdruck $\rangle$)|
	RAMPE ($\langle$ Ausdruck $\rangle$)|
	TAKT ($\langle$ Ausdruck $\rangle$ {, $\langle$ Ausdruck $\rangle$ } $_2^2$)

Semantik. Funktionsaufrufe sind Bestandteil von Ausdrücken. Jeder Funktionstyp ist durch einen eindeutigen Namen bezeichnet. Die Argumente, die dem Funktionsnamen in Klammern folgen, sind die Argumente, aus denen der Funktionswert berechnet wird. Die Bedeutung der einzelnen Funktionsaufrufe ist der Tabelle Bild 7.1 zu entnehmen.

F-Name ist der Name einer durch Stützstellen gegebenen Funktion, die mit der Funktion FUN 1 linear interpoliert wird. Er ist wie eine Variable gebaut und kann frei gewählt werden.

	Nr.	Block	Funktion	Bedeutung
Zeitfunktionen	1	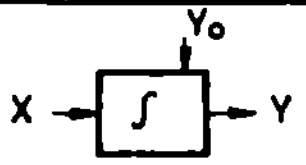 X — ∫ — Y	Integration Explizit: $Y = INT(X)$ Implizit: $Y' = X$	$Y(t) = Y_0 + \int_0^t X\,dt$
	2	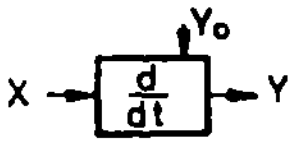 X — $\frac{d}{dt}$ — Y	Differentiation $Y = DERIV(X)$	$Y_n = \frac{X_n - X_{n-1}}{h}$ $n > 0$ $Y_0 = Y_0$ $n = 0$
	3	 X — Y	Totzeit $Y = DELAY(X,D,N)$	$Y(t) = X(t-D)$ $t \geq D$ $Y(t) = 0$ $t < D$ N = Maximale Schrittanzahl, um die verzögert wird.
Arithmetische Funktionen	4	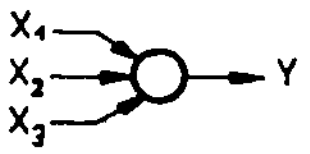 X_1, X_2, X_3 — ○ — Y	Addition $Y = X1 + X2 + X3 + \ldots$	$Y = X1 + X2 + X3 + \ldots$ Beliebig viele Summanden
	5	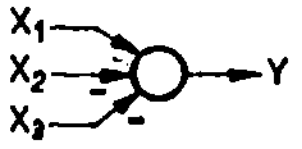 X_1, X_2, X_3 — ○ — Y	Subtraktion $Y = X1 - X2 - X3 - \ldots$	$Y = X1 - X2 - X3 - \ldots$ Beliebig viele Subtrahenden
	6	 X_1, X_2, X_3 — * — Y	Multiplikation $Y = X1*X2*X3*\ldots$	$Y = X1 \cdot X2 \cdot X3 \cdot \ldots$ Beliebig viele Faktoren
	7	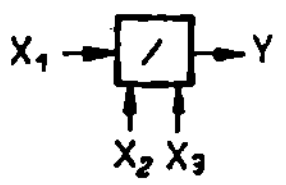 X_1 — / — Y ; $X_2\,X_3$	Division $Y = X1/X2/X3/\ldots$	$Y = X1/X2/X3/\ldots$ Beliebig viele Divisoren
Empir. Funkt.	8	 X — F — Y	Empirische Funktion (Lineare Interpol.) $Y = FUN1(F,X)$	$Y = F(X)$ $X_0 \leq X \leq X_n$ $Y = F(X_0)$ $X < X_0$ $Y = F(X_n)$ $X > X_n$ F = Frei wählbarer Funktionsname
Transzendente Funktionen	9	 X — SQRT — Y	Quadratwurzel $Y = SQRT(X)$	$Y = \sqrt{X}$ $X \geq 0$
	10	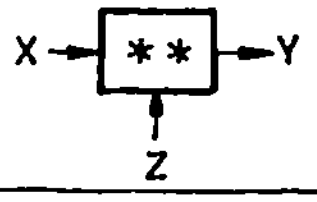 X — ** — Y ; Z	Exponentiation $Y = X**Z$	$Y = X^Z$ $X \geq 0$
	11	 X — EXP — Y	Exponentialfunktion $Y = EXP(X)$	$Y = e^X$

Bild 7.1. Siesta-Funktionen

	Nr.	Block	Funktion	Bedeutung
Transzendente Funktionen	12	X → LN → Y	Natürlicher Logar. $Y=AL\emptyset G(X)$	$Y = \ln X$
	13	X → SIN → Y	Sinus $Y=SIN(X)$	$Y = \sin X$ X im Bogenmaß
	14	X → COS → Y	Cosinus $Y=C\emptyset S(X)$	$Y = \cos X$ X im Bogenmaß
	15	X → ATAN → Y	Arcus Tangens $Y=ATAN(X)$	$Y = \arctan X$ X im Bogenmaß
Besondere Funktionen	16	X → [⋇] → Y	Absoluter Betrag $Y=ABS(X)$	$Y = |X|$
	17	X → [⊏] → Y	Signum $Y=SGN(X)$	$Y = +1 \quad X > 0$ $Y = 0 \quad X = 0$ $Y = -1 \quad X < 0$
	18	X → [⊿] → Y	Begrenzung $Y=LIM(X,P1,P2)$	$Y = X \quad P1 \le X \le P2$ $Y = P1 \quad X \le P1$ $Y = P2 \quad X \ge P2$
	19	X → [⊿] → Y	Tote Zone $Y=DEAD(X,P1,P2)$	$Y = X - P1 \quad X \le P1$ $Y = 0 \quad P1 \le X \le P2$ $Y = X - P2 \quad X \ge P2$
	20	X → [⊞] → Y	Trigger $Y=TRIG(X,P1,P2)$	$Y_n = -1 \quad X \le P1$ $Y_n = Y_{n-1} \quad P1 < X < P2$ $Y_n = +1 \quad X \ge P2$
Funktionsgeneratoren	21	[⊐] → Y	Sprung $Y=SPRUNG(P)$	$Y = 0 \quad t < P$ $Y = 1 \quad t \ge P$
	22	[⟋] → Y	Rampe $Y=RAMPE(P)$	$Y = 0 \quad t \le P$ $Y = t - P \quad t \ge P$
	23	[⊓⊔] → Y	Taktgenerator $Y=TAKT(P1,P2,P3)$	P1 = Pulsdauer P2 = Periode P3 = Phase

7.1.1.3. Ausdrücke und Aussagen

Syntax

Nr.	Definition
11	<Primärteil> ← <Literal>| <Variable>| <Funktionsaufruf>| (<Ausdruck>)
12	<Faktor> ← <Primärteil> { ** <Primärteil> }$_0^1$
13	<Term> ← <Faktor> { {*|/} } <Faktor> }$_0$
14	<Ausdruck> ← {+|−}$_0^1$ <Term> {{+|−}}$_1$ <Term> }$_0$
15	<Aussage> ← {<Variable>\\}$_0^1$ <Variable> = <Ausdruck>

Semantik. Ausdrücke sind arithmetische Verknüpfungen von Literals, Variablen und Funktionsaufrufen mit den arithmetischen Operatoren **, *, /, +, −. Der Vorrang der Operationen (wenn die Rangfolge nicht durch Klammern festgelegt ist) wird durch die syntaktischen Begriffe Primärteil, Faktor, Term festgelegt. Alle Auswertungen sind in Gleitkommaarithmetik, Teilausdrücke gleicher Hierarchie werden von links nach rechts ausgewertet.

Durch die Aussage wird der Wert des Ausdruckes rechts vom Gleichheitszeichen der Variablen unmittelbar links vom Gleichheitszeichen zugewiesen, aber nur dann, wenn die Konstruktion <Variable>\ nicht vorhanden ist oder dann, wenn der Wert der Variablen in dieser Konstruktion größer als Null ist. Die Konstruktion <Variable> \ stellt also die Bedingung dar, unter der die Aussage auszuführen ist.

Die gesamte Modellbeschreibung ist eine beliebige Folge von Aussagen, die durch das Wort END abgeschlossen ist. Syntax:

Nr.	Definition
16	<Modellbeschreibung> ← {<Aussage>}$_1$ END

7.1.2. Grafische Modellbeschreibung

Bei der grafischen Modellbeschreibung wird das mathematische Modell in Form eines Blockdiagramms auf den Bildschirm eines Sichtgerätes gezeichnet und die Blockliste wird nach der Struktur des Blockdiagrammms aufgebaut.

Prinzip. Als Konversationsmedium zwischen Benutzer und Rechenmaschine wird in der Hauptsache das sogenannte „Standbild" auf dem Sichtgerät und nebenbei für die Eingabe von Textinformation die Kontroll-Schreibmaschine benutzt. Das Standbild ist ein festes Bild, das während der ganzen Eingabe vorhanden ist und vom Benutzer nicht verändert werden kann (Bild 7.2). Es besteht aus einer Umrahmung der nutzbaren Fläche des Bildfeldes und einer Reihe von Steuerbefehlen am rechten Bildrand. Indem man mit dem Lichtstift auf einen dieser Steuerbefehle deutet, sagt man dem Programm, welche Aktion man

Bild 7.2
Standbild bei grafischer
Eingabe der Modellbeschreibung

als nächste unternehmen will, oder welche Aktion das Programm als nächste ausführen soll.
Diese Steuerbefehle vertreten also die manchmal hierzu benutzten Schalter und Knöpfe
einer besonderen Steuertastatur.

Die obere Hälfte besteht aus verbalen Steuerbefehlen für besondere Zwecke (siehe weiter
unten), die untere Hälfte besteht aus vier verschiedenen Symbolen für Blocktypen und
einem Symbol für Verbindungslinien. Durch abwechselndes Zeigen auf die Symbole der
Steuerliste und auf Punkte der Bildfläche wird das Blockdiagramm nach und nach aufgebaut.

Das Symbol $\boxed{\int}$ bedeutet einen Integrierer. Zu ihm gehört genau ein Eingang und

genau ein Ausgang. Das Symbol $\boxed{}$ bedeutet eine Summier- oder Subtrahierstelle.

Hat man auf dieses Element gedeutet und ist es in das Blockdiagramm aufgenommen,
so muß man über die Schreibmaschine zur näheren Spezifikation ein Plus- oder ein Minuszeichen eingeben, das dann auch in dem Kästchen abgebildet wird. Summier- und Sub-
trahierstellen können beliebig viele Eingänge bekommen.

Das Symbol $\boxed{}$ bedeutet ein Potentiometer. Es hat einen Eingang und einen Ausgang.

Der Eingang wird dabei mit einer Konstanten oder Variablen multipliziert, deren Wert
oder Namen man wieder über die Schreibmaschine eingeben muß, nachdem das Bild des
Potentiometers kurzzeitig auf dem Bildschirm erschienen ist.

Das Symbol $\square$ gilt für alle übrigen Funktionstypen. Es hat je nach Funktionstyp einen
oder mehrere Eingänge. Der spezielle Funktionstyp wird wieder durch Eingabe des Funk-
tionsnamens über die Schreibmaschine dem Programm mitgeteilt.

Da man meist mehrere Symbole des gleichen Typs hintereinander auf dem Bildschirm
plazieren will, wäre es ungünstig, wenn man von jeder Plazierung erneut auf das betref-
fende Symbol im Standbild zeigen müßte. Das Programm ist deshalb so eingerichtet, daß
die Unterprogramme, für die Plazierung von Symbolen zyklisch arbeiten, das heißt, nachdem man einmal auf ein Symbol des Standbildes gezeigt hat, kann man beliebig viele Exem-
plare des gezeigten Symbols auf der Bildfläche plazieren ohne dazwischen wieder zum
Standbild zurück zu müssen.

Unter den verbalen Steuerbefehlen gibt es aber auch einige, die ihrer Natur nach immer
nur einmal ausgeführt werden sollen. Die entsprechenden Unterprogramme sind nicht
zyklisch angelegt. Mit dieser Unterscheidung kann der prinzipielle Aufbau des Programms
zur grafischen Eingabe durch das Ablaufdiagramm Bild 7.3 beschrieben werden.

Zuerst wird das Standbild erzeugt, die Blockliste und die mit ihr verbundenen Listen werden eröffnet.
Anschließend wartet das Programm darauf, daß der Benutzer mit dem Lichtstift auf einen Steuerbefehl zeigt. Ist das geschehen, so wird analysiert, um welchen Steuerbefehl es sich handelt und ob zu
ihm ein zyklisches oder ein nichtzyklisches Unterprogramm gehört. Ein nichtzyklisches Unterprogramm wird einmal ausgeführt und anschließend wartet das Programm darauf, daß der Benutzer auf

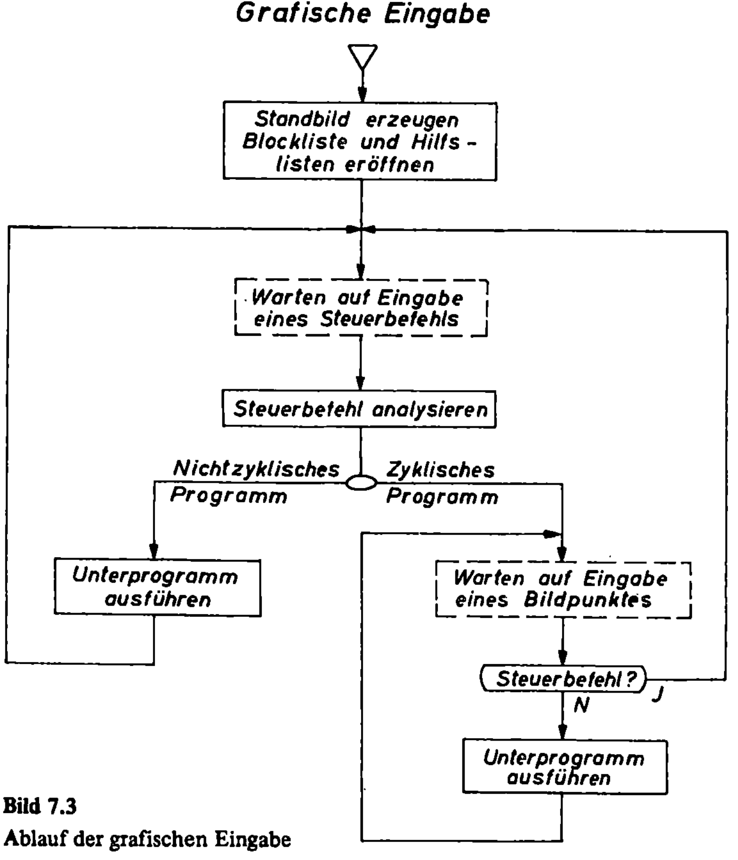

Bild 7.3
Ablauf der grafischen Eingabe

einen Punkt der Bildfläche zeigt. Anschließend wird das zyklische Unterprogramm ausgeführt und das Programm wartet wieder auf eine Lichtstifteingabe. Dieser Zyklus wiederholt sich so lange, bis der Benutzer auf einen Steuerbefehl statt auf die Bildfläche zeigt. Dann springt das Programm wieder an den Anfang zurück und wartet darauf, daß der nun gewünschte Steuerbefehl erneut eingegeben wird.

Ablauf einer grafischen Modellbeschreibung. Die Reihenfolge der Eingabe wird dadurch bestimmt, daß eine Wirkungslinie, die zwei Blöcke verbindet, erst eingegeben werden kann, wenn die beiden Blöcke auf dem Bildschirm stehen. Man beginnt darum die Eingabe damit, daß man alle Blöcke des Blockdiagramms plaziert. (Bild 7.4—1). Anschließend mar-

Bild 7.4-1

Schirmbild nach Eingabe
aller Blöcke

Bild 7.4-2

Vollständiges Schirmbild
nach Eingabe aller Blöcke
und aller Verbindungen

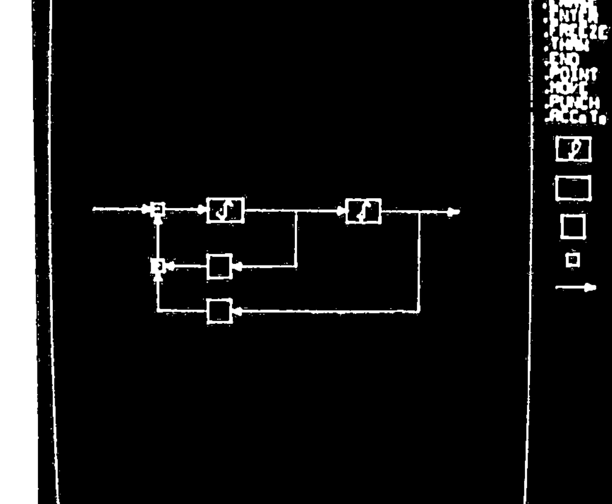

Bild 7.4. Grafische Eingabe der Gleichung $\ddot{y} = -a\dot{y} - by + x(t)$

kiert man die Eingänge und Ausgänge des gesamten Blockdiagramms durch Punkte (mit
dem Steuerbefehl POINT). Das ist notwendig, weil die darauf folgende Eingabe der Wirkungslinien immer nur zwischen zwei leuchtenden Punkten geschehen kann. Zuletzt werden
die Wirkungslinien dadurch eingegeben, daß man für jede Wirkungslinie auf ihren Anfang
und ihr Ende zeigt. Der Verlauf der Verbindungslinie wird vom Programm selbst gesucht.
Nachdem eine Verbindungslinie eingegeben ist, wird sie kurze Zeit gezeigt, und dann
wird über die Schreibmaschine ihr Name verlangt. Es ist auch möglich, eine neue Verbindungslinie von einer schon vorhandenen abzweigen zu lassen. In diesem Falle wird von
der Schreibmaschine kein neuer Name verlangt. Bild 7.4–2 zeigt das vollständige Blockdiagramm der linearen Differentialgleichung 2. Ordnung

$$\ddot{y} + a \cdot \dot{y} + b \cdot y = x$$

Besondere Operationen. Durch die verbalen Steuerbefehle lassen sich besondere Operationen mit der grafischen Modellbeschreibung ausführen, die den Aufbau komplizierterer
Blockdiagramme erleichtern. Die Steuerbefehle bedeuten im einzelnen:

ERASE. Löschen eines falschen eingegebenen Bildelementes.
ENTER. Löschen des gesamten Bildes.
FREEZE. Bisheriges Bild „einfrieren", so daß kein Teil von ihm durch spätere Steuerbe-
fehle bewegt oder gelöscht werden kann.
THAW. Einfrieren rückgängig machen.
END. Ende der grafischen Modellbeschreibung.
POINT. Zeichnen eines Punktes.
MOVE. Punkte, Blöcke und Verbindungslinien bewegen.
PUNCH. Bildinhalt und Blockliste auf Lochstreifen ausgeben (für den Fall, daß man eine
längere Eingabe unterbrechen will).
ACC. T. Hiermit kann ein Lochstreifen, der mit PUNCH erzeugt wurde, wieder eingege-
ben werden. Anschließend erscheint das auf dem Lochstreifen gespeicherte Bild.

7.1.3. Parameterbeschreibung

Die Parameter werden in acht Gruppen eingegeben, von denen jede durch ein Kennwort
in Spalte 1 bis 5 identifiziert ist. Kommentare und Fortsetzungskarten sind hier ebenso
wie bei der Modellbeschreibung gestattet. Die Gruppen (außer START) können in beliebiger Reihenfolge, auch mehrmals, eingegeben werden. Die Parameter einer Gruppe
gelten so lange, bis sie durch erneute Eingabe derselben Gruppe überschrieben werden.

```
1    7
PAR  name = wert, name = wert, ...
```

Hiermit werden Anfangswerte und Parameter im engeren Sinne (Zahlenwerte von Variablen) eingegeben. Im Gegensatz zu den meisten anderen Simulationssprachen werden nicht
nur die Zahlenwerte in bestimmter Reihenfolge eingegeben, sondern immer der Name der

Variablen und ihr Wert. Die Reihenfolge ist dadurch beliebig und die Bedeutung der Zahlenwerte leicht erkennbar.

$$
\begin{array}{ll}
1 \quad\quad 7 & \\
\text{INT} \left\{ \begin{array}{l} \text{EULER} \\ \text{RETRA} \\ \text{ADBA} \\ \text{ADMOU} \\ \text{RUNGE} \end{array} \right\}, \text{endzeit, schrittweite}
\end{array}
$$

Hiermit werden die Integrationsparameter eingegeben. Es kann zwischen den Integrationsverfahren Euler, Rechteck-Trapez (RETRA), Adams-Bashfort 3. Ordnung (ADBA), Adams-Moulton 3. Ordnung (ADMOU) und Runge-Kutta gewählt werden. Die Schrittweite ist konstant. Endzeit ist die Zeit, bei der die Simulation beendet werden soll.

$$
\begin{array}{ll}
1 \quad\quad\quad 7 & \\
\text{INPUT} \left\{ \begin{array}{l} \text{TY} \\ \text{CR} \\ \text{PR} \end{array} \right\}
\end{array}
$$

Diese Eingabe bewirkt eine sofortige Umstellung des Eingabemediums auf die Kontrollschreibmaschine bei TY, auf den Lochkartenleser bei CR oder auf den Lochstreifenleser bei PR.

$$
\begin{array}{ll}
1 \quad\quad 7 & \\
\text{OUT} \left\{ \begin{array}{l} \text{TY} \\ \text{LPNUM} \\ \text{EXTREME} \end{array} \right\}, \text{abstand, name}_1, \text{name}_2, \ldots
\end{array}
$$

Dieser Parametersatz gibt das Ausgabemedium für die Ergebnisse an, den zeitlichen Abstand der Ausgaben (abstand) und die Namen der Variablen, die ausgegeben werden sollen (name_1, name_2 usw.). Die Codeworte für die Ausgabemedien bedeuten:

TY	=	Kontrollschreibmaschine, numerische Ausgabe
LPNUM	=	Schnelldrucker, numerische Ausgabe
EXTREME	=	Ausgabe der Maximal- und Minimalwerte der aufgeführten Varialen auf dem Schnelldrucker.

$$
\begin{array}{ll}
1 \quad 7 & \\
\text{OUT} \left\{ \begin{array}{l} \text{LPCUR} \\ \text{DISPLAY} \\ \text{PHASEN} \end{array} \right\}, \text{abstand, name}_1 = \text{amin}_1/\text{amax}_1, \text{name}_2 = \text{amin}_2/\text{amax}_2, \ldots
\end{array}
$$

Dieser Parametersatz gibt ebenfalls das Ausgabemedium für die Ergebnisse an. Die Codeworte für die Ausgabemedien bedeuten:

LPCUR	=	Kurven $y = f(t)$ auf dem Schnelldrucker
DISPLAY	=	Kurven $y = f(t)$ auf dem Sichtgerät
PHASEN	=	Phasenbild $y_2 = f(y_1)$ auf dem Sichtgerät

Da die Ergebnisvariablen für diese Ausgabeformen normiert werden müssen, müssen außer ihren Namen noch ihr minimaler und maximaler Wert angegeben werden.

```
1       7
SCALE      xmin, xmax, ymin, ymax
```

Dieser Parametersatz braucht nur eingegeben zu werden, wenn die Ausgabe auf dem
Display geschehen soll. Die vier Zahlenwerte bedeuten die minimalen und maximalen
Koordinaten, die auf dem Display dargestellt werden können.

```
1       7       .
GRID    gxmin, gxmax, gxdel, gymin, gymax, gydel {, LAB }
```

Diese Angaben dienen zur Erzeugung eines Koordinaten-Rasters als Hintergrund-Bild auf
dem Sichtgerät. Sie werden nicht im einzelnen erläutert.

```
1       7
FUN 1   name = x₁/y₁, x₂/y₂, ...
```

Dieser Parametersatz beschreibt die Stützstellen einer empirischen Funktion. Die x-Werte
müssen aufsteigend geordnet sein.

```
1       7
START
```

Dieser Parameter gibt an, daß die Parametereingabe beendet ist und die Simulation beginnen soll.

```
1   7
STOP
```

Dieser Parameter gibt an, daß das ganze Simulationsprogramm beendet ist.

7.2. Der Übersetzer

Da die Möglichkeit eines Statement-Update gegeben sein sollte und außerdem eine Interpretation des mathematischen Modells zur Simulationszeit untersucht werden sollte, wurde
die Eingabesprache nicht direkt in Maschinensprache übersetzt, sondern eine maschineninterne Zwischensprache in Form einer Blockliste geschaffen, ähnlich wie in Abschnitt
5.2.6. dargestellt. Beide Formen der Eingabe des mathematischen Modells — die algebraische und die grafische Form — liefern als Ergebnis die Blockliste, die in konzentrierter
Form die Struktur des eingegebenen mathematischen Modells widerspiegelt und anschließend in Maschinencode übersetzt oder zur Simulationszeit interpretiert werden
kann.

Das Programm für die grafische Modellbeschreibung arbeitet anders, weil die Beschreibung hier nicht in Form von Statements, deren jedes eine in sich abgeschlossene Blockbeschreibung darstellt, eingegeben wird. Die gesamte Blockliste muß vielmehr in derselben
Folge, wie der Benutzer das Modell auf dem Bildschirm aufbaut, allmählich zusammen-
gesetzt werden. Nachdem die Blockliste durch algebraische oder grafische Eingabe aufgebaut ist, muß sie sortiert werden. In der Fassung 1 von Siesta wird die Blockliste nicht in
Maschinencode übersetzt, sondern zur Simulationszeit interpretiert.

Das Interpretationsprogramm ist viel kürzer als das Programm zur Übersetzung der Blockliste in Maschinensprache. Die Interpretation ist aber auch viel langsamer in der Ausführung. Da die Summe der Speicherplätze für Programm und Daten konstant ist (Speichergröße der Maschine) können bei Interpretation mehr Daten, also größere mathematische Modelle bearbeitet werden. Ist ein Problem aber klein genug, um von der Fassung 1 bearbeitet werden zu können, so ist das wegen der höheren Arbeitsgeschwindigkeit unbedingt vorzuziehen.

7.3. Beispiele

Beispiel 1: Dreikörper-Problem

Aufgabe: Gegeben sind zwei Differentialgleichungen 2. Ordnung

$$\ddot{x} = x + 2\dot{y} - \mu\,\frac{x+\mu}{((x+\mu)^2 + y^2)^{3/2}} - \mu\,\frac{x-\mu'}{((x-\mu')^2 + y^2)^{3/2}} \qquad \mu = \frac{1}{82.45}$$

$$\ddot{y} = y - 2\dot{x} - \mu'\,\frac{y}{((x+\mu)^2 + y^2)^{3/2}} - \mu\,\frac{y}{((x-\mu')^2 + y^2)^{3/2}} \qquad \mu' = 1 - \mu$$

mit den Anfangswerten

$$x(0) = 1.2 \qquad \dot{x}(0) = 0 \qquad y(0) = 0 \qquad \dot{y}(0) = -1.049\ 357\ 510$$

Dieses System entsteht bei der Lösung des beschränkten Dreikörper-Problems (als Beispiel bei Bulirsch und Stoer angegeben). Die Lösung $x(t)$, $y(t)$ ist eine geschlossene Bahnkurve mit der Periode $T = 6.192 \ldots$

Modell: Durch die Differentialgleichungen der Aufgabe bereits explizit gegeben.

Programm:

```
MODELL
*       BESCHRAENKTES DREIKOERPER-PROBLEM (NACH BULIRSCH-STOER)
*       ================================================
*
*       EINFACHSTE GROESSENORIENTIERTE SCHREIBWEISE (INEFFEKTIV)
        X''=X+2*Y'-MYS*(X+MY)/((X+MY)**2+Y**2)**1.5 $$
            -MY*(X-MYS)/((X-MYS)**2+Y**2)**1.5
        Y''=Y-2*X'-MYS*Y/((X+MY)**2+Y**2)**1.5-MY*Y/((X-MYS)**2+Y**2)**1.5
        MY=1/82.45
        MYS=1-MY
        END
PAR .   X=1.2,Y'=-1.049 357 510              $ ANFANGSWERTE
INT     RUNGE, 6.2, 0.001                    $ INTEGRATION,ENDZEIT,SCHRITTWEITE
OUT     PHASEN,0.01,X=-1.5/1.5,Y=-1./1       $ AUSGABE X,Y ALS PHASENBILD
SCALE   -1.5,1.5,-1,1                        $ SCHIRMBILDSKALIERUNG
GRID    -1.4,1.4,0.2,-0.8,0.8,0.2           $ GRUNDRASTER AUF BILDSCHIRM
START
STOP
```

Ergebnis:

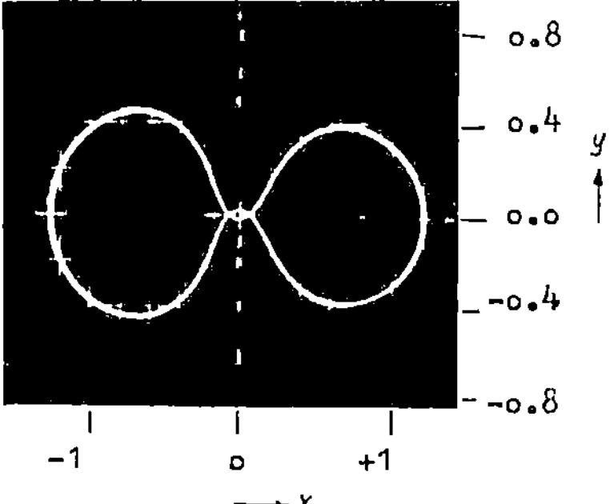

Bemerkung: Die angegebene Modellbeschreibung ist die direkte Übertragung der Differentialgleichungen in die Siesta-Sprache. Sie ist übersichtlich und einfach aber ineffektiv, weil Ausdrücke, die mehrmals vorkommen, auch mehrmals berechnet werden. Ein schnelleres Programm erhält man, wenn man zuerst die mehrmals vorkommenden Ausdrücke für sich berechnet. Eine solche Fassung ist zum Beispiel die folgende:

```
MODELL
*       BESCHRAENKTES DREIKOERPER-PROBLEM (NACH BULIRSCH-STOER)
*       ==================================================
*
*       GETRENNTE BERECHNUNG GEMEINSAMER UNTERAUSDRUECKE (EFFEKTIV)
        XPMY=X+MY
        XMMYS=X-MYS
        YQ=Y*Y
        NENER1=(XPMY*XPMY+YQ)**1.5
        NENER2=(XMMYS*XMMYS+YQ)**1.5
        X''=X+2*Y'-MYS*XPMY/NENER1-MY*XMMYS/NENER2
        Y''=Y-2*X'-MYS*Y/NENER1-MY*Y/NENER2
        MY=1/82.45
        MYS=1-MY
        END
```

Beispiel 2: Flugzeugbremsung

Aufgabe: In den Programmierungsanleitungen zu Midas und DSL/90 wird ein Beispiel gerechnet, in dem die Abbremsung von landenden Flugzeugen auf einem Flugzeugträger durch ein System von Massen, Federn, Dämpfungselementen und verbindenden Stahlseilen simuliert wird. Diese Aufgabe wird durch folgendes System von Differentialgleichungen beschrieben:

$$\ddot{x} = \frac{1}{m_1}(-2F_1 \sin \varphi) \qquad\qquad \begin{aligned} x(t) &= \text{Flugzeugweg} \\ m_1 &= \text{Flugzeugmasse} \end{aligned}$$

$$\ddot{y}_2 = \frac{1}{m_2}(2F_1 - F_2) \qquad\qquad y_2(t) = \text{Weg der Bremsmasse } m_2$$

$$\ddot{y}_3 = \frac{1}{m_3}(F_2 - D) \qquad\qquad y_3(t) = \text{Weg der Bremsmasse } m_3$$

$$F_1 \begin{aligned} &= c_1(y_1 - y_2) \quad \text{für } y_1 > y_2 \\ &= 0 \qquad\qquad\qquad \text{für } y_1 \leq y_2 \end{aligned} \qquad F_1(t) = \text{Kraft der Feder 1}$$

$$F_2 \begin{cases} = c_2\,(y_2 - y_3) & \text{für } y_2 > y_3 \\ = 0 & \text{für } y_2 \leqslant y_3 \end{cases} \qquad F_2\,(t) = \text{Kraft der Feder 2}$$

$$D = f(y_3) \cdot \dot{y}_3^2 \qquad\qquad D(y_3) = \text{Dämpfung mit der empirisch gemessenen}$$
$$\text{Kennlinie } f(y_3)$$

$$y_1 = \sqrt{x^2 + h^2} - h$$

$$\sin \varphi = \frac{x}{h + y_1}$$

Modell: Durch die vorstehenden 8 Gleichungen explizit gegeben. Besonderheit: Die Federkräfte F_1 und F_2 sind intervallweise verschieden definiert. Die Funktion $f(y_3)$ ist durch eine Kennlinie gegeben.

Parameter:

m_1	=	20 400 kg
m_2	=	660 kg
m_3	=	291,5 kg
c_1	=	66 500 N/m
c_2	=	370 000 N/m
h	=	38 m

Dämpfungskraft $f(y_3)$

y_3 / m	$f(y_3)$ / N / $\left(\frac{m}{s}\right)^2$
0	400
9,15	192
18,3	77
36,6	250
45,75	250
55,0	318
64,0	399
73,2	515
82,4	770
86,0	1 010
89,9	1 345
93,4	1 970
95,0	2 405
99,0	4 330

1. Lauf: Anfangsgeschwindigkeit des Flugzeuges $\dot{x}(0) = 88,4$ m/s (= 317 km/h). Ausgabe von $x(t)$, $\dot{x}(t)$ auf dem Bildschirm.

2. Lauf: $\dot{x}(0) = 60,5$ m/s (= 217 km/h). Ausgabe auf Bildschirm.

3. Lauf: $\dot{x}(0) = 88,4$ m/s. Ausgabe auf Schnelldrucker als Kurven

4. Lauf: $\dot{x}(0) = 60,5$ m/s. Ausgabe auf Schnelldrucker als Kurven

Programm

```
MODELL
*       FLUGZEUGBREMSUNG
*       ===============
*
        X''=(-2*F1*SINPHI)/M1
        Y2''=(2*F1-F2)/M2
        Y3''=(F2-D)/M3
        L1=Y1-Y2                    $ BEDINGUNGSVARIABLE
        L1N=-L1
L1\     F1=C*L1
L1N\    F1=0
        L2=Y2-Y3
        L2N=-L2
L2\     F2=C2*L2
L2N\    F2=0
        D=FUN1(FY3,Y3)*Y3'*Y3'     $ EMPIRISCHE FUNKTION
        Y1=SQRT(X*X+AH*AH)-AH
        SINPHI=X/(AH+Y1)
        END
*
*       PARAMETERBESCHREIBUNG
PAR     M1=20400,M2=660,M3=291.5,C1=66500,C2=370000,AH=38
INT     RUNGE,10,0.01
SCALE   0,10,0,300
GRID    0,10,1,0,300,50
FUN1    FY3=0/400,915/192,18.3/77,36.6/250,45.75/250, $
            55/318,64/399,73.2/515,82.4/770,86/1010, $
            89.9/1345,93.4/1970,95/2405,99/4330
*------------------------------1.LAUF
PAR     X'=88.4
OUT     DISPLAY,0.2,X=0/300,X'=-20/100
START
*------------------------------2.LAUF
PAR     X'=60.5
START
*------------------------------3.LAUF
OUT     LPCUR,0.2,X=0/300,X'=-20/100
START
*------------------------------4.LAUF
PAR     X'=88.4
START
STOP
```

Ergebnisse:

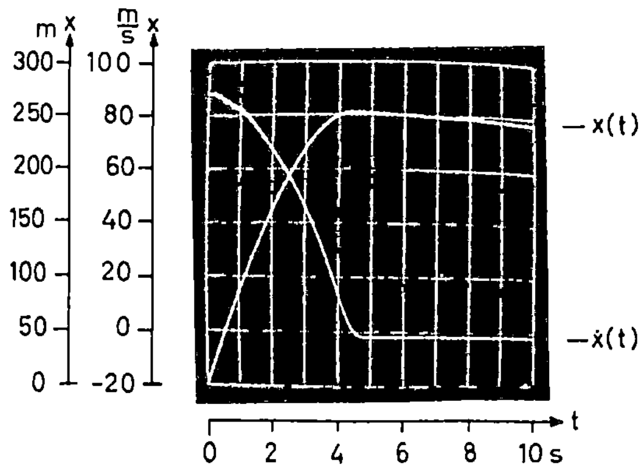

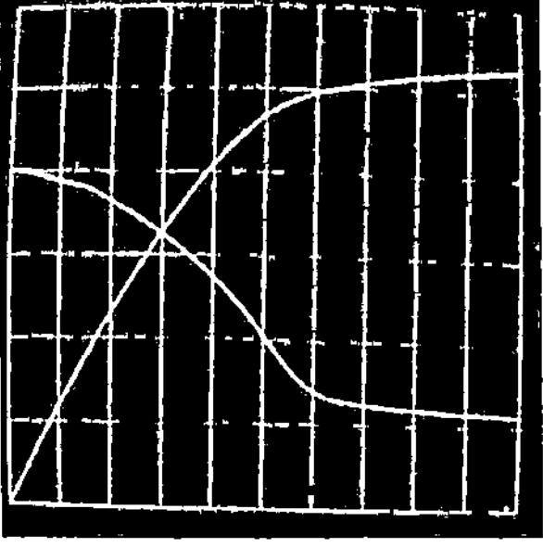

1. Lauf   2. Lauf

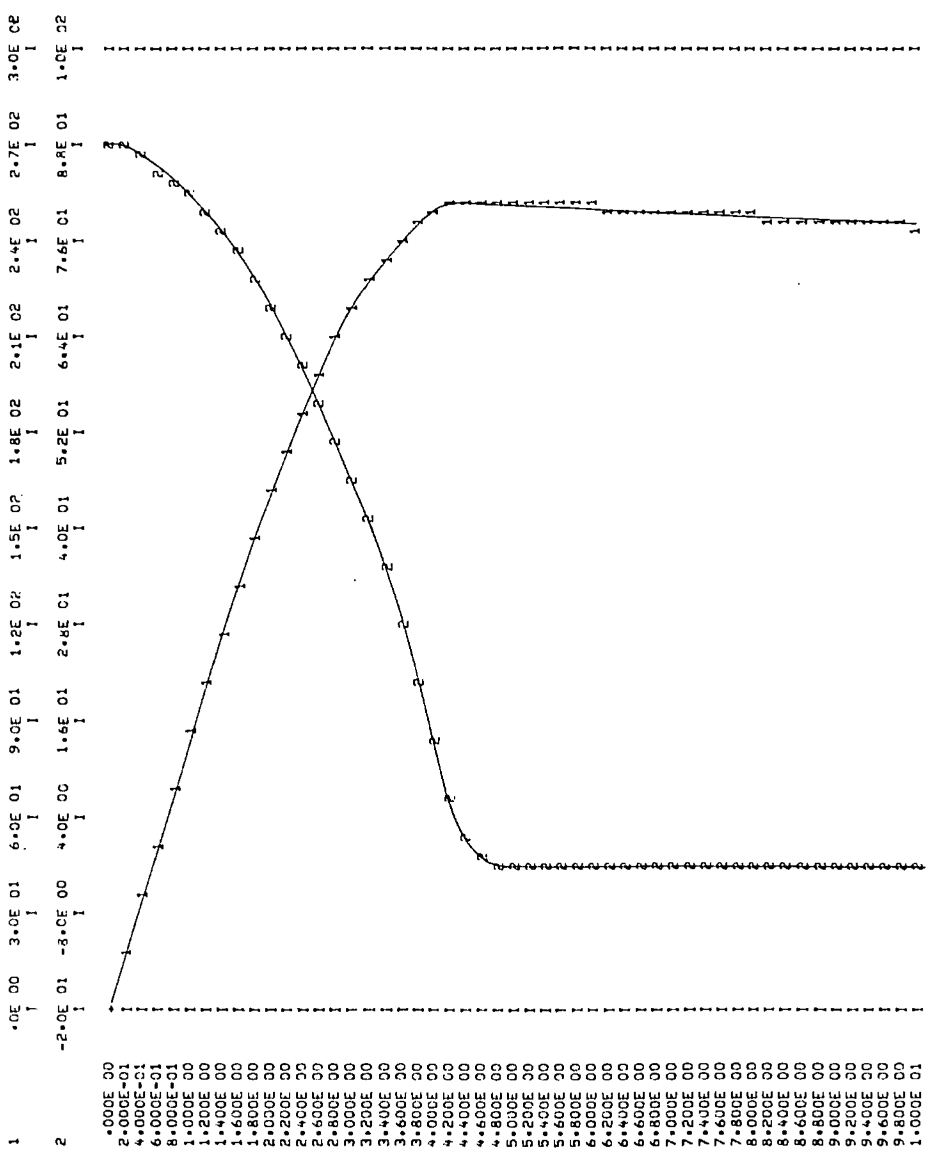

3. Lauf

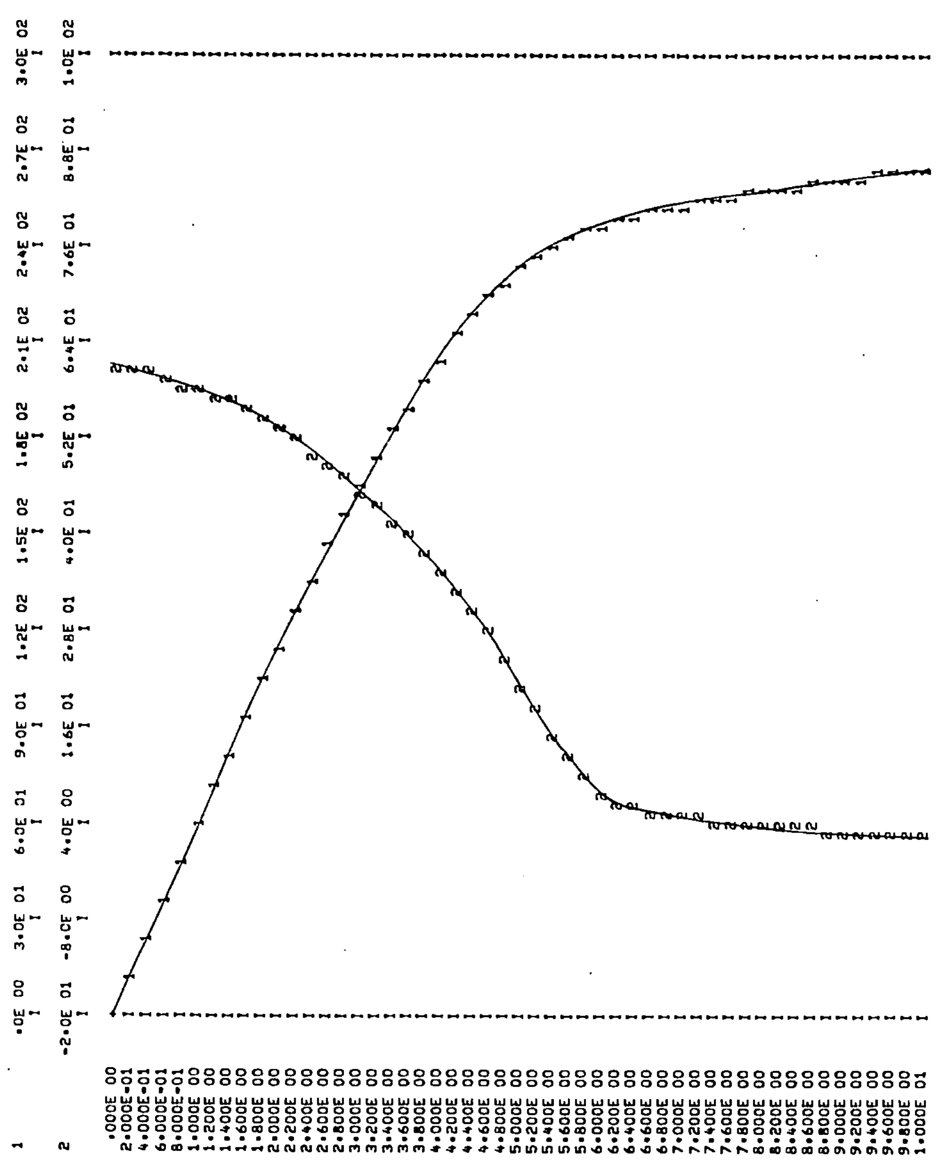

4. Lauf

Beispiel 3: Regelkreis mit Relais

Aufgabe: Ein Regelkreis besteht aus einer Strecke mit der Übertragungsfunktion
$G(s) = A/(s(Bs + 1))$ und einem Relais als Regler. Es soll das Zeitverhalten der
Ausgangsgröße bei einem Einheitssprung am Eingang simuliert werden. Es
sind vier verschiedene Relaiskennlinien zu untersuchen:

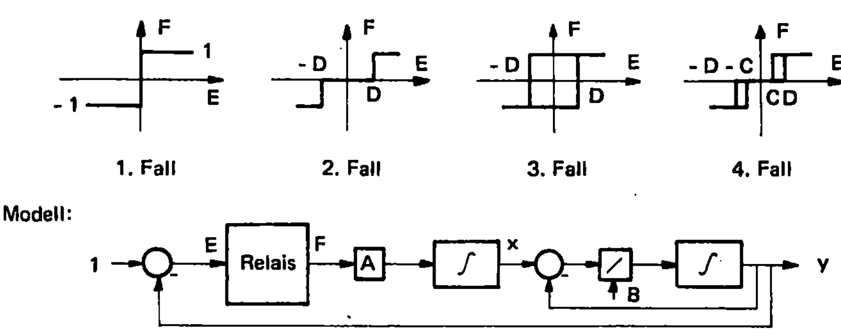

Modell:

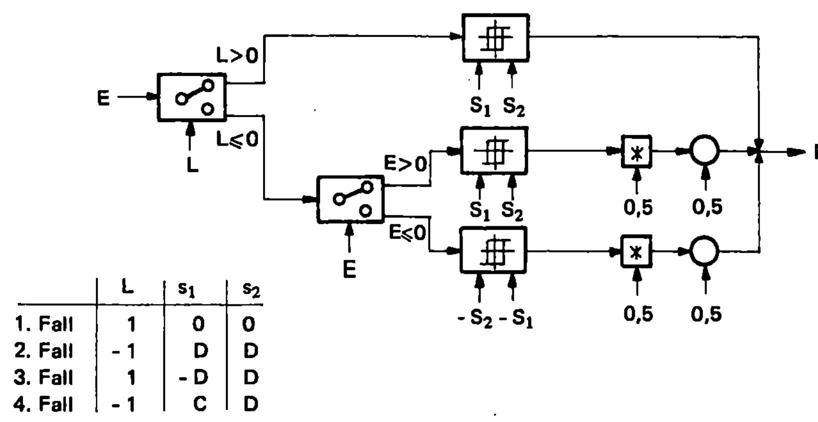

Die 4 Relaiskennlinien lassen sich folgendermaßen durch die
Funktion TRIGGER und einen Parameter zur Fallauswahl darstellen:

	L	s_1	s_2
1. Fall	1	0	0
2. Fall	-1	D	D
3. Fall	1	-D	D
4. Fall	-1	C	D

Parameter: A = 2   1. Lauf: 1. Fall
            B = 0.5   2. Lauf: 2. Fall
            C = 0.1   3. Lauf: 3. Fall
            D = 0.2   4. Lauf: 4. Fall
            Y(0) = 1.5
            X(0) = 0

Programm:

```
MODELL
*       REGELKREIS MIT RELAIS
*       ======================
*
*------------------------RELAIS
        L1=-L*E                                 $ SCHALTERVARIABLE
        L2=-L1                                  $ SCHALTERVARIABLE
L\      F=TRIG(E,S1,S2)
L1\     F=0.5*TRIG(E,S1,S2)+0.5
L2\     F=0.5*TRIG(E,-S2,-S1)-0.5
*------------------------RESTLICHES MODELL
        E=1-Y
        X'=A*F
        Y'=(X-Y)/B
        END
*
PAR     A=2,B=0.5,Y=1.5
INT     RUNGE,5,0.01
OUT     DISPLAY,0.05,Y=-2/2,X=-2/2,F=-10/10
SCALE   0,5,-2,2
GRID    0,5,1,-2,2,0.5
*------------------------1.LAUF
PAR     L=1,S1=0,S2=0
START
*------------------------2.LAUF
PAR     L=-1,S1=0.2,S2=0.2
START
*------------------------3.LAUF
PAR     L=1,S1=-0.2,S2=0.2
START
*------------------------4.LAUF
PAR     L=-1,S1=0.1,S2=0.2
START
*------------------------5.LAUF
OUT     PHASEN,0.02,Y=0/2,X=-1/2
SCALE   0,2,-1,2
GRID    0,2,0.5,-1,2,0.5
PAR     L=1,S1=0,S2=0
START
*------------------------6.LAUF
PAR     L=-1,S1=0.2,S2=0.2
START
*------------------------7.LAUF
PAR     L=1,S1=-0.2,S2=0.2
START
*------------------------8.LAUF
PAR     L=-1,S1=0.1,S2=0.2
START
STOP
```

Ergebnisse:

1. Lauf

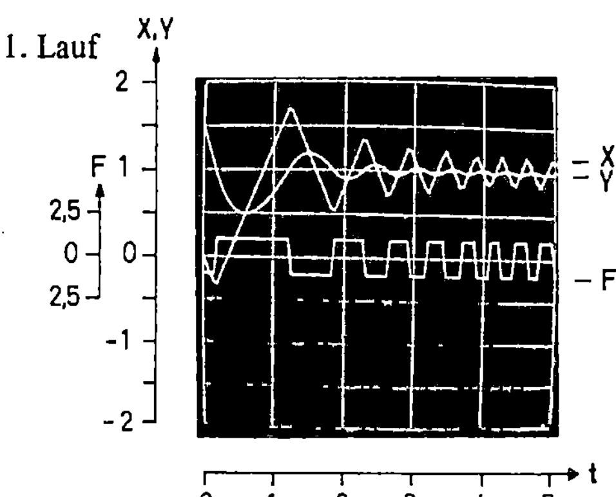

2. Lauf

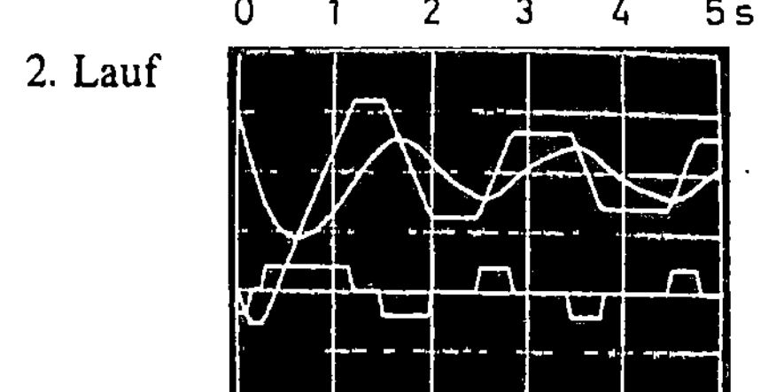

3. Lauf

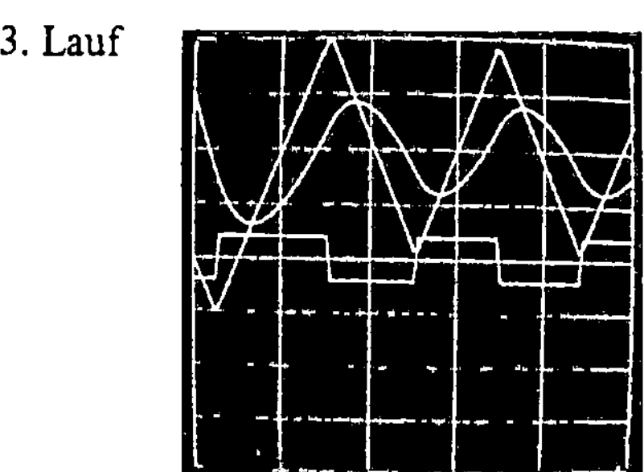

4. Lauf

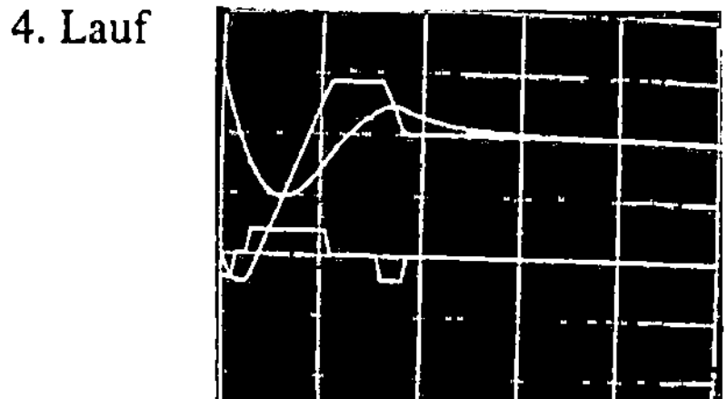

5. Lauf

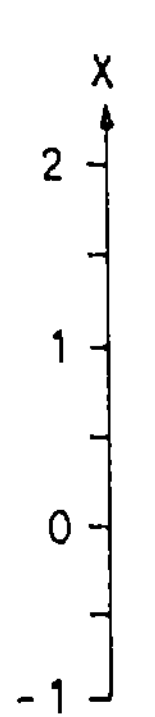
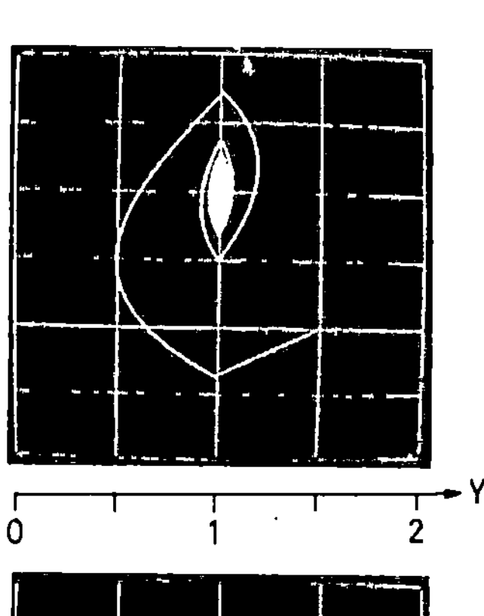

6. Lauf

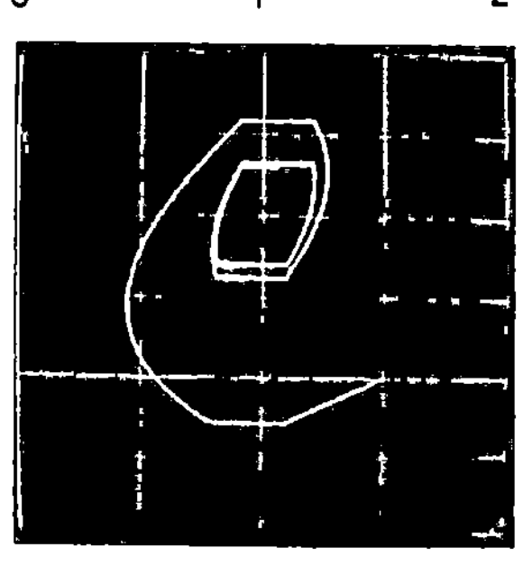

7. Lauf

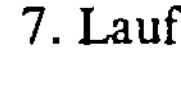
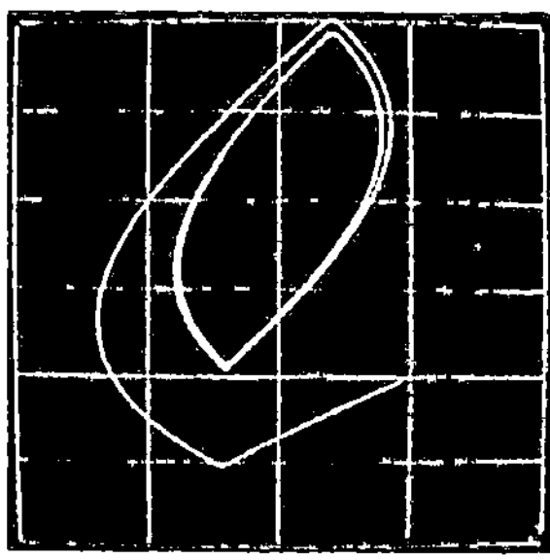

8. Lauf

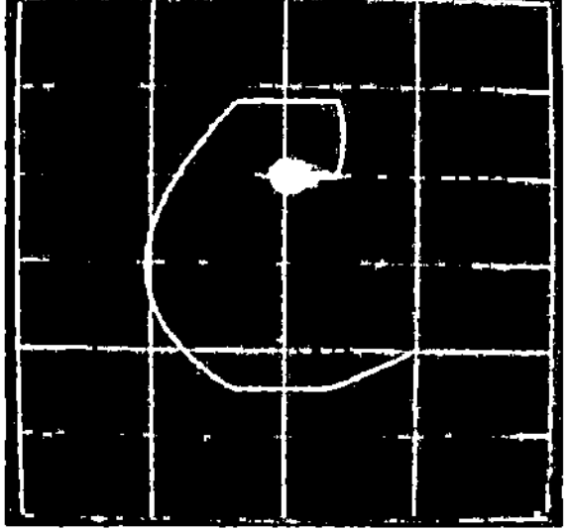

Literaturverzeichnis

[1] *Brennan. R. D., Sano H.:* PACTOLUS – A Digital Analog Simulator Program for the IBM 1620. Proc. 1964 FJCC, AFIPS Bd. 26, S. 299–312

[2] *Brennan R. D., Silberberg M. Y.:* Two continuous system modeling programs. IBM Systems J. 6 (67) 4, 242–266

[3] *Bulirsch R. Stoer J.:* Numerical treatment of ordinary differential equations by extrapolation methods. Num. Math. 8 (1966) 1.

[4] *Burgin G. H.:* MIDAS III . . . a compiler version of MIDAS. Simulation 6 (1966). 3, S. 160–168

[5] *Chomsky N.:* On certain formal properties of grammars. Information and Control 2 (1959), 137–167

[6] *Clancy J. J. u. Fineberg M. S.:* Digital Simulation Languages: A Critique and a Guide. AFIPS Conf. Proc. 27 Part I FJCC 1965 S. 23–36

[7] *Dertouzos M. L. u.a.:* On-line Simulation of Block-Diagram Systems. IEEE Trans. E. C. 18 (1969), H. 4, S. 333–342

[8] *Fehlberg E.:* Neue genauere Runge-Kutta-Formeln für Differentialgleichungen n. Ordnung. ZAMM 40 (1960) S. 449–455

[9] *Fehlberg E.:* Klassische Runge-Kutta-Formeln fünfter und siebenter Ordnung mit Schrittweiten-Kontrolle. Computing 4 (1969) H. 2 S. 93–106

[10] *Fehlberg E.:* Low-Order Classical Runge-Kutta Formulas with Stepsize Control. NASA Technical Report TR R-315 Washington D. C. 1969

[11] *Giloi W., Grebe H.:* Optimal integration formulae. IEEE-Transactions EC (1968). 12. S. 1121–1131

[12] *Giloi W., Sommer H.:* PHENO, a new concept of hybrid computing elements. FJCC 1967, AFIPS Bd. 31, S. 23–32

[13] *Gragg W. B.:* On extrapolation algorithms for ordinary initial value problems. SIAM J. Num. Anal. 2 (1965) 384

[14] *Harnett R. T., Sansom, Warshawsky.:* Midas Programming Guide. Techn. Doc. Rep. SEG–TDR–64–1 Wright-Patterson Air Force Base, Ohio, 1964

[15] *Henrici P.:* Discrete variable methods in ordinary differential equations. Wiley 1962

[16] *Henrici P.:* Elements of numerical analysis. 2. Aufl. Wiley 1965

[17] *Janoski R. M.:* COBLOC – Programming Guide. University of Wisconsin, 1964

[18] *Jentsch W.:* ASIM, ein Programmsystem für die Analogsimulation mittels Digitalrechner. Elektronische Datenverarbeitung 9 (1967) Heft 4/5

[19] *Jentsch W.:* Digitale Simulation kontinuierlicher Systeme. Oldenbourg, München 1969

[20] *Jud W.:* Aufbau des ASIM-Programms für die digitale Analogsimulation. Elektronische Datenverarbeitung 1967, H. 9, S. 416–428

[21] *Lee J. A. N.:* The anatomy of a compiler. Reinhold, New York 1967

[22] *Linebarger R. N.,* Brennan R. D.: Digital Analog Simulator Programs. Simulation Dez. 1964 S. 22–36

[23] *Martin W. C.* u.a.: A general method of systematic interval computation for numerical integration of initial value problems. Com. ACM 9 (1966), H. 10, S. 754–757

[24] *Naur P.* u.a.: Revised Report on the algorithmic language ALGOL 60. Com. ACM (1963). S. 1–17

[25] *Peterson H. E., Sansom, Harnett, Warshawsky,:* MIDAS-How it works and how it's worked. FJCC 1964, AFIPS Bd. 26, 1964

[26] *Peterson H. E., Sansom.:* Mimic- A digital simulator program. SESCA Internal Memo. 65–12, 1965

[27] *Ralston A., Wilf H.:* Mathematical methods for digital computers. 6. Aufl. Wiley 1965

[28] *Scheidt F.:* Theory and Problems of numerical analysis. Schaums Outline Series, Mc Graw-Hill 1968

[29] *Selfridge, R. G.:* Coding a general-purpose digital computer to operate as a Differential analyzer. Western Joint Computer Conf. 7 (1955) S. 82–84

[30] *Stein, M. L.; Rose, J.; Parker, D. B.:* A Compiler with an Analog Oriented Input Language. WJCC 1959 Proc. (Spring) S. 92–102

[31] *Stein M. L., Rose J.:* Changing from Analog to Digital Programming Techniques. J. ACM 7 (1960), H. 1, S. 10–23

[32] *Stetter H. J.:* Stabilitätsbereiche bei Diskretisierungsverfahren für Systeme gewöhnlicher Differentialgleichungen. Numerische Mathematik, Differentialgleichungen, Approximationstheorie ISNM Bd. 9, Birkhäuser Basel 1968

[33] *Syn W. M., Linebarger.:* DSL/90- A digital simulation program for continuous system modeling. SJCC 1966 AFIPS Bd. 28 S. 165–187

[34] *Watkins R. E.:* Remarks on digital function generation. Simulation 1968, März, S. 121–122

[35] *Wegstein J. H.:* Accelerating convergence of iterative processes. Com. ACM 1959 oder 1960

[36] *Ziegler W., Hofmann F.:* ANAGOL 67, eine blockorientierte Sprache auf Algol-Basis. Beitrag zum 5. AICA-Kongreß 1967, Lausanne.

[37] *Zurmühl R.:* Praktische Mathematik, 5. Aufl. Springer 1965

[38] DSL/90, Share Program Library IW-DSL/SDA 3358–02, 1965

[39] SDS DES-1 Reference Manual. Scientific Data Systems, 1965

[40] System/360 Continuous system modeling program (360 A-CX-16X). Users Manual IBM H 20–0367–1, 1967

[41] The SCI Continuous System Simulation Language (CSSL). Simulation 9 (1967), H. 6 (Dez.) S. 281–303

[42] 1130 Continuous System Modeling Program (1130–CX–13X) Application Description. IBM-Form H 20–0209–1, 1966.

[43] *Strauss J. C.:* Basic Hytran Simulation Language BHSL. FJCC 1966 AFIPS Conf. Proc. Bd. 29 S. 603–611

Begriffserläuterungen

Nachstehend sind die wichtigsten, immer wieder vorkommenden Begriffe, ihre Formel-
zeichen und der Abschnitt, in dem sie definiert werden angegeben.

Begriff	Zeichen	Kapitel	Erläuterung
Ableitungsvariable	z'	2.2	Argument eines Integrierers
Argument	x	2.1	unabhängige Größe in einer Funktion, auch „Steuergröße" genannt
Ausgangsgröße	a	2.1	eine gesteuerte Größe, die nicht auch zugleich steuernde Größe ist (Systemausgang)
Block	b	2.1	siehe Funktion
Blockliste		2.3	siehe Funktionsliste
Eingangsgröße	e	2.1	eine Steuergröße, die nicht auch zugleich gesteuerte Größe ist (Systemeingang)
Elementarblock		5.23	Funktion des mathematischen Modells, deren Funktionstyp im Funktionsvorrat des Simulationssystems enthalten ist
Funktion	b	2.1	oder Block, ist das Tripel (φ, X, Y) mit φ = Funktionstyp X = Argumentmenge Y = Funktionswertmenge
Funktionsliste		2.3	geordnete Menge der Nichtzustandsfunktionen eines sortier-ten mathematischen Modells
Funktionstyp		2.1	Abbildungsvorschrift der Werte einer Menge von Argumenten x auf die Werte einer Menge von Funktionswerten y
Funktionsvorrat		3.	Sammlung von Funktionstypen, die mit einem Simulations-system berechnet werden können
Funktionswert	y	2.1	abhängige Größe in einer Funktion. Auch „gesteuerte Größe" genannt
Gemeinschafts-speicherung		5.1	Speicherung aller Größen des mathematischen Modells in einem einzigen großen Speicherbereich ohne Trennung nach Größenarten
Größe	w	2.1	ein durch Namen und Zahlenwert gegebenes Element des mathematischen Modells
Gruppenspeicherung		5.1	Speicherung der Größen des math. Modells nach Größenarten getrennt in verschiedenen Speicherbereichen
Interpretierer			Programm zur Ausführung von Rechenoperationen, die in einer rechnerinternen Liste verschlüsselt sind
Konstante		2.1	Größe, deren Wert sich während einer Simulation nicht ändert
Literal		2.1	Konstante, die im Quellprogramm durch ihren Zahlenwert bezeichnet ist
Mathematisches Modell	M	2.1	die formale Beschreibung des dynamischen Systems, das simuliert werden soll. Besteht aus Größen und Funktionen, die die Größen miteinander verknüpfen

Begriff	Zeichen	Kapitel	Erläuterung
Modellbeschreibung			der Teil eines Benutzerprogramms, in dem die Struktur des mathematischen Modells beschrieben wird
Monitor		3.2	übergeordnetes Verwaltungsprogramm für alle Bestandteile des Prozessors
Nichtzustands-funktion	f	2.2	alle Funktionen des mathematischen Modells außer Integration und Totzeit
Parameter		3.12	zusammenfassende Bezeichnung für alle Größen, die über die Modellbeschreibung hinaus für die Simulation benötigt werden
Parameterleser		3.2	Programm zur Eingabe von Parametern
Prozessor		3.	die Gesamtheit aller Programme eines Simulationssystems
Simulationssprache		3.	beschreibt mathematische Modelle, Parameter und Steueranweisungen in problemorientierter, leicht erlernbarer Form
Simulationssystem		3.	Software zur Simulation von dynamischen Systemen. Besteht aus Simulationssprache, Prozessor und Funktionsvorrat
Simulator		3.2	Programm zur Simulation eines rechner-intern gespeicherten mathematischen Modells
Steuergröße	x	2.1	siehe „Argument"
Studie			die Gesamtheit der unmittelbar hintereinander ausgeführten Simulationsläufe mit demselben mathematischen Modell bei Veränderung der Parameter
Übersetzer		3.2	Programm zur Übersetzung der Simulationssprache in eine rechner-interne Form
Variable		2.1	Größe mit symbolischem Namen. Meist eine Zeitfunktion
Verbindungsgröße	v	2.1	eine Größe, die sowohl steuernde als auch gesteuerte Größe ist (Verbindung zweier Blöcke)
Verbundblock		5.23	die durch eine Aussage des Quellprogramms beschriebene Funktion des mathematischen Modells
Zustandsfunktion	g	2.2	die Funktionen ‚Integration' und ‚Totzeit'
Zustandsgröße (-variable)	z	2.2	der Funktionswert einer Zustandsfunktion
Zustands-steuergröße	s	2.2	Argument eines Integrierers und erstes Argument einer Totzeitfunktion

Sachwortverzeichnis

Durch Fettdruck sind die Seitenzahlen gekennzeichnet, auf dem die Definition
des Stichwortes zu finden ist

» **Operations Research**

von Peter Stahlknecht: Mit 38 Abb. und 110 Tabellen. 2.
vollständig überarbeitete und erweiterte Aufl. — Braunschweig:
Vieweg 1970. XI, 355 Seiten. DIN C 5 (Schriften zur Datenverarbeitung. Bd. 3.) gbd. 68,— DM
ISBN 3 528 09611 X

Inhalt: *Was ist Operations Research? — Input/Output-Mo-
delle — Lineare Optimierung — Transport- und Zuordnungs-
probleme — Nichtlineare Optimierung — Dynamische Optimierung — Simulationsmethoden ·Reihenfolgeprobleme —
Warteschlangenprobleme — Lagerhaltung — Erneuerung und
Instandhaltung — Netzplantechnik.*

Der Autor hat sich zum Ziel gesetzt, in einer Sammlung von
Beispielen, Fallstudien und Erfahrungsberichten die Fragen
der praktischen Anwendung des Operations Research darzustellen. Im Rahmen dieser Zielsetzung wird weniger Gewicht
darauf gelegt, zu zeigen, welche Aufgaben man mit Hilfe des
Operations Research bearbeiten könnte; es wird vielmehr darüber berichtet, wo diese Technik bereits erfolgreich eingesetzt und wo ihr Einsatz unzweckmäßig oder unwirtschaft-
lich ist. Darüber hinaus gibt das Buch eine kritische Einschät-
zung der Stellung des Operations Research zur Betriebswirt-
schaft und zu anderen Fachgebieten.

» **vieweg**